正易

註義

국립중앙도서관 출판도서목록(CIP)

정역주의 / 저자: 김정현 ; 역주자: 양재학. -- [대전] : 상생출판, 2015
    p. ;   cm

색인수록
한자를 한글로 번역
ISBN 979-11-86122-07-5 03150 : ₩35000

역학(주역)[易學]

141.2-KDC6
181.11-DDC23   CIP2015015718

정역주의

발행일 : 2015년 6월 17일 초판발행

발행처 : 상생출판

저　자 : 김정현

역주자 : 양재학

전　화 : 070-8644-3156

팩　스 : 0505-116-9308

홈페이지 : www.sangsaengbook.co.kr

출판등록 : 2005년 3월 11일(제175호)

ISBN 979-11-86122-07-5
ⓒ 2015 상생출판

正易
註義

저자 김정현● ──────────── ○역주자 양재학

상생출판

역주자의 말-

조선조 말기에 충청도 연산連山에서 태어난 일부—夫 김항金恒(1826~1898)
은 새로운 우주관과 시간관을 바탕으로 『주역周易』의 사유를 해체한 다
음에 재구성하여 『정역正易』을 저술하였다. 하지만 정역사상에 대한 학자
들의 시선은 김일부가 살았던 시기 또는 사후로부터 지금까지도 그다지
곱지 않다. 그 이유는 무엇일까? 가장 큰 원인은 『주역』을 동양의 지혜가
담긴 고전의 하나로 인식하지 않고, 이 세상의 변화와 역사의 흥망을 읽어
낼 수 있는 유일한 텍스트라는 믿음이 마음 깊은 곳에 깔려 있기 때문일
것이다.

특히 성리학자들은 새로운 패러다임으로 세계의 구성 문제를 비롯하여
현실이 둥글어가는 패턴을 해석한 『정역』의 이념을 받아들이기에는 애당
초 용기가 부족하였다. 또한 『정역』이 비록 『주역』에 학문적 뿌리를 두었
으나, 그 내용은 매우 파격적인 까닭에 주역학에 중독된 학자들은 처음
부터 『정역』을 이단異端이라고 몰아쳐 학술로 인정하지 않았다. 이런 이유
에서 『정역』은 19세기 후반에 형성된 후천개벽사상의 이론적 근거를 제
공했다는 단편적인 평가만 있고, 아직까지 정역사상 전반에 걸친 정밀한
분석과 올바른 방법론을 통한 다양한 분야의 연구에 대한 합당한 평가
가 제대로 이루어지지 않았다. 지금은 정역사상을 낱낱이 해부하여 그 콘
텐츠에 대한 객관적이고 정당한 평가가 내려져야 할 시점에 이르렀다고
판단한다.

한마디로 『정역』은 『주역』을 설명한 수많은 해설서 중의 하나가 아니라, 『주역』에 숨겨진 메시지를 드러내어 과거의 다양한 학설에 종지부를 찍고, 새로운 시각으로 자연과 문명과 역사를 들여다보는 코드를 만들어 한국 역학이 나아갈 방향을 제시하였다. 김일부는 전통의 복희역伏羲易과 문왕역文王易에 담긴 대립과 갈등과 모순을 극복할 수 있는 논리를 개발하여 정역팔괘도를 그림으로써 주역학의 새로운 지평을 열었다. 정역팔괘도의 출현은 중국 중심의 학술을 한국 중심의 방향으로 돌리는 결과를 가져왔다. 그리고 주역학의 핵심을 도덕 형이상학에서 선후천관과 시간관으로 바꾸어 동양철학의 주제를 새롭게 설정하는 업적을 쌓았다.

김일부에게서 직접 배웠던 제자들이 저술한 『정역』해설서는 여러 종류가 남아 있다. 십청十淸 이상룡李象龍(1850~1899)의 『정역원의正易原義』, 명천明泉 김황현金黃鉉(1856~?)의 「일부선생행장기一夫先生行狀記」, 원부元夫 김정현金貞鉉(1860~?)의 『정역주의正易註義』와 「사도취지문斯道趣旨文」, 삼화三華 염명廉明(?~?)[1]의 『정역명의正易明義』, 다수의 인물들이 지은 『정역도서正易圖書』가 있다. 그 중에서 『정역원의』를 비롯한 『정역주의』와 『정역명의』와 『정역도서』등은 모두 계월桂月 하상역河相易(1859~?)의 이름으로 발간되었

---

[1] 스님 출신의 염명은 늦은 나이에 정역계에 입문하여 하상역의 문하생이 되었다. 그는 뛰어난 문장력으로 많은 작품을 남겼다. 저서로는 『정역명의』를 비롯하여 동서양 각 종교의 창시자의 업적을 찬양한 노래가 있다. 「화무상제찬양가化无上帝讚揚歌」, 「석여래찬양가釋如來讚揚歌」, 「노군찬양가老君讚揚歌」, 「공부대성찬양가孔夫大聖讚揚歌」, 「일부종사찬양가一夫宗師讚揚歌」, 「예수聖天讚揚歌」와 「정역가正易歌」, 「정역인正易引」등이 있다.

다. 안타깝게도 저자와 발행인이 다른 이유는 아직까지 밝혀진 것이 거의 없다.

『정역』원문 전체에 대한 최초의 해설서로『정역주의正易註義』를 손꼽을 수 있다. 그런데 역주자는『정역주의』의 저본으로 평가되는 김정현의 필사본『정역대경正易大經』(정역 원문과 해설 내용을 붓으로 쓴 책)을 대전에 사는 권영원權寧遠 선생님으로부터 2013년에 입수하여 두 책의 내용을 대조한 결과, 필사본『정역대경』을 바탕으로『정역주의』가 발간된 것으로 확신하였다. 시간상으로도 필사본이『정역주의』보다 몇 년 앞서 세상에 소개되었던 것이다.

그런데『정역대경』의 저자인 김정현金貞鉉이 왜 자신의 이름으로『정역주의』를 출간하지 않고, 하상역河相易의 권위를 빌려 출판한 이유는 정확히 알 수 없다. 하상역이 비록 김정현보다 정역계에 늦게 입문했음에도 불구하고 대종교大宗敎 교주의 신분으로 뛰어난 조직 장악력과 자금조달 능력을 발휘하여 정역사상의 대중화에 공로가 컸을 뿐만 아니라 학자들보다는 조선총독부로부터『정역주의』의 출판 허가를 받기가 훨씬 쉬웠으리라고 짐작할 수 있을 따름이다.

여기서는 하상역의 이름으로 발간된『정역주의』를 기본 텍스트로 삼기로 하였다. 왜냐하면 인쇄본은 정확한 교정과 내용 수정의 과정을 거친 필사본의 완성품이기 때문이다. 한마디로 인쇄본의 출간으로 말미암아 필사본의 대중화가 앞당겨졌던 것이다. 비록 필사본보다는 조금 늦게 출판되었지만, 새로운 편집 형식을 갖추어 세상사람들과 소통하려고 했던 저자의 뜻을 살려 인쇄본 『정역주의』를 역주의 텍스트로 선택하였다.

역주자는 한글로 번역하면서 필사본과 『정역주의』가 같은 글자를 두고 서로 다른 글자체[異體字]로 쓴 경우가 많은 것을 발견하였다. 저자가 쓰기 쉬운 약자略字를 사용하는 것이 필사본의 특징이기 때문이다.

이 책을 역주하면서 많은 분들의 도움을 받았다. 안경전 증산도상생문화연구소 이사장님은 이 책이 발간될 수 있도록 물심양면으로 지대한 관심을 보여주셨다.

그리고 상생문화연구소 이재석 박사님은 현토를 비롯하여 원고를 꼼꼼히 읽어주어 교정에 큰 도움을 주었고, 이 역주본이 탄생하기까지 손길이 닿지 않은 곳이 없을 정도로 많은 정성을 쏟은 전재우 전 실장님에게 고마움의 말을 전한다. 한편 역주의 정밀도에 높은 관심을 보여준 문계석 연구실장님에게도 감사의 말을 전하고 싶다. 항상 보이지 않는 곳에서 힘을 보태주신 송인창 교수님과 조기원 박사님의 격려를 잊을 수 없다.

지난 2월 동남아 역사탐방 기간 중에 하늘이 무너지고 땅이 꺼지는 청천벽력의 소식을 들었다. 역주자의 지도교수이신 유남상 선생님의 별세였다. 직접 문상을 못한 죄송한 마음을 이 역주서로 선생님의 영전에 바치고자 한다. 편히 잠드소서!

그리고 늦은 나이의 역주자에게 정역의 세계에 대한 안목을 넓혀 주신 권영원 선생님의 은혜는 결코 잊을 수 없다. 또한 남편과 자식들 뒷바라지에 평생을 보낸 착한 아내와 머지않아 부모의 둥지에서 떠날 아들 승진과 딸 인선에게도 고마움을 전한다.

2015. 6. 8

■■ 일러두기 ■■

1. 정역 원문과 주석부분은 읽기 쉽도록 한자 위에 한글로 독음을 덧붙였다. 번역 부분은 앞에서 소개한 한글 한자 병기는 같은 페이지에서는 반복하지 않기로 하였다.

2. 정역원문의 내용에 대한 이해도를 높이기 위해 편의상 소제목으로 처리하여 역주자의 '요지'를 실었다.

3. 원문과 번역문에 나오는 주요 개념 및 술어가 어려울 경우는 이해도를 높이기 위해 본문 아래에 각주를 달았다.

4. 필사본과 『정역주의』에 나타난 글자의 차이점과 함께 오탈자와 누락된 부분들은 각주로 처리하였다.

5. 역주자는 필사본과 하상역본(『정역주의』)에 나타난 글자 중에서 无는 → 無로, 后는 → 後, 万은 → 萬으로, 軆는 → 體로 바꾸는 것이 문자학의 입장에서는 옳다고 본다. 특히 약자로 쓰인 无는 無로 바꾸고, 선후천론에서 주요 개념으로 사용된 임금과 왕비 '后'는 '後'로 통일하는 것이 타당하다. 다만 지축경사를 시사한 无는 정역사상의 특성을 감안하여 그대로 살리는 것이 좋다.

6. 해설 내용에서 반드시 한자가 필요한 경우는 한글과 한자를 병기했으나, 각주 부분은 본문과 중첩되는 까닭에 한자로만 표기했다.

목차

正易序
정 역 서

夫正易은大道之正體요造化之成書라
부정역 대도지정체 조화지성서

＊ 무릇『정역』이란 대도의 정체로서 조화造化가 이루어지는 원리와 과
정을 밝힌 글이다.

昔我羲皇이受龍圖劃八卦하시고
석아희황 수용도획팔괘

黃帝가觀天象作甲子하시고大禹가法龜文劃井地하시니
황제 관천상작갑자 대우 법귀문획정지

是皆上帝之明命이시요聖人之開物成務也라
시 개 상 제 지 명 명 성인지개물성무야

＊ 옛날 복희[羲皇]께서 용도龍圖(河圖)를 받으시어 처음으로 팔괘를 그
었고, 황제黃帝께서 하늘의 움직이는 모습을 살펴 육갑의 질서[甲子]를 만
들었고, 우임금께서 거북이 등에 새겨진 글[洛書]을 본받아 땅의 구역을
확정하였다. 이는 모두 상제님의 밝으신 명령이요, 성인이 만물이 열리고
천하사를 완수하는 것을 밝힌 것이다.

故極其數以定造化之象이요著其象하여以見造化之理라
고 극 기 수 이 정 조 화 지 상 저 기 상 이 견 조 화 지 리

干支之六十과八卦之六十四는
간 지 지 육 십 팔 괘 지 육 십 사

皆所以順性命之理요盡變化之道也라
개 소 이 순 성 명 지 리 진 변 화 지 도 야

是以로皇極은箕聖著之하고堯夫述之며
시 이 황 극 기 성 저 지 요 부 술 지

<ruby>太<rt>태</rt></ruby><ruby>極<rt>극</rt></ruby>은<ruby>孔<rt>공</rt></ruby><ruby>子<rt>자</rt></ruby><ruby>說<rt>설</rt></ruby><ruby>之<rt>지</rt></ruby>하고<ruby>程<rt>정</rt></ruby><ruby>朱<rt>주</rt></ruby><ruby>闡<rt>천</rt></ruby><ruby>之<rt>지</rt></ruby>며

太極은孔子說之하고程朱闡之며

無極은濂溪剏之하고一夫衍之하니

分於理則爲三極이요合於道則一無極也라

＊ 그러므로 하늘의 수학적 이치를 궁구하여 조화가 이루어지는 모습을 정했으며, 그 모습이 드러나는 것을 통해 조화의 이치를 알 수 있는 것이다. 천간지지의 60과 팔괘가 64는 모두 성명性命의 이치(인간의 본성과 천명)에 순응하고 변화의 도를 극진히 한 것이다. 따라서 황극皇極은 기자箕子가 드러냈고 소강절(字 : 堯夫)이 기술했으며, 태극太極은 공자孔子가 설명하고 정이천程伊川과 주자朱子가 분명하게 했으며, 무극無極은 주렴계周濂溪가 처음 주장하고 일부一夫가 부연하였다. 이 셋을 이치로 나누면 3극이지만, 도道로 합하면 하나의 무극이라 할 수 있다.

大哉라無極之爲道也여以言乎遠則通乎無形之外하고

以言乎邇則備於一身之中하니瞬息도必於是하고

吉凶도必於是하니此所以生萬變而成大業也라

＊ 위대하도다. 무극의 도가 됨[爲][1]이여! 먼 곳을 말하면 무형의 바깥세계까지 통하고, 가까운 곳을 말하면 인간의 한몸에 구비되어 있으므로 한순간도 여기서 비롯되며 길흉 역시 여기에서 생겨나는 것이다. 이것이 바로 온갖 변화가 생겨나고 대업이 이루어지는 이유이다.

---

1 할 '위爲'자는 '되다'로 새겨야 옳다. Being이 存在라면 Becoming은 生成을 뜻한다. 따라서 '爲'는 이것이 저것으로 바뀌어 되다는 의미로서 周易이 正易으로 전환한다는 뜻으로 번역해야 할 것이다.

지재 선생지명사도야 찬희문지통
至哉라先生之明斯道也는纘義文之統이라

괘도지원 삼변이역 연선왕지악
卦圖之圓이三變而易이며衍先王之樂하고

황종지균 십이이성 율려음양 천지일월
黃鐘之均이十二而成하니律呂陰陽과天地日月이

막불성도 예악법도 전장문물 유시이정
莫不成度하고禮樂法度와典章文物이由是而正하나니

사 가 이 감 인 심 이 화 천 하 야
斯可以感人心而化天下也라

＊ 지극하도다. 선생이 이 무극의 진리를 밝힘이여! 복희와 문왕의 도통을
계승한 것이로다! 괘도卦圖가 그려내는 원만함은 세 번 크게 변하므로 선
왕先王의 음악으로 펼쳐내었고, 황종黃鐘 소리의 조화가 열 두 마디로 이
루어지므로 율려음양律呂陰陽과 천지일월天地日月은 그 도수度數를 완수
하지 않음이 없고, 예악과 법도와 전장문물典章文物이 이로 말미암아 올
바르게 된다. 이렇게 해야 진정 사람의 마음에 감응하여 천하를 변화시킬
수 있는 것이다.

연 순도이변역자 천시야 수시이동정자 인정야
然順道而變易者는天時也요隨時而動靜者[2]는人情也요

순정이교화자 성인야
循情而敎化者는聖人也라

약도불합시 즉구애무변 비역야
若道不合時면則拘礙無變[3]하니非易也요

행불섭세 즉고체불통 비역야
行不涉世면則固滯不通하니非易也요

---

2 하상역본에는 '而'가 작은 교정표시로 되어 있다.
이 책에서는 하상역의 이름으로 1912년에 출간한『정역주의』는 '하상역본'으로, 1909년 김
정현이 지은『정역대경』필사본은 '필사본'으로 부르기로 한다.
3 필사본에는 '則'字가 없다.

교 인 경 정　　즉 예 시 부 종　　비 역 야
敎人逕庭⁴면則**睨視不從**하니**非易也**니

* 그러나 천지의 이치에 순응하여 변역하는 것은 하늘의 시간[天時]이며, 시간의 본성에 따라 동정動靜하는 것은 사람의 정서[人情]이며, 인정을 바탕으로 교화하는 사람은 성인이다. 만일 도가 시간에 부합하지 않으면 가로막혀 변화할 수 없으므로 역易이 아니다. 인간의 행위가 세상사와 만나지 못하여 두루 막혀 소통하지 못하는 것 역시 역이 아니다. 사람을 가르침에 시야가 좁으면 곁눈질하며 따르지 않은 것도 역이 아니다.

고 사 경 야　 득 천 시 지 정　　이 성 십 역 만 력 야
故斯經也는**得天時之正**하여**而成十易萬曆也**며

통 세 정 지 고　 이 명 동 선 사 천 야
通世情之故로**而明同善事天也**며

비 중 인 지 악 이 교 가 영 도 무 야
比衆人之樂而敎歌詠蹈舞也라

차 소 위 역 서 지 득 정 이 합 삼 재 이 대 성 야
此所謂易書之得正而合三才以大成也니라

시 고　　대 인 자 우 천 하 지 사 욕　 생 어 심 이 해 기 사
是故로**大人者憂天下之私慾**이**生於心而害其事**라

* 이 경전[正易]은 천시에 대한 올바름을 얻어 십역十易의 항구불변한 책력[萬歲曆]을 이루었고, 세상과 인간의 마음의 본질을 꿰뚫어 보편적 선善으로 하늘을 섬기는 이유를 밝혔으며, 일반사람의 음악에 친밀하게 영가무도詠歌舞蹈를 가르치고 있다. 이는 역서易書로서의 정당성을 얻어 삼재三才의 도와 부합하여 크게 이루었던[大成] 것이다. 이런 까닭에 대인은 천하의 사사로운 욕심이 마음에서 생겨나 일을 그르치는 것을 근심했던 것이다.

---

4 필사본은 '逕情'으로 되어 있다.

지 천 하 지 성 명　　동 어 기 이 애 기 생　　희
知天下之性命이면同於己而愛其生하니噫라

수 사 아 생　　함 휴 제 칙　　동 천 하 지 안 이 위 안
遂使我生으로咸休帝則하니同天下之安而爲安하고

후 천 하 지 락 이 향 기 락　　역 도 지 정　과 하 여 재
後天下之樂而亨其樂이니易道之正은果何如哉리요

차 학 자 소 당 지 지 이 자 면 야 부
此學者所當知之而自勉也夫라

＊ 천하의 성명性命을 알면 자신과 스스로 하나되어 생명을 사랑하게 되
므로 아아! 나의 생명으로 하여금 모두가 상제님의 법도를 기쁘게 여겨서
천하의 안녕을 나의 안녕과 똑같게 삼고, 천하사람이 즐거움을 누린 뒤에
비로소 즐거움을 누리므로 역도의 올바름이란 과연 무엇인가? 이것이 바
로 학자가 마땅히 알아야 하는 것이고, 스스로 힘써야 할 것이다

태 청 태 화 오 화 원 시 무 기 일 월 개 벽 이 십 이 년 기 유 십 이 월
太淸太和五化元始戊己日月開闢二十二年己酉十二月

기 해　간 성　김 정 현　원 부 서
己亥 艮城 金貞鉉 元夫序

＊ 태청 태화 오화五化 원시元始 무기 일월개벽 22년 기유년(1909) 12월 기
해에 간성艮城 땅 원부元夫 김정현金貞鉉이 서문을 쓰다.[5]

5『정역대경』 필사본은 '隆熙己酉十二月己亥 艮城 金貞鉉 元夫序'라고 기록하고 있다. 정역 관
련 인쇄본의 대부분은 무극대종교에 깊이 관여했던 河相易의 이름으로 1912년에 출판되었다.
필사본과 인쇄본에는 종종 다른 글자체가 사용되기 때문에 주의를 기울여 읽어야 할 것이다.

繫辭傳曰天一地二天三地四天五地六天七地八天九地
十,天數五地數五,五位相得而各有合,天數二十有五地數
三十,凡天地之數五十有五,此所以成變化而行鬼神也。

이것은 「계사전」 상편 9장에 다음과 같이 나온다. 天一, 地二, 天三, 地四, 天五, 地六, 天七, 地八, 天九, 地十이다. 하늘의 수는 다섯이요 땅의 수도 다섯이다. 다섯 자리가 서로 얻으며 각각 합함이 있으니, 하늘의 수는 25요 땅의 수는 30이다. 무릇 천지의 수는 55로서 이것이 변화를 이루며 귀신을 행하는 것이다.

_서書 _낙洛 _귀龜 _현玄

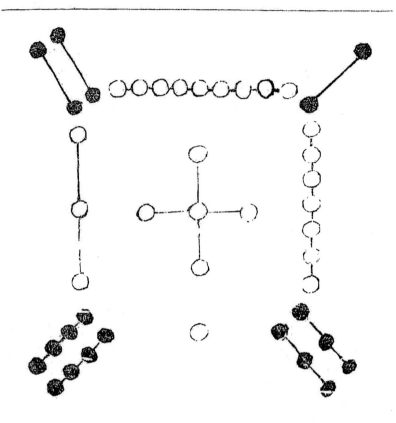

右總目曰洛書盖取龜象,故其數,載九履一,左三右七,

二四爲肩,六八爲足。

총목總目에 다음과 같은 말이 나온다. 낙서는 대개 거북이 형상을 취한 것
이다. 그 수는 9를 머리에 이고 1은 밟으며, 왼쪽은 3이고 오른쪽은 7이며,
2와 4는 어깨이며, 6과 8은 발이다.

三極五元圖

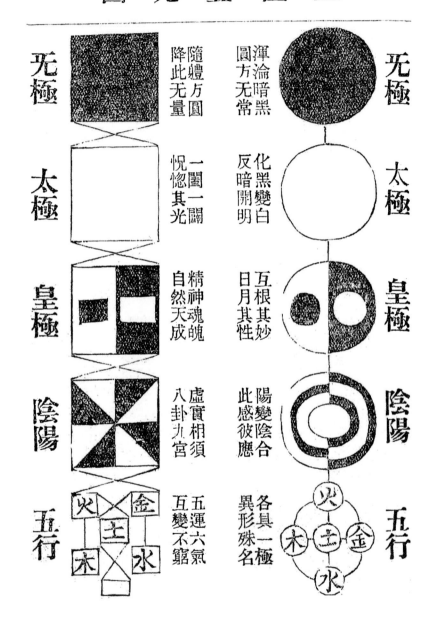

无極　渾淪暗黑　圓方无常　隨體方圓　降此无量

太極　化黑變白　反暗開明　一闔一闢　悅惚其光

皇極　互根其妙　日月其性　精神魂魄　自然天成

陰陽　陽變陰合　此感彼應　虛實相須　八卦九宮

五行　各具一極　異形殊名　五運六氣　互變不窮

无極　太極　皇極　陰陽　五行

삼국오원도

수 체 방 원 강 차 무 량	혼 륜 암 흑 원 방 무 상
[隨軆方圓, 降此无量]	[渾淪暗黑, 圓方无常]

무극 : 본체인 방원을 따라 내려오니 무량하다.

　　암흑의 혼돈 속에서도 원방은 무상하다.

일 합 일 벽 황 홀 기 광	화 흑 변 백 반 암 개 명
[一闔一闢, 怳惚其光]	[化黑變白, 反暗開明]

태극 : 한 번은 닫히고 한 번은 열려 그 황홀함이 빛이로구나.

　　검은색이 변화하여 흰색이 되고, 어둠이 물러나 밝음이 열리도다.

정 신 혼 백 자 연 천 성	호 근 기 묘 일 월 기 성
[精神魂魄, 自然天成]	[互根其妙, 日月其性]

황극 : 정신과 혼백이 저절로 하늘을 이루도다.

　　서로의 존재근거됨이 기묘하고, 일월은 그 본성 자체로구나.

허 실 상 수 팔 괘 구 궁	양 변 음 합 차 감 피 응
[虛實相須, 八卦九宮]	[陽變陰合, 此感彼應]

음양 : 허와 실이 서로를 기다리니, 8괘가 9궁 되는구나.

　　양은 변하고 음은 합하니, 이것이 느끼면 저것이 응하도다.

오 운 육 기 호 변 불 궁	각 구 일 극 이 형 수 명
[五運六氣, 互變不窮]	[各具一極, 異形殊名]

오행 : 오운이 육기로 되어 서로 변화함이 무궁하구나.

　　만물이 각각 하나의 태극을 이루니, 서로 다른 형태와 이름이 생기도다.

개 천　주 야 지 도 이 이
盖天은晝夜之道而已라

야 이 유 정　암 흑 불 변　연 천 신　안 정
夜而幽靜하여暗黑不辨이나然千神이安定하고

만 령　숙 호　회 동 조 원　시 음 휵 양 지 도 야
萬靈이肅護하여會同朝元하니是陰畜陽之道也니라

주 이 변 동　청 명 축 개　신 주 이 목　영 관 기 체
晝而變動하여淸明遂開하고神注耳目하며靈管氣軆하고

분 위 수 직　시 양 용 음 지 도 야
分位修職하니是陽用陰之道也니라

＊ 대개 하늘은 밤과 낮의 도일 따름이다. 밤에는 그윽하고 고요하여 암
흑을 구별하기 어렵지만, 천신千神이 안정되고 만령萬靈이 엄숙하게 보호
하여 이들이 모이고 하나되어 근원으로 돌아가는 것이니, 이는 음이 양을
축적하는 도이다. 낮에는 움직이고 변화하여 맑고 밝음으로 마침내 열려
나가고, 정신은 이목에 주입되고 신령은 온몸을 주관하여 각각의 위치로
나뉘어 임무를 수행하니, 이것은 양이 음을 사용하는 도이다.

고 정 이 양 야 기 즉 신 여 정 교　불 각 기 화 이 만 법 예 정
故靜而養夜氣則神與精交하여不覺其和而萬法豫定하고

동 이 응 사 물 즉 신 통 정 명　부 대 기 사 이 백 도 중 절
動而應事物則神通精明⁶하고不待其思而百度中節하니

시 내 천 지 명　지 지 의　인 지 칙 야
是乃天之明이요地之義요人之則也라

＊ 그러므로 고요할 때에 야기夜氣(밤의 기운)를 기르면 신神과 정精이 교
류하여 그 조화를 깨닫지 못해도 만법이 미리 정해져 있으며, 움직일 때
는 사물과 감응하여 신神이 통하고 정精은 밝아져 그 생각을 기다리지 않
아도 모든 법도가 중용과 절도에 들어맞게 되는 것이다. 이것이 바로 하

---

6 필사본에는 '則'字가 없다.

늘의 밝음[明]이요 땅의 올바름[義]이며 인간의 법도[則]인 것이다.

어 시 앙 체 천 의　　추 광 성 모　　이 위 일 도
於是仰軆天意하고推廣聖謨하니以爲一圖라

개 혼 연 회 양 자　　도 지 체 야　수 연 지 명 자　도 지 용 야
盖渾然晦養者[7]는道之軆也라粹然至明者는道之用也며

변 화 자 성 자　　덕 지 성 야　　동 정 불 측 자　　음 양 지 도 야
變化自成者는德之性也요動靜不測者는陰陽之道也라

각 일 기 성 자　　오 행 지 리 야　경 일 이 위 삼 자　양 지 원 야
各一其性者는五行之理也요經一而圍三者는陽之圓也며

경 이 이 위 사 자　　음 지 방 야
徑二而圍四者는陰之方也라

＊ 이에 우러러 하늘의 뜻을 체득하고 성인의 의도를 헤아려 널리 펼치는 것으로 하나의 그림(하도)으로 만들었던 것이다. 조금도 다른 것이 섞이지 않아 결점이 없는 어둠 속에서도 기르는 것은 도의 체軆요, 순수하고도 지극히 밝은 것은 도의 쓰임[用]이다. 변화하여 스스로 이루는 것은 덕의 본성이요, 동정을 헤아리기 힘든 것은 음양의 도이다. 만물이 각각 하나의 성품[性]을 갖추는 것은 오행의 이치요, 지름은 1이고 둘레가 3인 것은 양이 둥근 것[圓]이요, 지름이 2이고 둘레가 4인 것은 음의 사방[方]을 뜻한다.

삼 이 지 합　오 행 야　이 오 지 교　십 성 야
三二之合은五行也요二五之交는十性也라

십 오 지 합　성 명 지 체 야　오 십 지 승　대 연 지 용 야
十五之合은性命之軆也요五十之乘은大衍之用也니

역 도 지 생 생　개 불 외 호 차 의
易道之生生이皆不外乎此矣라

---

7 필사본은 '渾淪'으로 되어 있다.

연 인 시 오 행 이 소 기 본 즉 일 음 양 지 변 화 야
然因是五行而溯其本則一陰陽之變化也요

유 시 음 양 이 구 기 원 즉 개 삼 극 지 조 화 야
由是陰陽而究其原則皆三極之造化也니라

삼 극 지 원   일 무 극 지 도 야
三極之原이一无極之道也일새니

인 이 부 지 도 즉 수 백 세 이 종
人而不知道則雖百歲而終이라도

유 미 면 향 인   가 불 구 재
猶未免鄉人이니可不懼哉리요

시 이   감 망 참 월
是以로敢忘僭越이니

즉 인 선 철 지 설 이 가 지 이 흑 백 유 상 지 권 점
卽因先哲之說而加之以黑白有象之圈點으로

추 명 기 혼 륜 무 상 지 도 체   남 자   불 필 구 애 어 상
推明其渾淪无象之道體하니覽者는不必拘礙於象하여

인 시 이 구 기 고 즉 자 당 유 조 어 불 언 지 지 야
因是而求其故則自當有助於不言之知也라

＊ 3과 2를 합하면 5행이요, 2와 5가 교류하는 것은 10의 본성[性]이요, 10과 5의 합은 성명의 본체요, 5와 10을 서로 곱하는 것은 대연大衍의 작용이다. 생명을 낳고 낳는 역도는 이것에서 벗어나지 않는다. 그러나 5행이 생겨나는 원인과 그 근원을 추리하면 하나의 음양의 변화이며, 음양의 근원도 3극의 조화로 소급할 수 있으며, 3극의 근원은 하나의 무극의 도라고 할 수 있다. 인간으로서 무극의 도를 알지 못하고 비록 100세를 살다가 죽는 것은 보통사람을 면치 못하는 것처럼 어찌 두렵지 않겠는가? 따라서 참람하게도[僭越] 선배 철학자들의 이론을 바탕으로 흑백黑白의 도상[有象]을 덧붙여 혼돈의 도상[无象]에 숨겨진 도체道體를 미루어 밝히려 하였다. 독자들은 상象에 얽매일 필요없이 무극의 도에 담긴 궁극적 이치를 탐구하면 스스로 말없는 지혜에 도움이 될 것으로 믿는다.

伏羲八卦圖

右說卦傳曰天地定位, 山澤通氣, 雷風相薄, 水火不相射,
八卦相錯, 數往者順, 知來者逆。 邵子曰乾南坤北, 离東坎
西, 震東北兌東南, 巽西南艮西北。

「설괘전」 3장에는 다음의 말이 있다. "하늘과 땅이 자리를 정하며, 산과
연못이 기운을 통하며, 우레와 바람이 서로 부딪치며, 물과 불이 서로 쏘
지 않아 팔괘가 서로 교착한다. 지나간 것을 셈하는 것은 순이고, 미래를
아는 것은 거스리는 것이다. 이런 까닭에 역은 거슬러 세는 것이다." 이에
대해 소강절邵康節(1011~1077)은 다음과 같이 풀이하였다. "건괘는 남방, 곤
괘는 북방, 리괘는 동방, 감괘는 서방, 진괘는 동북방, 태괘는 동남방, 손괘
는 서남방, 간괘는 서북방에 위치한다."

右說卦傳曰帝出乎震,齊乎巽,相見乎离,致役乎坤,說言乎兌,戰乎乾,勞乎坎,成言乎艮。

离南坎北,震東兌西,巽東南艮東北,坤西南乾西北。

「설괘전」 5장에는 다음의 말이 있다. "상제[帝]가 진에서 나와 손에서 가지런히 하고, 리에서 서로 만나보고, 곤에 일을 맡기고, 태에서 말씀을 기뻐하고, 건에서 싸우고, 감에서 위로하고, 간에서 하늘의 말씀을 이룬다." 리괘는 동방, 감괘는 북방, 진괘는 동방, 태괘는 서방, 손괘는 동남방, 간괘는 동북방, 곤괘는 서남방, 건괘는 서북방에 위치한다.

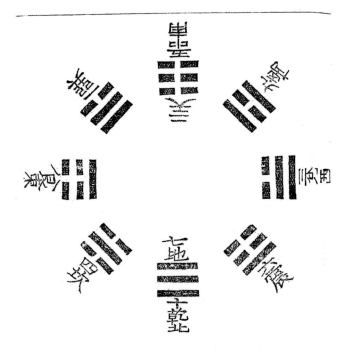

도 괘 팔 역 정
圖 卦 八 易 正

右說卦傳曰水火相逮,雷風不相悖,山澤通氣然後,能變
化旣成萬物也。

乾北坤南,艮東兌西,坎東北巽東南,离西南震西北。

「설괘전」 6장에는 다음의 말이 있다. "물과 불이 서로 미치며, 우레와 바
람이 서로 거스르지 않으며, 산과 연못이 기운을 통한 뒤에야 능히 변화
하여 이미 만물을 완수한다." 건괘는 북방, 곤괘는 남방, 간괘는 동방, 태
괘는 서방, 감괘는 동북방, 손괘는 동남방, 리괘는 서남방, 진괘는 서북방
에 위치한다.[8]

---

8 하상역본에는 十乾에 二天 五坤에 七地가 배치되어 있다. 그러나 필사본에는 十乾에 七地
五坤에 二天로 배치되어 있다.

복희·문왕·정역팔괘도

<ruby>孔子<rt>공 자</rt></ruby><ruby>曰<rt>왈</rt></ruby><ruby>太極<rt>태 극</rt></ruby>이<ruby>生<rt>생</rt></ruby><ruby>兩儀<rt>양 의</rt></ruby>하고<ruby>兩儀<rt>양 의</rt></ruby><ruby>生<rt>생</rt></ruby><ruby>四象<rt>사 상</rt></ruby>하고

<ruby>四象<rt>사 상</rt></ruby>이<ruby>生<rt>생</rt></ruby><ruby>八卦<rt>팔 괘</rt></ruby>라 하시니

<ruby>朱子<rt>주 자</rt></ruby><ruby>曰<rt>왈</rt></ruby><ruby>聖人<rt>성 인</rt></ruby><ruby>之<rt>지</rt></ruby><ruby>劃卦<rt>획 괘</rt></ruby><ruby>也<rt>야</rt></ruby>는<ruby>模寫<rt>모 사</rt></ruby><ruby>天地<rt>천 지</rt></ruby><ruby>自然<rt>자 연</rt></ruby><ruby>之<rt>지</rt></ruby><ruby>易<rt>역</rt></ruby>이라

<ruby>又<rt>우</rt></ruby><ruby>曰<rt>왈</rt></ruby><ruby>天地<rt>천 지</rt></ruby><ruby>之<rt>지</rt></ruby><ruby>妙<rt>묘</rt></ruby>가<ruby>元<rt>원</rt></ruby><ruby>如此<rt>여 차</rt></ruby>하니<ruby>但<rt>단</rt></ruby><ruby>略<rt>약</rt></ruby><ruby>假<rt>가</rt></ruby><ruby>聖人<rt>성 인</rt></ruby><ruby>手<rt>수</rt></ruby><ruby>畫<rt>획</rt></ruby><ruby>出來<rt>출 래</rt></ruby>라

＊ 공자는 "태극이 양의를 낳고, 양의는 사상을 낳고, 사상이 팔괘를 낳는다"고 말했다. 주자는 "성인이 획을 그은 것은 천지자연의 역을 본떠서 그린 것이다." 또한 "천지의 오묘함은 그 근원에서 이와 같으나, 다만 간략하게도 성인의 손을 빌려서 획이 나온 것이다"라고 말했다.

<ruby>盖<rt>개</rt></ruby><ruby>聖人<rt>성 인</rt></ruby><ruby>之<rt>지</rt></ruby><ruby>於<rt>어</rt></ruby><ruby>易<rt>역</rt></ruby>은<ruby>必<rt>필</rt></ruby><ruby>待<rt>대</rt></ruby><ruby>天命<rt>천 명</rt></ruby><ruby>而<rt>이</rt></ruby><ruby>作<rt>작</rt></ruby>하여

<ruby>示<rt>시</rt></ruby><ruby>人<rt>인</rt></ruby><ruby>以<rt>이</rt></ruby><ruby>天地<rt>천 지</rt></ruby><ruby>之<rt>지</rt></ruby><ruby>變化<rt>변 화</rt></ruby><ruby>也<rt>야</rt></ruby>라<ruby>竊<rt>절</rt></ruby><ruby>取<rt>취</rt></ruby><ruby>兩<rt>양</rt></ruby><ruby>夫子<rt>부 자</rt></ruby><ruby>之<rt>지</rt></ruby><ruby>意<rt>의</rt></ruby>를<ruby>論之<rt>논 지</rt></ruby>하면

<ruby>伏羲<rt>복 희</rt></ruby><ruby>之<rt>지</rt></ruby><ruby>易<rt>역</rt></ruby>은<ruby>始<rt>시</rt></ruby><ruby>變<rt>변</rt></ruby><ruby>也<rt>야</rt></ruby>요<ruby>文王<rt>문 왕</rt></ruby><ruby>之<rt>지</rt></ruby><ruby>易<rt>역</rt></ruby>은<ruby>再<rt>재</rt></ruby><ruby>變<rt>변</rt></ruby><ruby>也<rt>야</rt></ruby>요

<ruby>一夫<rt>일 부</rt></ruby><ruby>之<rt>지</rt></ruby><ruby>易<rt>역</rt></ruby>은<ruby>三<rt>삼</rt></ruby><ruby>變<rt>변</rt></ruby><ruby>也<rt>야</rt></ruby>니라<ruby>三<rt>삼</rt></ruby><ruby>爻<rt>효</rt></ruby><ruby>皆<rt>개</rt></ruby><ruby>變<rt>변</rt></ruby>하면<ruby>更<rt>갱</rt></ruby><ruby>無<rt>무</rt></ruby><ruby>餘<rt>여</rt></ruby><ruby>蘊<rt>온</rt></ruby><ruby>矣<rt>의</rt></ruby>라

＊ 대체로 성인은 반드시 천명을 기다린 뒤에 역易을 지어 천지의 변화를 사람들에게 나타내 보였다. 그윽히 두 부자夫子(공자와 주자)의 뜻을 취하여 논하면, 복희역은 1변[始變]을 말한 것이요, 문왕역은 2변[再變]을 말한 것이요, 일부역은 3변[三變]을 말한 것이다. 세 효가 모두 변하면 다시 남은 뜻이 없는 것이다.

연 삼 자　일 지 적 삼 야　태 양　거 일 이 여 소 양 지 삼
然三者는一之積三也라太陽은居一而與少陽之三으로

상 승 이 성 팔 괘　육 자　이 지 적 삼 야
相乘而成八卦요六者는二之積三也라

태 음　거 사 이 여 소 음 지 이　상 승 이 중 괘
太陰은居四而與少陰之二로相乘而重卦라

역 지 삼 획　기 변　괘 지 육 획　필 득 기 변 화 의
易之三畫이旣變하여卦之六畫이니必得其變化矣라

여 이 멸 학 불 감 용 훼 어 기 문
余以蔑學不敢容喙於其門이라

연 인 성 인 지 작 이 술 지 자　고 인 소 이 미 사 야
然因聖人之作而述之者를古人所以未辭也니

시 이　감 망 고 루　추 신 정 역 본 의
是以로敢忘固陋나追申正易本義니라

연 차 육 십 사 괘 부 우 본 괘 지 좌
衍此六十四卦附于本卦之左라

＊ 그러나 이 3은 1이 쌓여서 3이 된 것이다. 태양은 1의 위치에 있으나 소
양의 3과 더불어 서로 곱하여 8괘를 이루는 것이다. 6은 2가 세 번 쌓인
것이다. 태음은 4의 위치에 있으나 소음의 2와 더불어 서로 곱하면 중괘重
卦를 이룬다. 역의 3획이 이미 변하면 괘의 6획은 반드시 그 변화를 얻는
다. 나는 학문이 멸시당하는 것에 대해 문하생의 입장에서 감히 말 참견
할 수는 없다.[9] 그러나 성인이 짓고 기술한 것은 옛사람도 사양하지 않은
바이다. 그래서 감히 고루함을 잊고서 정역의 본뜻을 펼치는 바이다. 이
64괘는 본괘(복희팔괘도, 문왕팔괘도, 정역팔괘도)의 좌측에 덧붙여 놓
는다.[10]

---

9 필사본에는 "余以蔑學不敢容喙於其門"라는 글이 덧붙여져 있다.

10 필사본에는 "衍此六十四卦附于本卦之左"라는 글이 덧붙여져 있다.

十乾	无妄	履	同人
大壯	六震	歸妹	豊
夬	隨	三兌	革
大有	噬嗑	睽	九離
既濟	節	屯	需
賁	損	頤	大畜
家人	中孚	益	小畜
明夷	臨	復	泰

六十四卦方位圖
육 십 사 괘 방 위 도

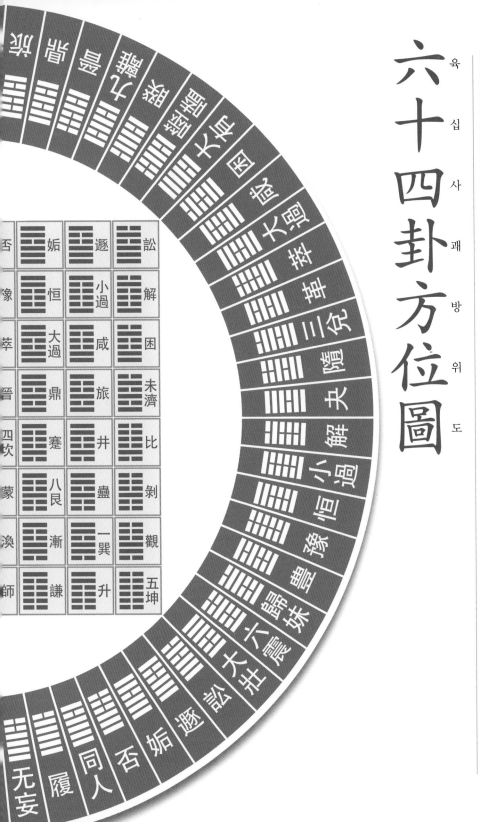

否	姤	遯	訟
象	恒	小過	解
萃	大過	咸	困
晉	鼎	旅	未濟
四坎	蹇	井	比
蒙	八艮	蠱	剝
渙	漸	一巽	觀
師	謙	升	五坤

64괘방위도[11]

안 차 도 위 치　상 하 내 외 본 말　여 선 천 도 상 반
按此圖位置는上下內外本末이與先天圖相反이라

＊ 살피건대 이 도표의 위치는 상하, 내외, 본말이 선천도와 상반된다.

개 복 희 지 괘　시 개 양 의　일 건 이 태 삼 리 사 진 정 위 동 남
蓋伏羲之卦는始開兩儀니一乾二兌三离四震正位東南하고

오 손 육 감 칠 간 팔 곤 수 위 서 북　양 거 양 의　음 거 음 의
五巽六坎七艮八坤守位西北하니陽居陽儀요陰居陰儀라

음 양 수 득 기 정　유 험 조 불 통 지 상　당 우 지 화
陰陽雖得其正이나有險阻不通之象이니唐虞之化가

불 피 삭 남 지 외　은 주 지 치　불 광 오 월 지 속　시 야
不被朔南之外하고殷周之治가不廣吳越之俗이是也라

＊ 복희괘는 처음에 양의兩儀로부터 열려 1건乾, 2태兌, 3리离, 4진震이 동
남쪽에 똑바로 서 있고 5손巽, 6감坎, 7간艮, 8곤坤이 서북쪽에서 위치를 지
키고 있다. 양은 양의 품성에, 음은 음의 품성에 위치하여 음양이 비록 올
바름[正]을 얻고 있으나, 위험하고 험난하여 소통되지 않는 양상이 마치
당우唐虞 시대의 덕화가 산서지역 이남[朔南]까지 미치지 못하고, 은주殷
周의 다스림이 오월吳越의 풍속을 넓히지 못한 것이 이것이다.

문 왕 지 괘　총 벽 사 상
文王之卦는總闢四象이니

---

11 64괘방위도와 그 해설은 明治45년(1912) 朝鮮總督府 警務總監部가 허가하여 京城 北部
積善坊 月宮洞 47統 5戶에 본부를 둔 大宗敎에서 河相易의 이름으로 발행한 『正易註義』에
는 없다. 『正易大經』와 『正易註義』의 내용은 큰 차이가 없다. 다만 크게는 64괘방위도와 그
해설이 『正易註義』에는 존재하지 않는다. 작게는 글자가 다른 경우가 종종 있으나, 의미의
전달 문제는 양자 사이에 충돌이 일어나지 않는다. 따라서 1909년에 김정현이 썼다고 추정
되는 『정역대경正易大經』 필사본 도표와 글을 그대로 옮겨 번역하였다.

일 감 이 곤 삼 진 사 손 육 건 칠 태 팔 간 구 리
一坎二坤三震四巽六乾七兌八艮九离가

실 위 상 잡　　배 우 부 정　　　건 곤 퇴 처　감 리 습 위
失位相雜하고配偶不正하니라乾坤退處요坎离襲位라

유 도 미 세 리 지 상　단 상 지 사　소 이 경 계 척 려 자
有道微世裏之象과象象之辭에所以警戒惕厲者가

막 비 우 환 후 세 지 의 야
莫非憂患後世之意也라

＊ 문왕괘는 4상四象이 총체적으로 열려[12] 1감坎, 2곤坤, 3진震, 4손巽, 6건乾, 7태兌, 8간艮, 9리离 등이 실위失位하여 섞여 있고, 서로의 배우자들이 부정不正하여 부모격인 건곤이 물러난 자리에 감리가 이어받은 것이 마치 천지의 도는 은미하고 세상이 쇠퇴한 모습과 「단전」과 「상전」에 나타난 경계하고 두려워하여 조심하는 말[警戒惕厲] 등은 후세에 대한 우환의식이 아님이 없다.

일 부 지 괘　무 극 화 위 양 의 사 상 팔 괘　차 제 개 벽
一夫之卦는無極化爲兩儀四象八卦가次第開闢이니

십 건 오 곤 팔 간 삼 태 정 위 사 정
十乾五坤八艮三兌正位四正하고

육 진 일 손 사 감 구 리 분 거 사 유
六震一巽四坎九离分居四維라

남 녀　득 정　위 차 유 서
男女가得正하여位次有序하며

양 의 포 음　음 의 포 양
陽儀包陰하고陰儀包陽하여

유 사 해 교 통　만 세 승 평 지 상
有四海交通과萬歲昇平之象하니

정 역 소 이 명 기 리 이 저 기 사 야
正易所以明其理而著其事也라

---

12 『정역대경正易大經』의 저자인 김정현이 복희괘의 성격을 열 개開로, 문왕괘의 성격을 열 벽闢으로 표현한 점에 주목할 필요가 있다.

33

＊ 일부괘는 무극이 조화를 일으켜 양의, 사상, 팔괘가 차례로 열려[開闢] 10건乾과 5곤坤과 8간艮과 3태兌는 동서남북 사정四正에 있고, 6진震과 1손巽과 4감坎과 9리离는 한곳에 치우쳐 있다[四維]. 남녀가 올바른 위치에 있고, 괘의 순서에 질서가 있으며, 양은 음을 함축하고 음은 양을 함축한 것이 천하 사람과 나라가 서로 교통하여 오래도록 태평한 모습[昇平]을 『정역』의 이치로 밝혀 온갖 일을 드러내었다.

개 선 천 태 양 지 정　　건 진 오 중　　　곤 진 자 중
盖先天太陽之政은乾盡午中이요坤盡子中이니

용 자 오 복 구 지 리　　후 천 태 양 지 정　　건 진 해 중
用子午復姤之理라後天太陽之政은乾盡亥中이요

곤 진 사 중　　용 사 해 승 무 망 지 리
坤盡巳中이니用巳亥升无妄之理라

＊ 대개 선천의 태양 정사는 건乾이 오午 가운데 극한에 달하고, 곤坤이 자子 가운데 극한에 달하여 자오子午와 복괘復卦(☷)와 구괘姤卦(☰) 원리를 사용한다. 후천의 태양 정사는 건이 해亥 가운데 극한에 달하고, 곤이 사巳 가운데 극한에 달하여 사해巳亥와 승괘升卦(☷)와 무망괘无妄卦(☰) 원리를 사용한다

선 천 이 형 기 위 주　　　고　　외 체 위 상
先天以形氣爲主하니故로外體爲上이요

후 천 이 성 명 위 주　　　고　　내 체 위 상
后天以性命爲主하니故로内體爲上이라

전 이 후 천 도 논 지
專以後天圖論之하면

건 본 생 어 해　　　고　　복 기 성 즉 건 위 어 북
乾本生於亥하니故로復其性則乾位於北이라

곤 본 생 어 사　　　고　　복 기 성 즉 곤 퇴 어 남
坤本生於巳하니故로復其性則坤退於南이라

간 주 종 시   고   성 기 성 이 위 어 동
艮主終始하니故로成其性而位於東이라

태 열 리 성   고   전 기 성 이 거 어 서
兌說利成하니故로全其性而居於西라

진 주 중 기   고   진 기 성 이 위 어 서 북
震主重器하니故로盡其性而位於西北이라

손 귀 치 양   고   극 기 성 이 위 어 동 남
巽貴致養하니故로極其性而位於東南이라

감 즉 진 양 재 내   고   반 기 성 이 위 어 동 북
坎則眞陽在內하니故로反其性而位於東北이라

리 즉 진 음 거 중   고   수 기 성 이 위 어 서 남
离則眞陰居中하니故로遂其性而位於西南이라

건 곤 반 류 이 위 태   태 간 교 감 이 위 함
乾坤反類而爲泰요兌艮交感而爲咸이요

뇌 풍 진 순 이 위 항   수 화 상 체 이 위 기 제
雷風晉順而爲恒이요水火相逮而爲旣濟니

천 지 지 변 화   기 진 어 차 호
天地之變化가其盡於此乎인져

＊ 선천은 형체와 힘[形氣] 위주의 세상이므로 바깥 실체를 최고로 삼으며, 후천은 본성과 천명[性命] 위주의 세상이므로 내면의 실체를 최고로 삼는다. 오로지 후천도만을 논한다면, 건乾은 본래 해亥에서 생겨나기 때문에 본성을 회복하는 건이 북쪽에 위치한다. 곤坤은 본래 사巳에서 생겨나기 때문에 본성을 회복하는 곤이 남쪽으로 물러나 위치한다. 간艮은 만물의 끝과 시작[終始]를 주장하기 때문에 본성을 완수하는 동쪽에 위치한다. 태兌는 기쁨과 이로움을 완성하기 때문에 본성을 온전하게 하는 서쪽에 위치한다. 진震은 (장남이 조상에게 제사드리는) 그릇을 중요하게 여김을 주장하기 때문에 본성을 극진히 하는 서북쪽에 위치한다. 손巽은 기르는 것을 귀하게 여기기 때문에 본성을 극진히 하는 동남쪽에 위치한다. 감坎은 참 양[眞陽]이 내부에 존재하기 때문에 본성을 돌이키게 하는

동북쪽에 위치한다. 리离는 참 음[眞陰]이 중앙에 존재하기 때문에 본성을 성취하게 하는 서남쪽에 위치한다. 건곤乾坤은 반대되는 것들이 모여 태泰를 형성하고, 태간兌艮은 서로 교감하여 함咸을 형성하고, 뇌풍雷風은 순응의 방식으로 나아가 항恒을 형성하고, 수화水火는 서로 영향을 미쳐 기제旣濟를 형성하므로 천지의 변화는 이것으로 다 표현할 수 있다.

원 자　천 야　음 양 지 상 야　기 어 곤 이 종 지 이 미 제
圓者는天也요陰陽之象也라起於坤而終之以未濟하며

기 어 건 이 종 지 이 기 제
起於乾而終之以旣濟라

일 향 우 전　순 환 불 이　음 양 지 공 성 의
一向右轉하여循環不已하니陰陽之功成矣라

＊ 원圓은 하늘[天]로서 음양의 모습이다. 곤坤에서 시작하면 미제未濟에서 마치며, 건乾에서 시작하면 기제旣濟에서 마치는데 한결같이 오른쪽으로 돌면서[右轉] 순환을 그치지 않아 음양의 공능을 이룬다.

방 자　지 야　강 유 지 질 야　시 어 건 이 지 어 리
方者는地也요剛柔之質也라始於乾而止於离하며

시 어 곤 이 지 어 감　진 진 이 수 수　일 순 일 역
始於坤而止於坎이라晉進而需須가一順一逆하여

교 중 무 편　강 유 지 덕 정 의　천 포 지 이 원 환
交中無偏하니剛柔之德正矣라天包地而圓環은

불 사 주 야 지 도　지 재 천 이 방 정　능 전 생 성 지 공
不舍晝夜之道요地載天而方正은能全生成之功이라

＊ 방方은 땅[地]으로서 강유의 본질을 뜻한다. 건乾에서 시작하면 리离에서 그치고, 곤坤에서 시작하면 감坎에 그쳐서 진晉으로 나아가고 수需로 기다려 한 번은 순응하고 한 번은 거슬러서[一順一逆] 교합하는 가운데 치우침이 없는 까닭에 강유의 덕성이 올바르다. 하늘은 땅을 함축하여

둥근 고리를 이루어 밤낮 없이 머물지 않는 이치이며, 땅은 하늘을 실어 방정方正하여 능히 생성의 공능을 완비한다.

건 주 호 북　삼 남 지 괘　분 리 서 정　곤 위 어 남
乾主乎北하니三男之卦가分理庶政하고坤位於南하니

삼 녀 지 괘　각 수 기 직　서 남 득 붕　동 북 상 붕
三女之卦가各修其職하여西南得朋과東北喪朋은

곤 지 승 건 야　보 합 대 화　만 국 함 녕　건 지 통 어 야
坤之承乾也라保合大和와萬國咸寧은乾之統御也니

제 왕 지 법　역 진 어 시 의
帝王之法이亦盡於是矣라

＊ 건괘는 북방을 주장하여 3남[三男] 괘가 생명 원리를 나누어 정사를 살찌운다. 곤괘는 남방에 위치하여 3녀[三女] 괘가 각각 그 직분을 맡아 서남방에서 친구를 얻고 동북방에서는 친구를 잃는 것[13]은 곤괘가 건괘를 이어받은 것이다. 만물의 성품을 보존하고 결합하여 위대한 조화를 이루어 천하가 모두 평안한 것은 건이 하늘을 통솔하여 이끌어가는 것이다.[14] 제왕학의 방법이 또한 여기에 모두 담겨 있다.

---

13 이는 곤괘 괘사卦辭에 나오는 말이다. 서방과 남방은 하도와 낙서가 전환하여 선후천이 교체하는 방향이고, 북방과 동방은 하도와 낙서가 교류하지 못하는 공간을 뜻한다.
14 이는 건괘 「단전」에 나오는 말이다.

道統淵源圖

盤古氏

天皇氏　地皇氏　人皇氏

有巢　燧人　伏羲　神農　黃帝

神堯　帝舜　大禹　殷湯　周文武

箕子　周公　孔子

도통연원도

천 황 씨　일 성　　형 제 십 이 인　　시 제 간 지
天皇氏는一姓으로兄第十二人이시요始制干支시니라

개 십 모 십 이 자 지 명　　이 정 세 지 소 재
盖十母十二子之名으로以定歲之所在시니라

＊ 천황씨는 하나의 성씨를 이루었으며, 형제는 열 두명으로 처음으로 간
지를 제정하였다. 천간과 십이지의 모자관계에 이름을 붙여 붙여 목성木
星을 기준으로 하는 1년의 소재를 정했다.

지 황 씨　일 성　　형 제 십 일 인　　원 정 삼 신
地皇氏는一姓으로兄第十一人이시요爰定三辰하시고

시 분 주 야　　이 삼 십 일　위 일 월
是分晝夜하사以三十日로爲一月하시니라

＊ 지황씨는 하나의 성씨를 이루었으며, 형제는 열 한명이다. 이에 삼신三
辰[15]의 운행법도를 정하여 밤낮을 나누고, 30일을 한 달로 삼았다.

인 황 씨　일 성　　형 제 구 인　　역 호 구 황 씨
人皇氏는一姓으로兄第九人이시요亦號九皇氏라

분 거 구 구　　역 왈 거 방 씨
分居九區일새亦曰居方氏라

정 교 군 신　　소 자 기 음 식 남 녀 소 유 시
政敎君臣이所自起飮食男女所由始니라

＊ 인황씨는 하나의 성씨를 이루었으며, 형제가 아홉 명으로 구황씨라고
도 불린다. 아홉 지역에 살았기 때문에 거방씨라고도 부른다. 군신간의 도

---

15 3辰은 『左傳』 桓公 2年條에 '三辰, 日月星也'라 했다. 3신은 해와 달과 별을 가리키는 별자
리의 규칙적인 운행을 뜻한다.

리를 올바르게 가르쳐 스스로 일가를 이루어 음식과 남녀의 도리가 최초
로 생겨났다.

유소 씨　태고지민　혈거야처　피금수조아지독
有巢氏는太古之民이穴居野處하여被禽獸爪牙之毒하니

시교구목위소　이피기해　포금수음혈여모
始敎搆木爲巢하사以避其害하시고捕禽獸飮血茹毛하시니라

＊ 유소씨 때 옛사람들은 동굴이나 들판에 살았는데, 금수들의 손톱과
이빨에 의한 독으로 중독되었기 때문에 처음으로 나무를 모아 보금자리
를 만들어 금수들의 해독을 피하게 했으며, 금수를 사로잡아 피를 마시
고 날고기를 먹었다.[16]

수인 씨　관성신찰오행　지공유화려목즉명
燧人氏는觀星辰察五行하사知空有火麗木則明이시니

어시　이부도수　찬화　입전교지대
於是에以鳧桃樹로燧火하시며立傳敎之臺하사

앙수천의　부찰인정고　역왈수황 씨
仰遂天意하시고府察人情故로亦曰燧皇氏라

＊ 수인씨는 일월성신과 오행을 관찰하여 공중[空]에서 나무에 불이 붙
어 밝은 것을 알았다. 그래서 부鳧산 복숭아나무[桃樹]를 뚫어 불을 지피
는 가르침을 전달하는 발판을 세웠다. 우러러서는 마침내 하늘의 뜻에 통
달하고 굽어서는 인정을 살폈기 때문에 '수황씨'라고도 불렸다.

태호복희 씨　생유성덕　상일월지명고　왈태호
太昊伏羲氏는生有聖德하사象日月之明故로曰太昊라

획팔괘　이치하　하복이화고　왈복희
劃八卦하사以治下이시어늘下伏而化故로曰伏羲라

---

16 飮血茹毛는 새나 짐승 따위를 털도 뽑지 않고 피도 씻지 않은 채 먹는 生食을 가리킨다.

작 황 악　　가 부 래 영 망 고　　　이 진 천 하　　　명 왈 입 기
作荒樂하사歌扶徠詠網罟하시고以鎭天下하시니命曰立基라

환 상 위 슬　　이 수 신 이 성 이 낙 음　　자 시 홍
絚桑爲瑟하사以修身理性而樂音이시니自是興이라

＊ 태호복희씨는 태어날 때부터 성스러운 덕을 갖추었다. 일월의 밝음을
상징하여 '태호'라 부른다. 8괘를 그어 천하를 다스리면서도 아래에 엎드
려 있기 때문에 '복희'라 하는 것이다. 황악荒樂을 짓고 부래扶徠를 노래부
르고 망고網罟를 읊어 천하를 두루 다스려 '기반을 다지라'는 명을 내렸
다. 뽕나무로 팽팽하게 줄을 맨 거문고를 만들어 만물의 이치와 본성[理
性]을 바탕으로 몸을 닦고 음률을 즐기는 것이 이로부터 흥성하였다.

신 농 씨　　작 뇌 거　　　교 민 가 색　　　일 중 위 시
神農氏는作耒耟하사敎民稼穡하시며日中爲市하사

취 민 교 역　　　찰 수 천 감 고　　　영 인 지 피
聚民交易하시며察水泉甘苦하사令人知避하시니

무 요 찰 지 환
無夭札之患이러시다

＊ 신농씨는 쟁기와 보습을 만들어 백성들에게 농사짓는 방법을 가르쳤
으며, 한낮에 시장을 열어 백성들을 모아 물건을 교환하도록 했으며, 수원
지 물이 달콤하거나 쓴지를 살펴 사람들이 피하는 방법을 알도록 하고 일
찍 죽는[夭札=夭折] 근심이 없도록 하였다.

황 제 씨　　명 대 요　　　점 두 강 소 건　　　작 갑 자
黃帝氏는命大撓하사占斗綱所建이시니作甲子하시다

용 성　　　작 개 천 도　　　작 산 술　　율 도 량 형
容成으로作盖天圖하시고作算術과律度量衡하시며

작 함 지 악　　　작 주 거 의 약　　사 용 관 곽
作咸池樂하시고作舟車醫藥과死用棺槨하시며

주금위화　　시제궁실
鑄金爲貨하시고始制宮室이러시다

* 황제씨는 대요大撓에게 명을 내려 북두칠성을 점쳐 한 해의 첫달을 삼는 방법인 월건법月建法을 만들어 갑자甲子로 시작하는 육갑을 제작하였고, 용성容成[17]으로 하여금 개천도盖天圖를 만들게 하고 산술법算術法을 지어 도량형을 정비했으며, 함지악咸池樂을 짓고 배와 수레와 의약을 지었으며, 관곽棺槨을 사용하는 장례법을 만들었으며, 쇠를 주조하여 화폐로 사용했으며, 처음으로 궁실을 제작하였다.

제요도당씨　　수오악　　존인과　　　제요찰
帝堯陶唐氏는狩五岳하사存鰥寡하시며濟夭札하시니

일민　기왈아기　　　일인한왈아한지
一民이飢曰我飢하시고一人寒曰我寒之하시며

일민　이고왈아함지
一民이罹辜曰我陷之라 하시다

제붕　　　삼년불화　　백학어비　　청앵어애
帝崩이시니三年不花하며白鶴語悲하며靑鸎語哀이어늘

작대장악　　　원년갑진
作大章樂하시다元年甲辰이라

* 제요 도당씨는 오악五岳[18]을 순수하고, 홀애비와 과부를 가엾게 여겼으며, 어려서 죽는 불행을 구제하였다. 한 명의 백성이라도 배고파 하면 '내가 배고프게 했다'고 말했으며, 한 명의 백성이라도 추워하면 '내가 춥게 했다'고 말했으며, 한 명의 백성이라도 허물 때문에 근심하면 '내가 그를 빠뜨렸다'고 말했다. 요임금이 죽자 3년 동안 꽃이 피지 않고 백학이 슬

---

17 黃帝의 史官으로 최초로 律曆을 지었다. 容成은 長生術을 터득했는데, 道家에서 말하는 採陰補陽의 술법은 용성에서 비롯되었다. 『淮南子』「脩務訓」은 "창힐은 글자를 만들고, 용성은 역법을 만들었다[蒼頡作書, 容成作曆]"고 했다.

18 동쪽의 泰山(山東省), 서쪽의 華山(陝西省), 남쪽의 衡山(湖南省), 북쪽의 恒山(湖北省), 중앙의 嵩山(河南省)이다.

피 울었으며, 푸른 구관조[青鸚]는 애달프게 말했다고 한다. 대장악大章樂을 지었으며, 원년은 갑진甲辰이다.

제 순 유 우 씨　　성 요 씨　　　정 육 률 오 성　　　이 통 팔 풍
帝舜有虞氏는姓姚氏이시요定六律五聲하사以通八風하시고

입 국 학　　입 고 적 법　　　명 우　　　홍 구 소 지 악
立國學하사立考績法하시다命禹하사興九韶之樂하시고

거 팔 원 팔 개　　　작 옥 형 제 칠 정
擧八元八凱하사作玉衡齊七政하시며

작 오 현 금　　가 남 풍 시　　　원 년 병 진
作五絃琴하사歌南風詩하시다元年丙辰이라

* 제순 유우씨의 성은 요씨姚氏이다. 육률오성六律五聲을 제정하여 팔풍八風에 통하고, 국학을 설립하여 고적법考績法[19]을 시행하였다. 우禹에게 명하여 구소악九韶樂을 흥성하게 하였다. 팔원팔개八元八凱[20]를 등용하여 선기옥형璇璣玉衡을 지어 칠정을 가지런히 했으며, 오현금五絃琴을 만들어 남풍南風의 시를 노래하였다. 원년은 병진丙辰이다.

하 우 씨　　성　　사 씨　　　치 홍 수
夏禹氏는姓이姒氏이시요治洪水하실새

득 귀 문　　　획 정 지
得龜文하사劃井地하시다

작 세 실　　계 종 고 경 탁 도　　　이 구 간
作世室하사揭鐘鼓磬鐸鞀하시고以求諫이러시다

시 천　　우 금　　삼 일　　작 대 하 악　　　원 년 정 사
時天이[21]雨金을三日이니作大夏樂이러시다元年丁巳라

---

19 관리의 人事考課를 기록하여 평가하는 방법을 가리킨다.

20 元은 착하다[善], 凱는 화합[和] 또는 즐기다[樂]는 뜻으로 즐거울 개愷와 같다. 高辛氏에는 재능이 뛰어난 백분伯奮, 중감仲堪, 숙헌叔獻, 계중季仲, 백호伯虎, 중웅仲熊, 숙표叔豹, 계리季貍라는 여덟 명의 자식이 있다. 또한 高陽氏에게도 재능이 뛰어난 창서蒼舒, 퇴애隤敳, 도인檮戭, 대림大臨, 방강尨降, 정견庭堅, 중용仲容, 숙달叔達이라는 여덟 명의 자식이 있다.

21 필사본에서는 '時'만 있고, 하상역본에서 '時天'으로 '天'字가 추가되어 있다.

* 하우씨의 성은 사씨다. 홍수를 다스릴 때 거북이 등에 새겨진 글[龜文]을 얻어 땅을 아홉 지역으로 나누었다. 세실世室[22]을 지어 종, 북, 경쇠, 풍경, 작은북[23]을 걸어 간언하는 제도를 만들었다. 그때 하늘에서 3일 동안 쇠가 섞인 비가 내렸다. 대하악大夏樂을 지었으며, 원년은 정사丁巳이다.

성 탕 명 리　　일 명 천 을　　성 자 씨
成湯은 名이 履이시고 一名은 天乙이시며 姓은 子氏이시다

작 반 명　　작 대 호 악　　은 덕 강 성
作盤銘하시고 作大護樂하시니 殷德이 降盛일새

현 성 지 군 육 칠 작
賢聖之君이 六七作이라

서　왈 칠 세 지 묘　가 이 관 덕　　이 윤 중 훼 위 이 상
書에 曰 七世之廟에 可以觀德이라 하니 伊尹과 仲虺가 爲二相이라

* 성탕의 이름은 리履이고 천을天乙로도 불리며, 성은 자씨子氏이다. 반명盤銘과 대호악大護樂을 지어 은나라의 덕이 크게 융성하였다. 성현다운 군주가 6~7명이므로 『서書』에서 "7세의 종묘에서 그 덕을 볼 수 있다"고 말했다. 이윤伊尹과 중훼仲虺라는 두 재상이 있다.

주 문 왕　명 창　　성 희 씨　　획 괘　　이 명 후 천
周文王은 名이 昌이시요 姓은 姬氏이시다 劃卦하사 以明后天하시다

부 대 성 이 색　　오 즙 희 경 지
不大聲以色하시고 於緝熙敬止하시다

작 영 대 영 소　　굴 지 득 사 골　　이 의 관 장 지
作靈臺靈沼하사 掘地得死骨이시어늘 以衣冠葬之하시다

포 봉 오 제 후　　봉 황　함 서 내 유　　오 신 합 모 우 방
褒封五帝后시니 鳳凰이 啣書來遊이어늘 五神이 合謀于房하여

---

22 天子의 宗廟를 뜻한다.

23 북자루를 잡고 돌리면 양쪽 끝에 매단 구슬이 북을 치도록 만든 작은북으로 노도路鼗라고도 한다.

홍 업　　　원 년 기 묘
興業이라元年己卯라

＊ 주나라 문왕의 이름은 창昌으로 성은 희씨姬氏이다. 괘를 그어 후천을
밝혔다. "사나운 얼굴로 큰소리를 내지 않았으며[不大聲以色]",²⁴ "아아!
끊임없이 밝으시어 편안히 머무셨네[於緝熙敬止]"²⁵라고 칭송되었다. 영
대靈臺와 영소靈沼를 만들고, 땅을 파서 죽은 사람의 뼈에 의관을 입혀 장
사지냈다. 오제五帝와 그 왕비를 높이 기리고 받들었으며, 봉황鳳凰이 하
늘의 글을 품고 와서 노닐었으며, 오신五神이 방에 들어와 앞날을 도모하
여 대업이 흥성하였다. 원년은 기묘己卯이다.

무 왕 명 발　　몽 상제여구령 벌상조
武王은名이發이시요夢에上帝與九齡과伐商操이시어늘

상 고 황 천 혜　　가 이 행 혜　　굴 일 인 지 하
上告皇天兮이며可以行兮인저屈一人之下로

신 어 만 인 지 상　　불 설 이 불 망 원　　작 대 무 악
伸於萬人之上이시니²⁶不泄邇不忘遠하사作大武樂이러시다

원 년 기 묘
元年己卯라

＊ 무왕의 이름은 발發이다. 하루는 "상제께서 90세[九齡]의 나이를 주시
고,²⁷ 상商을 무너뜨려 움켜쥐라"는 꿈을 꾸었다. 상제가 황천에게 알려주

---

24 『중용』 33장에서 『詩經』 「大雅」 "皇矣篇"을 인용하였다.

25 『대학』 3장에서 『詩經』의 말로 인용하였다.

26 필사본에서 '於'字가 없다.

27 '구령'의 일차적 의미는 9세 또는 90세를 가리킨다. 90세를 살 수 있는 長壽를 구령의 징
조라고 한다. 武王이 上帝에게 구령을 받는 꿈을 꾸었는데, 文王이 "이는 너의 수명이 90세임
을 뜻하는 것인데, 내가 너에게 세 살을 더 주겠다"고 하여 무왕이 93세에 죽었다는 古事에
서 유래한 말이다. 이에 대한 용례는 英祖實錄 권1, 영조 즉위 8월 30일 庚子에 나온다. "위대
하신 선왕의 덕을 크게 이어 받았으니, 거의 삼대의 다스림을 회복할 수 있었으나, 기거도 못
하고 잠도 이루지 못하다가 문득 구령의 징조를 잃었도다[丕顯丕承, 庶期復三大之治, 不興
不寐, 奄失夢九齡之徵.]" 이는 네이버 지식사전에서 인용했음을 밝힌다.

시니 실행할 만한 것이었다. 일인지하의 신분으로 만인지상의 뜻을 펼쳐 (무왕은) "가깝게 있는 사람은 친하게 여기지 않았으며, 먼 것을 잊지 않았다.[不泄邇, 不忘遠.]"[28] 대무악大武樂을 지었으며, 원년은 기묘己卯이다.

기 자   성   자 씨   명 서 여   저 홍 범 전
箕子는 姓이 子氏시요 名은 胥餘시라 著洪範傳하시다

주 무 왕   봉 조 선   설 팔 조 지 교   화 민 이 속
周武王이 封朝鮮하사 設八條之敎하시니 化民移俗이니라

＊ 기자는 성이 자씨子氏이며 이름은 서여胥餘다.「홍범전洪範傳」을 지었으며, 주나라 무왕이 (기자를) 조선에 봉하여 여덟 개의 가르침을 세워 백성을 교화하자 풍속이 바뀌었다.

주 공   명   단   문 왕 지 자   무 왕 지 제
周公은 名이 旦이시요 文王之子이시며 武王之弟이시니라

원 성   사 겸 삼 왕   작 빈 풍 칠 월 편   제 례 작 악
元聖으로 思兼三王하시니라 作豳風七月篇하시고 制禮作樂이시니라

＊ 주공은 이름이 단旦으로 문왕의 아들이자 무왕의 동생이다. 으뜸가는 성인으로 "(주공은) 세 왕의 좋은 점을 모두 겸하였다.[思兼三王]"[29] 빈풍칠월편豳風七月篇을 짓고, 예악을 제작하였다.

공 자   명   구   자 중 니   노 인   은 후
孔子는 名이 丘이시요 字는 仲尼이시며 魯人으로 殷后이시다

일 태 극   상 률 천 시   하 습 수 토   시 중
一太極으로 上律天時하시고 下襲水土하사 時中이러시니

만 세 토   예 악 지 성   막 여 부 자 야
萬世土이시니라 禮樂之盛이 莫如夫子也시니라

---

28 『孟子』「離婁章句」上
29 『孟子』「離婁章句」上

＊ 공자의 이름은 구丘요 자는 중니仲尼로 은殷의 후예였던 노나라 사람
이다. 그는 일태극一太極을 바탕으로 위로는 하늘의 시간을 본받고 아래
로는 물과 땅의 본성을 계승하고[上律天時, 下襲水土] 시중時中의 정신을
구현하여 역사와 인간의 표본[土]을 드러내었다. 예악을 흥성시킨 것은
공자가 가장 위대하다.

正易註義 上

十五一言
_{십 오 일 언}

要旨 10은 무극, 5는 황극, 1은 태극으로 「십오일언」은 무극과 황극과 태극이 하나로 통일된다는 새로운 천지의 창조를 시사하는 발언이다. 김일부선생은 「십오일언」 서두에서 하늘과 땅의 보이지 않는 신비와 수수께끼를 특유의 手指度數로 논증하였다. 이에 힌트를 얻은 故 柳南相教授는 인류역사와 문명은 열 다섯 분의 성인이 주도하였다는 曆數聖統論을 제기하였다.

십 지수야 기성 천야 기도 성야 기덕 중야
十은地數也라其性은天也요其道는誠也요其德은中也니라

오 천수야 기성왈지 기도왈신 기덕왈정
五는天數也라其性曰地요其道曰信이요其德曰正이라

일 양수야 어기성즉수 어기도즉경 어기덕즉지
一은陽數也라語其性則水요語其道則敬이요語其德則知라

* 10은 땅을 상징하는 숫자로 그 본성[性]은 하늘이요 그것이 움직이는 길[道]은 성실성[誠]이요 그 덕성은 모든 것의 핵심과 준거와 척도를 뜻하는 중도[中]이다. 5는 하늘을 상징하는 숫자로 그 본성은 땅에서 비롯되며 그것이 움직이는 길은 믿음[信]이며 그 덕성은 올바름[正]이다. 1은 양 에너지를 상징하는 숫자로 그 본성을 말하면 물[水]이며, 그것이 움직이는 길을 말하면 경건함[敬]이며, 그 덕으로 말하면 모든 것을 아는 것[知]이다.

개 십오자 명성대대지체 십일자 명성유행지용
盖十五者는命性待對之體요十一者는命性流行之用이요

일 언자 역성인겸덕지사
一言者는亦聖人謙德之辭라

* 무릇 10과 5는 하늘의 명령[命]과 만물의 본성[性]이 서로를 기다리면서 짝을 이루는 본체요, 10과 1은 하늘의 명령과 만물의 본성이 유행하는 작용을 뜻하며, 한 말씀[一言]이라는 것은 역시 겸손한 덕을 갖춘 성인의 말'을 뜻한다

오 호 반 고 화   천 황 무 위   지 황 재 덕
鳴呼라盤古化하시니天皇은無爲시고地皇은載德하시니

인 황 작   유 소 기 소   수 인 내 수
人皇이作이로다有巢는旣巢하시고³⁰燧人乃燧로다

신 재 복 희 획 결   성 재 신 농 경 시   황 제 갑 자 성 두
神哉伏羲劃結하시고聖哉神農耕市로다黃帝甲子星斗요

신 요 일 월 갑 진   제 순 칠 정 옥 형   대 우 구 주 현 귀
神堯日月甲辰이로다帝舜七政玉衡이요大禹九疇玄龜로다

은 묘 가 이 관 덕   기 성 내 성   주 덕 재 자
殷廟에可以觀德이요箕聖乃聖이시니周德在茲하야

이 남 칠 월   인 혜 아 성   건 곤 중 립   상 률 하 습
二南七月이로다麟兮我聖이여乾坤中立하사上律下襲하시니

습 우 금 일
襲于今日이로다

원문 ³⁰아아! 반고께서 스스로 조화를 일으켜 생명을 낳으시니 천황은 인위적인 행위를 않으시고, 지황은 땅의 덕성을 포용하여 만물을 두루 실으시고, 인황에 이르러 비로소 인간의 법도를 지으셨다. 유소씨께서 자연의 피해를 덜어내는 집을 지으시고, 수인씨께서 처음으로 불을 사용하셨다. 신령하신 복희께서 8괘를 그으시고 노끈으로 맨 결승문자를 만드셨

---

30 『정역』 원문에 대한 띄어 읽기가 필사본과 하상역본이 다르다. 돈암서원본에 기초한 이정호박사의 견해는 하상역본과 같다. 필사본은 '天皇, 無爲, 地皇, 載德, 人皇, 作, 有巢, 旣巢,'로 읽었고, 하상역본과 이정호박사는 '天皇無爲, 地皇載德, 人皇作, 有巢旣巢,'로 붙여 읽었다.

으며, 성스러운 신농께서 농경생활과 시장을 여셨다. 황제께서는 하늘의 별자리를 헤아려 천간지지를 바탕으로 육갑을 만드셨으며, 신성한 요임금께서는 갑진년에 등극하시어 해와 달의 운행을 살펴 일월성신의 역법을 만드셨으며, 순임금께서는 북두칠성이 움직이는 법칙을 살펴 선기옥형을 바탕으로 칠정七政의 정사를 시행했으며, 위대하신 우임금께서는 현묘한 거북이 등에 새겨진 무늬를 보고 천하를 아홉 지역으로 나누셨으며, 은 나라의 종사에서 찬란한 덕을 볼 수 있으며, 기자는 홍범구주를 지으신 성인으로 주나라의 덕이 여기에 근거했으며, 이남칠월二南七月의 시에는 문왕과 주공의 덕이 드러나 있다. 기린[31]같으신 우리 공부자께서는 하늘과 땅의 핵심을 꿰뚫어 우뚝 서시니, 위로는 하늘의 시간을 본받고 아래로는 수토水土의 정신을 계승하여 오늘에까지 이르렀다.

오 호 탄 미 사
嗚呼는嘆美辭라

반 고 안 사 기   삼 재 지 수 형 화 지 주 야
盤古는按史記하니三才之首요形化之主也니라

천 황 취 개 자 지 의 지 황 취 벽 축 지 의
天皇은取開子之義요地皇은取闢丑之義요

인 황 취 생 인 지 의 야
人皇은取生人之義也니라

＊ '오호'는 아름다움을 감탄하는 말이다. 『사기』에 따르면, 반고는 천지인 3재의 으뜸이요 형체와 변화를 일으키는 주체이다. 천황은 하늘이 자에서 열린다[天開於子]는 뜻을 취한 것이며, 지황은 땅이 축에서 열린다[地闢於丑][32]는 뜻을 취한 것이며, 인황은 인류를 낳는다[生人之義· 혹은 인간

---

31 麒麟은 태평성대를 상징하는 짐승으로 魯 哀公 14년에 애공이 서쪽에서 사냥하다 기린이 잡혔는데, 공자는 기린의 다리가 부러졌다는 소식을 듣고 슬퍼해서 절필했다는 고사가 있다.

32 소강절은 하늘과 땅과 인류문명이 싹튼 시간대를 순차적으로 '天開於子, 地闢於丑, 人起

이 만든 문명이 시작되다]는 뜻을 취한 것이다.

^{개 천 도} ^{리 기 위 주} ^{연 필 득 형 화 이 성 물 고}
蓋天道는理氣爲主이나然必得形化而成物故로

^{거 차 재 적 가 고 지 실 사}
擧此載籍可考之實事하여

^{욕 사 추 치 정 역 무 궁 지 도 체 야} ^{부 천 여 인} ^{일 본 이 이}
欲使推致正易無窮之道體也라夫天與人은一本而已요

^{도 지 위 야} ^{분 위 위 이} ^{형 기 지 위 야}
道之謂也라分而爲二는形氣之謂也니라

＊ 대개 천도는 리理와 기氣를 위주로 삼는데, 반드시 형체로 화생함을 얻은 뒤에 사물이 이루어진다. 그러므로 살필 수 있는 실제 일을 이 책에 실은 것은 『정역』이 무궁한 도체道體임을 미루어 알게 하고자 함에 있다. 무릇 하늘과 인간은 근본이 하나로서 도를 일컫는 것이요, 나누면 둘이 된다는 것은 눈에 보이는 형체와 힘[形氣]을 일컫은 것이다.

^{개 곡 어 형 기 즉 변 연 위 이 물} ^{합 어 도 즉 소 무 기 간}
蓋梏於形氣則辨然爲二物이나合於道則小無其間이라

^{유 명 지 제} ^{호 위 체 용} ^{상 위 종 시}
幽明之際에互爲體用하여相爲終始하니

^{유 성 인} ^{작 이 계 시 도} ^{삼 위 삼 재} ^{입 인 극 언}
唯聖人이作而繼是道요叅爲三才하여立人極焉하니

^{유 소 이 후 군 성} ^{시 야}
有巢以後群聖이是也니라

＊ 대개 형체와 변화[形氣]에 구속되어 보면 (리와 기는) 두 개의 물건으로 구별되지만, 도에 부합해서 보면 둘 사이에 조금도 차이가 없다. 어둠

___

於寅'으로 표현했는데, 김일부는 선천에는 하늘이 子에서 열렸으나, 후천의 하늘은 丑에서 열린다는 뜻으로 바꾸어 새로운 시간질서의 수립을 얘기했다. 여기서 바로 소강절과 김일부의 선후천관이 본질적으로 다르다는 사실을 읽을 수 있다.

과 밝음 사이에서도 서로 본체와 작용이 되고, 서로 끝과 시작[終始]으로 맞물려 존재하는 것이다. 오직 성인이 (역사에) 나타나 계승한 것이 바로 도道요, 하늘과 땅이 빚어낸 일에 참여하여 3재가 되어 인륜의 푯대[人極]을 세웠는데, 유소有巢 이후의 많은 성인이 바로 그들이다.

특 거 기 공 덕 지 우 저 자　　입 위 만 세 표 준
特擧其功德之尤著者하여立爲萬歲標準하니

이 수 교 래 학 야　　안 도　　개 가 견 의
而垂敎來學也라按圖면皆可見矣니라

＊ 그 공덕이 특별히 드러난 분을 들어서 만세의 표준으로 세운 것은 후세의 배우고자 하는 자에게 가르침을 내린 것이다. 이 그림을 보면 모두 알 수 있다.

오 호　　금 일 금 일
嗚呼라今日今日이여

육 십 삼 칠 십 이 팔 십 일　　일 호 일 부
六十三七十二八十一은一乎一夫로다

[원문] 아아! 오늘이여, 오늘이여! 63, 72, 91은 나 일부에게서 하나가 되는구나.

차　　지 구 수 이 언 야　　수 시 어 일 이 대 비 어 구 구 의
此는指九數而言也라數始於一而大備於九九矣니

구 수 지 제 구 항　　기 수　　합 위 사 백 단 오
九數之弟九行하면其數는合爲四百單五요

낙 서 지 수　　존 공 즉 흡 위 삼 백 육 십 당 기 지 수
洛書之數³³를尊空則恰爲三百六十當朞之數라

육 십 삼 칠 십 이 팔 십 일　　응 건 지 책 이 백 일 십 유 육
六十三七十二八十一은應乾之策二百一十有六이요

---

33 필사본은 '洛書之本數'로 기록하고 있다.

일 구 이 구 삼 구 사 구 육 구   응 곤 지 책 백 사 십 유 사
一九二九三九四九六九는應坤之策百四十有四라

곤 책   용 지 어 선 천 자 회   전 일 이 연 지 사 야
坤策은用之於先天子會이니前日已然之事也이요

건 책   용 지 어 후 천   축 회 금 일 장 연 지 사 야
乾策은用之於後天이니丑會今日將然之事也라

＊ 이것은 9수를 지적하여 말한 것이다. 수의 세계는 1에서 시작하여 9 ×
9(= 81)에서 크게 갖추어진다. 9수의 아홉 항을 차례로 모두 합하면 그
수의 합은 405가 된다.[34] 405에서 낙서수洛書數 45를 존공尊空[35]하면 1년
날수인 360과 동일하게 되는 것이다. 63, 72, 81은 역에서 말하는 건책乾策
216에 상응하고, 나머지 1×9, 2×9, 3×9, 4×9, 6×9는 곤책坤策 144에 상응
한다. 곤책은 선천의 자회子會에 쓰는데 과거의 지나간 일이요, 건책은 후
천에 쓰일 것인데 지금으로부터 장차 미래에 이루어질 축회丑會[36]의 일이
다.

---

34 $1 \times 9 = 9$, $2 \times 9 = 18$, $3 \times 9 = 27$, $4 \times 9 = 36$, $5 \times 9 = 45$, $6 \times 9 = 54$, $7 \times 9 = 63$,
$8 \times 9 = 72$, $9 \times 9 = 81$의 등식이 성립한다. 이를 합하면 $9 + 18 + 27 + 36 + 45 + 54 +$
$63 + 72 + 81 = 405$라는 총합이 나온다.

35 尊空은 정역사상의 독특한 용어다. 존공은 본체와 작용의 전환에 의해 필연적으로 발생
하는 우주의 自己淨化 또는 再調整 과정에서 일어나는 선천과 후천의 교체 때문에 등장하
는 개념이다. 성리학에서 말하는 본체는 시공을 초월하여 존재하는 절대불변의 太極을, 작
용은 태극이 현실로 들어와 음양과 오행의 법칙으로 운동하는 변화를 가리킨다. 결국 성리
학은 본체와 작용의 위상은 결코 바뀔 수 없다는 입장을 견지한다. 하지만 정역사상은 선천
이 후천으로 바뀌는 이유를 본체와 작용의 전환에서 찾기 때문에 전통의 성리학과 결별을
선언한다. 『주역』에서 乾의 작용은 9수를 쓰고[乾元用九], 坤의 작용은 6수를 쓴다[坤元用
六]고 말했다. 왜 9와 6을 쓰는가? 김일부는 『주역』에서 말하는 9의 본체는 10이요, 6의 본체
는 5라는 것이 전제되어 있기 때문에 선천을 이끄는 음양운동의 으뜸을 9와 6이라고 인식
하였다. 따라서 김일부는 앞으로 후천에는 체용이 전환되어 10과 5가 작용이 되고, 선천에
서 작용했던 9와 6은 본체로 돌아간다는 논리를 통해 선후천 전환의 타당성을 점검했던 것
이다. 그래서 그는 생명의 본원, 즉 선천에서 작용의 역할을 충실히 주재했던 9와 6이 시공의
모체로 돌아가는 사건을 '높이 모신다[尊空]'라고 표현하여 선후천의 교체에 따른 체용의
전환 시기에도 인간의 의식혁명은 지속되어야 한다는 당위성을 강조하였다.

36 丑會는 子會에 대응하는 개념이다. 자회가 양에서 시작하는 시스템이라면, 축회는 음에
서 시작하는 시스템이다. 子로 시작하는 선천 세상이 하늘 중심의 사유라면, 丑으로 시작하
는 후천 세상은 땅 중심의 사유라는 자연과 인간의 근본적 패러다임 전환을 외치고 있다.

개 시 책 분 이 위 황 종 사 지 수 　 합 이 위 율 력 지 수
盖是策을分而爲黃鐘絲之數하고合而爲律曆之數라

특 거 기 용 구 지 지 요 　 기 하 십 수 지 대 체 야
特擧其用九之至要하여起下十數之大體也니라

＊대개 이 건곤책수를 나누면 황종黃鐘을 출발점으로 삼는 율려의 수가
되고, 합하면 율력律曆[37]의 수가 된다. 특별히 9수를 쓰는 지극한 요점을
들어서 아래 글의 10수를 쓰는 큰 줄거리를 일으키고 있다.

거 변 무 극 　 십
擧便無極이니十이니라

원문 손을 모두 들어 올리면 곧 무극이니 10이다.

거 통 야 개 야 무 무 형 야
擧는統也요皆也라無는無形也요

극 극 지 이 갱 무 거 처 지 의 십 자 수 지 공
極은極至而更無去處之意니十者는數之空이라

＊(왼손 손가락을 모두) '들어 올린다[擧]'는 말은 통합하여 거느리다
[統], 모두라는 뜻이다. 없을 무無는 형체가 없다는 뜻이요, 지극할 극極
은 극단에 이르러 다시 더 이상 갈 곳이 없다는 뜻이요, 10은 수가 비어
있다[空]는 뜻이다.

개 도 수 무 형 　 유 시 리 즉 필 유 시 상 　 무 극 시 야
盖道雖無形이나有是理則必有是象이니無極이是也라

---

37 律曆은 율려와 역법의 합성어다. 전통의 율려관을 비판적으로 극복한 김일부 역시 律을
陽으로, 呂를 陰으로 본다. 하지만 그는 子會, 律, 天, 陽을 으뜸으로 삼은 세상이 선천이고
丑會, 呂, 地, 陰을 으뜸으로 삼는 세상을 후천으로 본다. 그러니까 律曆은 12율려와 역법이
하나로 통합된 시스템을 의미한다고 할 수 있다.

천 수 무 체　유 시 기 즉 필 유 시 수　십 공　시 야
天雖無軆나 有是氣則必有是數하니 十空이 是也니라

＊대개 도는 비록 형체가 없으나, 이치[理]가 있으면 반드시 그 형상[象]이 있는데 무극이 바로 그것이다. 하늘이 비록 실체가 없으나 이 변화의 힘[氣]이 있으면 그 속에는 반드시 수의 질서가 있는데, 아무 것도 없다는 것(왼손 손가락을 모두 편 상태)을 표시한 10[十空]이 바로 그것이다.

십 수 지 수　기 공 즉 천 야　공 즉 통　통 즉 명
十雖地數나 其空則天也라 空則通하고 通則明하니
신 명 지 소 유 생 야　태 공 지 소 유 명 야
神明之所有生也며 太空之所由名也라

＊10은 비록 땅의 수이지만, 비어 있는 형상은 하늘[天]을 상징한다. 비어 있으면 두루 통하고[空則通], 통하면 밝음이 되어[通則明] 신명神明이 생겨날 수 있으므로 위대한 텅빔[太空]이라는 명칭이 될 수 있다.

석 씨 지 공 중　노 씨 지 허 무　개 불 외 호 시 리 야
釋氏之空中과 老氏之虛無도 皆不外乎是理也니라
차　거 성 명 지 원　포 하 삼 극 지 리
此는 擧性命之元으로 包下三極之理라

＊석가가 말하는 공空과 중中, 노자가 말하는 텅 빔[虛]과 형체 없음[無]도 모두 이 이치에서 벗어나지 않는다. 여기서는 특별히 성명性命의 근원을 들어서 아래 3극의 원리를 포괄한다

십 변 시 태 극　　일
十便是太極이니 一이니라

원문 10은 곧 태극이므로 1이다.

태　대야　일자　수지시　일　거지즉위무극
太는大也요一者는數之始니一을擧之則爲無極이나

이 권 지 즉 위 태 극
而圈之則爲太極이라

십위연부　일위연자　십생일　일화십　화화생생
十爲衍父요一爲衍子니十生一하고一化十하여化化生生하고

호변불궁　거천하지물　각일시성야
互變不窮하니擧天下之物에各一是性也라

＊태太는 크다[大], 1은 수의 시초를 뜻한다. (왼손 엄지손가락)1을 들면 (펴면) 무극이 되지만, 둥그렇게 엄지손가락을 굽히면 태극이므로 10을 부연하면 아비[父]와 같고, 1을 부연하면 아들[子]과 같다. 10은 1을 낳고 1은 10으로 변화하며, 변화를 거듭하여 생명을 낳고 낳음이 서로 무궁하기 때문에 천하만물을 거론하면 각각 하나의 본성[性]이 되는 것이다.

일 이 무 십　　무 체　십 이 무 일　　무 용　　　합　　토
一而無十이면無軆요十而無一이면無用이니[39]合하면土라

거 중　오　황 극
居中이五니皇極이니라

원문 1은 10이 없으면 본체가 없는 것이요, 10은 1이 없으면 작용이 없는 것과 같다. (이 둘을) 합하면[39] 토가 된다. 1에서 10까지의 중앙에 위치하는 5는 황극이다.

중　불편야　오자　생수지성　　황　미성야
中은不偏也요五者는生數之成이요皇은美盛也라

---

38 『정역』 원문의 현토가 돈암서원본과 필사본/하상역본이 차이가 있는데, 논리의 흐름상 돈암서원본이 더 합리적이다.
　필사본(1909년)/하상역본(1912년) : '一而无十, 無軆, 十而无一, 无用,'
　돈암서원본(1923년) : '一이 无十이면 无軆요 十이 无一이면 无用이니'
39 十과 一을 결합하면 흙 土가 된다.

自一積十은體也요自十分一은用也라

＊'중中'이란 어느 한쪽으로 치우치지 않는 것이요, '5'란 생수生數를 이루
도록 하는 것이요, '황황皇'은 아름다움이 왕성한 것이다. 1부터 10까지 쌓는
것은 본체이며, 10부터 나뉘어 1이 되는 것은 작용이다.

십 일 합 체　　위 토　오 토 지 위 덕　회 합 충 화
十一合軆하여爲土니五土之爲德은會合沖和하고

거 중 무 편　　조 성 위 능　　기 비 극 지 미 성 호
居中無偏이며造成爲能하니豈非極之美盛乎리요

개 무 극 이 태 극 이 황 극　지 기 조 화 지 실 체 이 명 변 지 야
蓋無極而太極而皇極은指其造化之實軆而明辨之也라

＊10과 1의 본체를 합하면 토가 되는데, 5토의 덕은 (금목수화의 특징을)
모아서 통합하고 (오행의) 모순과 충돌을 화합시키는 중심에 위치하여
어느 한쪽으로도 치우치지 않아 만물을 완수시키는데 능력에 모자람이
없으므로 어찌 지극한 아름다움의 왕성함이 아니겠는가! 무릇 무극과 태
극과 황극이 하나인 것은 조화造化의 실체를 지적하여 극명하게 분변分辨
한 것이다.

이 기 지 진 언 지 즉 기 극 왈 무　이 기 지 대 언 지 즉 기 극 왈 태
以其至眞言之則其極曰無요以其至大言之則其極曰太요

이 기 지 미 언 지 즉 기 극 왈 황　개 혼 륜 지 초　하 상 유 이
以其至美言之則其極曰皇이라蓋渾淪之初에何嘗有二이나

견 어 용 즉 유 시 상 유 시 수 고　필 인 상 수 이 지 기 소 이 연 야
見於用則有是象有是數故로必因象數而指其所以然也라

＊지극히 참된 것의 극한을 말하면 무無이며, 지극히 위대한 것의 극한을
말하면 태太이며, 지극히 아름다운 것의 극한을 말하면 황皇이다. 대개 혼
돈의 시초에 어찌 두 가지[二]가 있으랴마는 그 쓰임[用]에서 보면 형상

[象]이 있고 수數의 질서가 있는 것이다. 그러므로 반드시 상수象數에 근거하여 그 궁극적 이유를 지적한 것이다.

인 시 이 구 도 자　불 필 고 착 어 상 수 이 초 연 묵 끽 야
因是而求道者는不必靠着於象數而超然黙喫也라

＊이런 의미에서 도를 구하는 자는 반드시 상수에 고착되어 의지하지 말고, 초연한 경지에서 묵묵히 느껴져야 할 것이다.

지　재 천 이 방 정　　체
地는載天而方正하니體니라

원문 땅은 하늘을 싣고서도 방정하므로 본체이다.

지　위 토 야　체　위 실 체 야
地는謂土也요體는謂實體也라

득 강 유 지 실 체　위 지 지　　지 수 일 괴 물
得剛柔之實體를謂之地이니地雖一塊物이나

기 중　실 허 용 득 천 무 궁 화　기 덕　방 정
其中은實虛容得天無窮化하고其德은方正이라

＊땅은 토土를 일컬음이요, 체는 실체를 가리킨다. 강유의 실체를 갖춘 것을 땅이라 부르는데, 땅이 비록 하나의 물체이지만 그 중中은 실질을 이루면서 텅 비어 하늘의 무궁한 변화를 포용하고, 그 덕성은 방정하다.

부 지　처 도 야　자 도 야　신 도 야
夫地는妻道也요子道也며臣道也라

기 도　비 이 간 능　유 진 이 상 행　응 천 이 대 종
其道는卑而簡能이니柔進而上行하여應天而大終이라

즉 지 지 태 이 거 선
卽地之泰而居先이니라

＊무릇 땅은 아내, 아들, 신하의 도리를 나타낸다. 땅의 도는 낮은 곳에 있으면서 간단한 법칙으로 능히 만물을 모두 실을 수 있고[卑而簡能], 부드러운 손길로 나아가 위로 올라가서 하늘에 감응하면서 크게 마칠 수 있는 것이다. 곧 땅은 지천태地天泰로서 (하늘보다) 앞에 선행한다고 할 수 있다.

천   포지이원환   영
天은包地而圓環하니影이니라

원문 하늘은 물샐틈없이 땅을 감싸 안고 둥그렇게 도니 그림자이다.

천 위일대야   영   위광영야   득음양지광영   위지천
天은謂一大也요影은謂光影也라得陰陽之光影을謂之天이라

천 수 일공기   기 실   지대   포함지허다물
天雖一空氣이나其實은至大하며包含地許多物하니

기 도   원 환
其道는圓環이라

＊하늘은 만물의 궁극자[一]인 동시에 아주 거대하다[大]. 영影[40]은 광명의 그림자를 뜻한다. 음양의 운동이 빚어내는 광명의 그림자를 하늘이라 한다. 하늘은 비록 하나의 공기空氣이지만 사실은 지극하고도 위대한 존재로 땅의 무수한 사물을 포함하기 때문에 하늘의 도가 둥그렇게 돈다고

---

40 어떤 사물에 빛을 쪼이면 그림자[影]가 생기게 마련이다. 이때 만물의 궁극적 본질이 體라면 본질에 대한 影은 속성 또는 허상에 불과하기 때문에 이 둘은 존재와 생성의 관계가 성립한다는 것이 성리학의 입장이다. 하지만 정역사상에서 말하는 그림자를 성리학의 체용관의 시각으로 들여다보면 옳지 않다. 오히려 본질에 감추어진(숨겨진) 역동적인 율려의 도수, 또는 선천을 후천으로 바꾸는 숨겨진 질서에 내재된 힘을 가리킨다. 이는 선천을 후천으로 바꾸는 자연의 거대한 힘의 물결을 뜻하는 지극한 에너지[至氣]와 흡사하다. 본체와 작용의 준말이 체용인데 비해서 정역사상은 본체와 그림자[體影]라는 개념을 설정하여 성리학적 세계관과 차별화하였다.

한 것이다.

부천　부도야　부도야　군도야
夫天은夫道也며父道也며君道也라

기도　존이불항　광명이하제　　교지이대시
其道는尊而不亢하고光明而下濟하고交地而大始하니

즉천지태이거후
卽天之泰而居後라

차　거천지지형체　　명하신명지췌언
此는擧天地之形體하여明下神明之聚焉이니라⁴¹

＊대저 하늘은 남편의 도, 아버지의 도, 임금의 도이다. 하늘의 도는 지극히 존귀하여 도리에 어긋나지 않으며, 환하게 빛나 하늘 아래의 세상을 구제하고, 땅과 교섭하여 위대한 시작을 주재하므로 하늘의 태평함을 본받아 그 뒤에 존재한다. 이것이 바로 하늘과 땅의 형체를 빌려서 아래의 신명(신묘한 기운)이 모이는 것을 밝히고 있다.

대재　체영지도　리기유언　　신명췌언
大哉라體影之道여理氣圃焉하고神明萃焉이니라

원문 위대하도다! 본체와 그림자의 도道여! 리理와 기氣를 포괄하고 신명이 모여 있도다.

체영지도　　불가이지명고　　찬미왈대재
體影之道는不可以指名故로讚美曰大哉라

리자　기지소이연　　기자　리지소유발
理者는氣之所以然이요氣者는理之所由發이라

41 필사본은 '神氣'으로 기록하고 있다.

유　온야　췌　취야
囿는蘊也요萃는聚也니라

* 체영의 도는 특정한 이름으로 지시하기가 불가능하므로 '위대하도다[大哉]'라고 찬미한 것이다. 리理는 기氣의 궁극적 이유이며, 기는 리로 말미암아 발생하는 것이며, 유囿[42] 는 여러 사물이 쌓인다는 것이며, 췌萃는 모이다(모으다)는 뜻이다.

기지굴신왈신　리지광명왈명
氣之屈伸曰神이요理之光明曰明이라

범색호천지지간자　일기유행　음양기공
凡塞乎天地之間者는一氣流行과陰陽其功이니

비잠동식지물　각득기리호
飛潛動植之物이各得其理乎인저

영호천지지간자　일신명광　일월　기근
盈乎天地之間者는一神明光으로日月이其根이니

허령형철지성　각수기덕호
虛靈瑩澈之性이各受其德乎인저

* 기가 굽히고 펴지는 것을 신神이라 하고, 리의 광명을 밝음[明]이라 한다. 무릇 천지 사이를 가득 메우는 것은 일기一氣의 유행과 음양의 공덕이다. 이 세상에서 하늘을 날거나 땅에 잠복한 동식물들이 각각 이러한 이치를 얻은 것이다. 천지 사이에 꽉 찬 것은 일신一神의 밝은 빛으로 일월이 그것에 뿌리를 두고 있다. 인간의 마음에 뿌리박힌 허령虛靈하고 맑고 밝은 본성은 각각 그 덕을 얻은 것이다.

천지지리　삼원
天地之理는三元이니라

42 김일부는 성리학의 최고 범주인 理氣가 體影의 논리에 포섭된다[囿]는 의미로 사용하였다.

원문 천지의 이치는 세 가지 으뜸 원리이다.

삼 원   위 무 극 태 극 황 극 삼 극 지 도 야
三元은謂無極太極皇極三極之道也니라

차   승 상 삼 원 지 리   기 하 삼 재 지 도
此는承上三元之理⁴³하여起下三才之道라

* 3원은 무극과 태극과 황극이라는 3극의 도를 이르는 것이다. 이것은 위의 3원 원리를 이어받아 아래의 3재의 도를 일으키고 있다.

원 강 성 인   시 지 신 물   내 도 내 서
元降聖人하시고示之神物하시니乃圖乃書니라

원문 으뜸가는 3원에서 성인을 내려 보내시고 신물로 나타내 보이시니 곧 하도와 낙서이다.

원 강 자   합 삼 원 지 리 이 내 강 야   통 명   위 지 성
元降者는合三元之理而乃降也라通明을謂之聖이요

인   위 지 인   인 류 지 명 차 인 자   위 지 성 인 야
仁을謂之人이니人類之明且仁者를謂之聖人也라

* 원강元降이란 3원의 원리를 통합해서 내려 보낸다는 뜻이다. 하늘의 이치에 통달하여 밝은 것을 성스러움[聖]이라 하고, 하늘의 원리를 주체화한 것[仁]이 사람다움[人]이므로 인류 가운데 가장 밝고 또한 인仁을 체득한 이를 성인이라 부른다.

남 헌 장 선 생 왈 통 어 천 자   하 야   유 용 마 부 도 이 출
南軒張先生曰通於天者는河也라有龍馬負圖而出하니

---

43 필사본은 '承上'이라 한 반면에, 하상역본에는 '上' 자가 누락되어 있다. 다음 문장의 '起下三才之道'의 문맥에 비추어보면 필사본이 옳다.

_차 _{성인지덕} _{상통호천} _{천강기상}
此는聖人之德이上通乎天이요天降其祥이라

_{중어지자} _{낙야} _{유신귀재서이출}
中於地者는洛也라有神龜載書而出하니

_차 _{성인지덕} _{하급우지} _{지정기서}
此는聖人之德이下及于地이니地呈其瑞라 하니라

＊장남헌張南軒[44]은 다음과 같이 말했다. "하늘의 원리에 통달하게 하는 것은 하도이다. 용마의 등에 무늬가 새겨진 채 나왔다. 이는 성인의 덕이 위로는 하늘의 의지와 통한 것으로 하늘이 그 상서로운 조짐을 내려주신 것이다. 땅의 원리를 꿰뚫게 하는 것은 낙서이다. 신묘한 거북이가 글귀를 싣고서 나왔다. 이는 성인의 덕이 아래로 땅에 미친 것인데, 땅이 그 실마리를 드러낸 것이다."

_{차소위원강성인시지신물}
此所謂元降聖人示之神物이니

_차 _{거도서지리수} _{시고성인지연원}
此는擧圖書之理數하여示古聖人之淵源이라

＊이것이 이른바 '으뜸가는 3원에서 성인을 내려 보내시고 신물로 나타내 보이시니 곧 하도와 낙서다'라는 뜻이다. 그것은 하도와 낙서의 수리철학을 들어 옛 성인의 연원을 보인 것이다.

---

44 張南軒(1133~1180)의 이름은 栻이고, 자는 敬夫이다. 四川省 廣漢 출신으로 도학(성리학)의 대가로 손꼽히는 철학자였다. 그는 스승인 胡宏(호는 五峯)으로부터 학문을 익혔으며, 호굉의 학문을 이어받아 湖湘學派를 이끄는 영수가 되었다. 장남헌은 성리학에 대한 지식이 깊고 敬 문제에 관해서는 朱子와 자주 논쟁을 벌여 주자의 학문에 지대한 영향을 끼쳤다. 朱子는 張栻의 학문이 높아 도저히 따라갈 수가 없다고 칭송하였다. 저서에는『南軒易說』,『論語說』,『孟子說』등이 있으며, 주자는 1184년에 장식의 유고집인『南軒集』을 편찬하였다.

도 서 지 리　후 천 선 천　　천 지 지 도　기 제 미 제
圖書之理는**後天先天**이요**天地之道**는**旣濟未濟**니라

[원문] 하도와 낙서의 원리는 후천과 선천이요, 하늘과 땅의 도리는 기제와 미제이다.[45]

도 서　　수 지 조　　리 지 종　　　선 어 천 이 유 시 리
圖書는**數之祖**요**理之宗**이라**先於天而有是理**하고

후 어 천 이 유 시 수　　　수 기 대 비　　가 이 진 물 변
後於天而有是數하니**數旣大備**하여**可以盡物變**이라

도 위 체　　서 위 용　　　선 천 자 회 야
圖爲體요**書爲用**이니**先天子會也**라

＊ 하도낙서는 수의 할아버지요 이치의 궁극적 근원이다. 하늘보다 먼저 이 이치가 존재했고, 하늘보다 뒤로 해도 이 수가 존재하기 때문에 수의 틀이 이미 크게 갖추어져 만물의 법도를 헤아릴 수 있다. 하도가 본체가 되고, 낙서가 작용이 되는 것은 선천 자회子會의 시대이다.

수 시 변 역　　　도 변 위 용　　　서 변 위 체　　　후 천 축 회 야
隨時變易하여**圖變爲用**하고**書變爲體**하니**後天丑會也**니라

＊ 시간의 흐름에 따라 바뀌어 하도가 변하여 작용이 되고, 낙서가 변하여 본체가 되는 것은 후천 축회丑會의 시대이다.[46]

---

45 이 대목에 두 가지 중요한 뜻이 있다. 하나는 하도낙서가 64괘의 구성보다 심층의 근원적 원리이며, 정역사상은 하도낙서에 연역해서 하도낙서로 귀결되는 특징이 있다. 또한 주역에서 강조하는 卦象 위주의 논리에서 벗어나 괘상의 뿌리를 하도낙서에서 찾는 형식으로 이루어져 있음을 증명하고 있다. 다른 하나는 정역사상은 시종일관 선후천관의 입장에서 하도는 후천이고, 낙서는 선천이라는 사실을 고수하고 있으며, 기제괘와 미제괘는 지금의 천지를 설명하는 체계라는 것이다. 결국 천지의 운행법도를 알려면 먼저 하도낙서를 살펴야 한다는 하락상수론을 전통의 상수론보다 높은 위상을 부여한 것이 곧 『정역』의 입론근거라 할 수 있다.

46 이 대목의 주제는 '체용의 전환'이다. 체용의 전환 문제는 동서양 어느 철학에서 찾을 수

유 흠 소 위 상 위 경 위 자　시 야
劉歆所謂相爲經緯者가是也라

유 시 이 작 간 지　　정 율 력　　사 시 지 행　　불 특
由是而作干支하고定律曆하니四時之行이不忒이라

인 시 이 획 괘 위　　　입 강 유　　팔 풍 지 동　　불 착 의
因是而劃卦位하여⁴⁷立剛柔하니八風之動이不錯矣라

＊유흠劉歆(BCE 53~AD 25)⁴⁸의 이른바 (하도와 낙서는) 서로 날줄과 씨줄이

된다고 말한 것이 바로 그것이다. 이를 바탕으로 간지干支를 짓고 율력律

曆을 정하니 사시의 운행이 조금도 어긋남이 없었다. 이를 근거로 괘위

卦位를 그어 강유剛柔의 틀을 세우니, 팔풍의 움직임이 착오가 없었다.

없는 정역사상 고유의 논리로서 하도와 낙서의 본질적 교체에 의해 선천이 후천으로 바뀐
다는 선후천론의 핵심이다. 성리학은 체용 관계의 불변성을 강조하지만, 정역사상은 본체가
작용로 변하고 작용이 본체로 바뀌는 체용의 전환을 얘기한다. 성리학에 의하면 본체는 불
변의 본질이고, 작용은 생성변화하는 현상으로서 작용의 근거는 언제나 본체에 있다. 따라
서 본체와 작용 관계 자체는 결코 바뀔 수 없기 때문에 본체는 만물의 궁극 원인이고, 작용
은 2차적 파생 사건(사물)이 되는 것이다. 하지만 정역사상은 성리학의 틀을 거부하면서 본
체와 작용의 본질적 전환을 선언했다. 선천에는 하도가 본체이고 낙서가 작용였던 것이 후
천에는 이 관계가 역전되어 낙서가 본체이고 하도는 작용이 된다는 것이다.

　요컨대 성리학의 체용관에는 시간이 개입될 여지가 없으나, 정역사상은 체용의 전환을 통
해 선천이 후천으로 뒤바뀐다는 새로운 시간론을 수립하였다. 성리학에서 말하는 본체는
생성변화의 탈시간화된(초월) 존재이고, 작용은 본체가 시간화된 현상로 나타나는 것을 의
미한다. 성리학은 본체를 탈시간화함으로써 항구불변하는 본질을 통해 형이상의 세계와 형
이하의 세계를 구분짓는 체용관의 체계화에 성공했던 것이다. 즉 본체는 작용에 대한 '시간
밖에서의 양상' 또는 '탈시간화된 만물의 궁극적 본질'을 가리킨다.

　그런데 정역사상 전체는 시간의 문제로 일관되어 있기 때문에 체용론에 시간 개념이 도입
되는 것은 당연하다. 우선 본체는 숨겨졌던 원리가 '아직(과거와 현재)' 작용 속에 드러나지
않았으나 '앞으로(미래)' 머지않아 드러날 시간의 섭리이며, 작용은 본체의 '시간화된 질서'
또는 '시간 안에서 변화를 일으키는 힘'을 뜻한다. 『정역』의 체용론에서 가장 중요한 내용은
성리학에서 말하는 체용의 범주를 넘어서 본체와 작용의 본질적 전환을 의미하는 역동적
존재론 또는 시공질서의 창조적 변화[造化]에 대한 이념을 밝힌 철학이라 하겠다.

47 필사본에는 '畫'字로 되어 있다.

48 劉向(BCE 77~BCE 6)의 아들로서 젊어서 이미 『시경』과 『서경』에 정통했고 글을 잘 지었
다. 成帝 때 黃門郞이 되어 아버지와 함께 많은 서적들을 교정했다. 哀帝 때는 奉車光祿大夫
로 옮겼다. 王莽이 집권하자 中壘校尉와 京兆尹을 지냈고, 紅休侯에 봉해졌다. 왕망이 稱帝
한 뒤에는 國師가 되어 嘉新公에 봉해졌다. 나중에 왕망을 죽이려다가 음모가 발각되자 자살
했다. 유흠은 궁정의 장서를 정리하고 六藝의 여러 서적을 7종으로 분류한 『七略』을 지었다.

개 천 지   이 수 화 위 정 이 괘 기 지 기 제 미 제
盖天地는以水火爲政而卦氣之旣濟未濟와

수 화 지 교 불 교 야   천 지 지 도   어 사   상 위 종 시 야
水火之交不交也일새니天地之道가於斯에相爲終始也니라

＊ 대개 천지는 수화水火 운동으로 정사를 행하며, 괘기설卦氣說에서 말하
는 기제괘와 미제괘는 수화의 교류 여부에 달려 있다. 이에 천지의 이법이
서로가 끝마침과 시작[終始]이 되는 것이다.

용 도   미 제 지 상 이 도 생 역 성   선 천 태 극
龍圖는未濟之象而倒生逆成하니先天太極이니라

원문 용도(하도)는 아직 건너지 못한 미제의 형상으로 거꾸로 낳아 거슬
러서 이루는 원리로서 선천의 태극이다.

용 도   이 음 수 위 주 고 조 이 이 유 미 제 지 상
龍圖는以陰數爲主故肇二而有未濟之象이라

자 상 이 하   위 지 도   자 하 이 상   위 지 역
自上而下를謂之倒요自下而上을謂之逆이라

＊ 하도는 음수陰數 위주의 논리인 까닭에 '둘[二]'에서 비롯되는 아직 건
너지 못한[未濟]의 형상이다. 위에서부터 아래로 내려오는 것은 도倒요,
아래에서 위로 올라가는 것은 역逆이라 한다.

하 생 지 수   도 성   상 생 지 수   역 성
下生之數는倒成이요上生之數는逆成이니

생 성 지 리 여 수   개 연 야   육 칠 팔 구 십   배 일 이 삼 사 오
生成之理與數가皆然也라六七八九十은配一二三四五요

일 굴 일 신   성 십 대 오   차 개 수 지 상 야
一屈一伸하여成十對五하니此盖數之常也라

실 중 위 체　　이 순 운 용　선 천 태 극 지 도
實中爲軆하여以順運用은先天太極之道니라

＊아래로 낳는 수는 도성倒成이고, 위로 낳는 수는 역성逆成이므로 생성
의 원리와 수리가 모두 그러하다. 6·7·8·9·10은 1·2·3·4·5와 짝이 되어
한 번은 굽히고 한 번은 펼쳐서 10이 5와 짝을 이루는데, 이것이 바로 수
의 상도常道이다. (하도는) 진실로 존재하는 중中(10과 5)이 본체가 되어
순응[順]의 방식으로 운용하는 것은 선천의 태극이다.

귀 서　　기 제 지 수 이 역 생 도 성　　후 천 무 극
龜書는旣濟之數而逆生倒成하니後天無極이니라

원문 귀서(낙서)는 이미 건넌 기제의 수로서 거슬러 낳아 거꾸로 이루는
후천의 무극이다.

귀 서　　이 양 수 위 주 고　시 일 이 성 기 제 지 수
龜書는以陽數爲主故로始一而成旣濟之數라

생 성 지 리　서 여 도　상 반　　순 역 지 도 야
生成之理는書與圖가相反하니順逆之道也라

＊낙서[龜書]는 양수陽數 위주의 논리인 까닭에 '하나[一]'에서 시작하여
기제의 수를 이룬다. 생성의 이치는 낙서와 하도가 상반되므로 순역順逆
의 도를 나타낸다.

일 이 삼 사　합 구 팔 칠 육　　일 퇴 일 진
一二三四가合九八七六하여一退一進하며

거 오 공 십　차 개 수 지 변 야
居五空十은此盖數之變也라

공 위 위 존　　유 역 운 행　후 천 무 극 지 도
空位爲尊하여由逆運行이니後天無極之道니라

* 1, 2, 3, 4가 6, 7, 8, 9와 합하여 한 번은 물러나고 한 번은 나아가는 모습으로 5가 중앙에 위치하면 10은 비어 있는 것이 바로 수의 변화인 것이다. (10의)빈 자리[空位]를 높이 모시고 거슬러서[逆] 운행하는 것은 후천 무극의 도이다.

오 거 중 위　　황 극
五居中位하니**皇極**이니라

원문 5가 중앙에 위치하는 것이 황극이다.

지 재　오 황 극 지 위 덕 야　중 위 정 역 지 실 체
至哉라五皇極之爲德也와中位正易之實軆여

재 하 도 지 중 즉 일 득 오 이 배 육　　이 득 오 이 배 칠
在河圖之中則一得五而配六하고**二得五而配七**하고

삼 득 오 이 배 팔　　사 득 오 이 배 구　　오 득 오 이 배 십
三得五而配八하고**四得五而配九**하고**五得五而配十**하니

십 용 기 전　　오 용 기 반　　십 포 오 이 겸 내 외 지 도
十用其全하고**五用其半**이니**十包五而兼內外之道**하고

오 수 중 이 수 분 내 지 직
五守中而修分內之職하니

* 지극하도다! 5황극의 덕성과 모든 생명의 중용을 찾게하는[中位] 정역의 실체여! 하도의 중앙에 위치하여 1은 5를 얻어 6과 짝하고, 2는 5를 얻어 7과 짝하고, 3은 5를 얻어 8과 짝하고, 4는 5를 얻어 9와 짝하고, 5는 5를 얻어 10과 짝하므로 10은 완전함[全]을 쓰고 5는 그 절반을 쓴다. 10은 5를 포괄하여 안팎을 겸비하는 도이고, 5는 중앙을 지키면서 내부가 나뉘는 직분을 닦는 것을 상징한다.

어 시   토 성 충 화 지 덕   충 저 내 이 달 어 외 의
於是에[49]土性沖和之德이充諸內而達於外矣라

사 구   득 시 이 주 의   일 육   득 시 이 지 지
四九는得是而主義하고一六은得是而止智하고

삼 팔 득 시 이 시 인   이 칠   득 시 이 치 명
三八得是而施仁하고二七은得是而致明하니

황 극 지 도   내 저 현 의
皇極之道가乃著顯矣니라

*따라서 중앙 토는 온갖 모순을 조화시키는[沖和] 덕으로 안을 충만하게 만들어 바깥에 도달하게 한다, 4와 9는 토를 얻어 의義를 주장하고, 1과 6은 토를 얻어 지智에 머물고, 3과 8은 토를 얻어 인仁을 베풀고, 2와 7은 토를 얻어 밝음[明]을 이루므로 황극의 도가 두드러지게 나타나는 것이다.

재 낙 서 지 중 즉 구 자   십 분 일 여 야
在洛書之中則九者는十分一餘也요

팔 자   십 분 이 지 여 야   칠 자   십 분 삼 지 여 야
八者는十分二之餘也요七者는十分三之餘也요

육 자   십 분 사 지 여 야   오 자   십 분 오 지 여 야
六者는十分四之餘也요五者는十分五之餘也라

십 변 공 위   오 독 거 중   십 비 진 공 야   존 기 위 야
十便空位하고五獨居中하니十非眞空也요尊其位也라

*낙서의 중앙[中]에서 보면 9는 10에서 1을 남긴 것이요, 8은 10에서 2를 남긴 것이요, 7은 10에서 3을 남긴 것이요, 6은 10에서 4를 남긴 것이요, 5는 10에서 5를 남긴 것이다. 10은 곧 빈자리[空位]이며 5는 홀로 중앙에 위치하는데, 10은 진실로 비어 있는 것이 아니라[非眞空] 그 위상을 높인 것이다.

---

49 필사본에는 '於是乎'로 되어 있다.

오 부 자 전　승 기 직 야　기 본 야　정 이 정　음 지 덕 야
五不自專이니承其職也라其本也는靜而正이니陰之德也요

기 동 야　광 이 대　오 지 성 야
其動也는光而大하니五之性也라

＊5는 독자적으로 존재하지 못하는 바 그 직분을 계승할 따름이다. 그 근본이 고요할 때는 올바름이 음의 덕성이며, 움직일 때는 빛나고 큰 것이 5의 본성이다.

미 재　황 황 자 극　화 순　적 어 중 이 발 저 외
美哉라皇皇者極이여和順은積於中而發諸外하니

사 기　득 시 이 수 사 정 지 위
四奇는得是而守四正之位하고

사 우　득 시 이 보 사 방 지 공　정 정 이 방 방
四偶는得是而補四方之空하니正正而方方이라

＊아름답구나! 만물을 주재하는 황극의 지극함이여! 만물의 법칙에 화합하고 순응하여 중앙으로 쌓고 집약하면서도 바깥으로 발동한다. 네 개의 홀수[四奇, 즉 1·3·7·9]는 이를 얻어 네 곳의 똑바른 방위를 지키고, 네 개의 짝수[四偶, 즉 2·4·6·8]는 이를 얻어 네 곳의 빈자리를 보충하므로 정정방방正正方方하다.

거 중 이 응 정　황 극 지 도　대 비 어 시 의　대 범 천 지 지 정
居中而應正하여皇極之道가大備於是矣니라大凡天地之定

위　일 월 지 행 도　귀 신 지 정 령　개 성 기 의 야
位와日月之行度와鬼神之政令이皆成其義也라

＊만물의 중앙에 위치하여 올바름에 감응하기 때문에 황극의 도가 여기서 크게 갖추어지는 것이다. 대개 천지가 제자리에 있고[天地定位] 일월이 도수에 따라 운행하고 귀신이 정사를 행하는 것이 모두 그 뜻을 얻은 것이다.

오호　세지인　능지차의　즉존상수직
嗚呼라世之人이能知此義면則尊上受職이

여황극지승무극　사친사군사장지도
如皇極之承无極과事親事君事長之道가

입이인륜　자정　천하　화순의
立而人倫이自正하여天下가和順矣리라

* 아아! 세상 사람들이 능히 이 뜻을 안다면 마치 황극이 무극을 계승하는 것처럼 윗사람을 존중하여 직분을 이어받을 것이며, 부모와 임금과 어른을 섬기는 도가 세워져 인륜이 저절로 올바르게 되어 천하가 화순할 것이다.

역　역야　극즉반
易은逆也니極則反하나니라

원문 역은 거슬러 가는 것이니 극도에 이르면 돌이킨다.

역　무체　이역위체　　이순위용
易은无軆나以逆爲軆하고以順爲用이라

순자　리지상　　역자　리지변
順者는理之常이요逆者는理之變이니

관기변이지기역　　비여박복지리　극즉필반
觀其變而知其逆이라比如剝復之理니極則必反이라

* 역은 일정한 실체가 없으나 거슬러가는 것[逆]을 본체로 삼고, 순응하는 방식을 작용으로 삼는다. 순응[順]이란 궁극적 원리의 항상성[常]이요, 거슬러가는 것[逆]은 궁극적 원리의 변화[變]를 뜻한다. 그 변화를 살펴서 거슬러가는 것을 알 수 있다. 예컨대 박괘剝卦와 복괘復卦가 서로 극한에 이르면 반드시 되돌아가는 이치와 같다.

토극 생수 수극 생화 화극 생금
土極하면生水하고水極하면生火하고火極하면生金하고

금극 생목 목극 생토 토이생화
金極하면生木하고木極하면生土하니土而生火하나니라

원문 토가 극한에 이르면 수를 생하고, 수가 극한에 이르면 화를 생하고, 화가 극한에 이르면 금을 생하고, 금이 극한에 이르면 목을 생하고, 목이 극한에 이르면 토를 생하며, 토는 화를 생한다.

수궁즉환생고 반극상생 토복생화
數窮則還生故로反克相生하니土復生火하고

화반생금 생수개연
火反生金하고水木皆然이라

차 거오행지변통 이시만물지성공
此는擧五行之變通으로以示萬物之成功이라

* 수數가 궁극에 도달하면 돌이켜 생하기 때문에 극克이 반대로 상생이 된다. 토가 다시 화를 생하고, 화는 반대로 금을 생하고 수목도 모두 그러하다. 이것은 오행의 변통變通을 들어서 만물이 성공하는 것을 드러내 보인 것이다.

금화호택 도역지리
金火互宅은倒逆之理니라

원문 금과 화는 서로가 서로의 집으로 거꾸로 낳아 거슬러서 이루는 이치이다.

금입화위 화입금위 도역지지리이서지서남호택
金入火位와火入金位는倒逆之至理而書之西南互宅이라

시 지 하 추 상 교　세 지 치 란 상 인　인 지 길 흉 상 반
時之夏秋相交요世之治亂相因과人之吉凶相反이

개 기 리 야
皆其理也라

＊금이 화의 집으로 들어가고 화가 금의 집으로 들어가는 것이 도역倒逆의 지극한 이치이며, 낙서의 서남西南이 서로 집을 바꾼 것이다. 거대한 시간대로 보면 여름과 가을이 교차하는 것이며, 세상의 치란治亂의 원인과 인간의 길흉이 상반되는 것이 모두 그 원리인 것이다.

인 능 오 차 즉 자 극　위 기　반 란　우 세
人能悟此則自克으로爲己하고反亂으로憂世하고

피 흉　교 인 야
避凶으로敎人也니라

＊사람이 능히 이것을 깨달으면 스스로를 극복하여 수기修己하고, 난亂을 돌이켜서 세상을 근심하고, 흉을 피하는 것으로 사람을 가르칠 수 있는 것이다.

오 호 지 의 재　무 극 지 무 극　부 자 지 불 언
嗚呼至矣哉라无極之无極이여夫子之不言이시니라

원문 아아! 지극하도다. 무극의 무극이여! 공자께서는 말씀하시지 않으셨네.

지 의 지 지 자　당 이 대 자 이 수 시 이 모 도　칭 미 야
至矣之至字는[50]當以大字而隨時以母道니稱美也라

중 언 무 극 자　개 무 극　존 호 무 극 지 위
重言无極者는盖无極이存乎无極之位니

---

50 필사본에는 '字'가 빠져 있다.

혼륜미판　무유이화　　무연이시　　단위무이이
渾淪未判에無由以化하고无緣而始하니但爲无而已라

＊지극하다의 지至는 마땅히 위대하다는 클 대大이며, 시간[時]에 따라 드러나는 지극한 어머니의 도[母道]의 아름다움을 칭한 것이다. 거듭해서 무극을 언급한 것은 대개 무극은 무극의 위상에 걸맞게 존재한다는 뜻으로 우주가 혼륜하여 아직 나뉘어지지 않았을 적에 없음[無]의 상태에서 변화하고, 아무런 원인[緣]이 없는 것에서 시작하므로 단지 무無일 따름이다.

성인지불로천기　여부한언성명　개선천지시야
聖人之不露天機와與夫罕言性命은盖先天之時也라

화무위체　　무극이태극　태극이무극　　혼원자분
化无爲體이니无極而太極과太極而无極으로渾元自分하니

불함어허공　진실무망　대화보시
不陷於虛空하고眞實无妄으로大化普施하니

후성지직지도체　　상언성명　후천지시야
後聖之直指道體하여詳言性命은后天之時也일새라

＊성인은 천기를 노출시키려 않고, 공자께서 성명性命은 거의 말하지 않은 것은 대개 선천의 시간대이기 때문이다. 화무化无가 곧 본체이므로 '무극이면서 태극'과 '태극이면서 무극'의 혼원의 상태에서 스스로 분화하여 허공에 빠지지 않고, 진실하여 속임이 없는 위대한 조화로 널리 덕화를 베푸므로 후대의 성인이 직접 도체道體를 지적하여 상세하게 성명性命을 말한 것은 후천의 시간대이기 때문이다.

개부자지도　시중이이
盖夫子之道는時中而已라

부득선시이개고　　이대후인이불언야
不得先時而開故로以待後人而不言也라

* 대개 공자의 도는 시중時中일 따름이다. 그는 먼저 시운時運을 얻지 못한 채 열었기 때문에 후인을 기다려 말하지 않은 것이다.

불 언 이 신　　부 자 지 도
不言而信은**夫子之道**시니라

원문 말씀하지 않고 믿은 것은 공자의 도이시네.

부 자　불 언 무　　　이 신 부 자 지 도 이 언 지 자
夫子가**不言无**이시나**而信夫子之道而言之者**는

주 렴 계 지 순 시 야
周濂溪之順時也요

신 부 자 지 도 이 연 지 자　김 일 부 지 봉 천 야
信夫子之道而衍之者는**金一夫之奉天也**니라

* 공자께서 무无에 대해서 말하지 않았으나 공자의 도를 믿고 말한 이는 시간의 본성을 따른 주렴계周濂溪[51]이고, 공자의 도를 믿고서 널리 펼친 것은 하늘의 뜻을 받은 김일부이다.

---

51 周敦頤(1017~1073)의 호는 濂溪이고 자는 茂叔이다. 지방관으로 재직하다가 만년에 廬山 기슭 濂溪書堂으로 은퇴했기 때문에 염계라는 명칭이 생겼다. 주돈이는 北宋의 司馬光, 王安石과 동시대의 인물로서 道家思想의 영향을 받아 새로운 유교이론[新儒學]을 창시하였다. 즉 우주의 근원인 太極으로부터 만물이 생성하는 과정을 그림으로 그린 太極圖를 지었고, 세계는 태극에서 陰陽과 五行으로 분화되어 만물로 전개되는 방식으로 구성되었다는 성리학의 근거를 밝혔다. 또한 中正과 仁義의 도를 지키고 마음을 성실하게 하여 聖人이 되어야 한다는 윤리를 강조하고, 우주생성의 원리와 인간의 도덕원리는 본래 하나라는 이론을 제시하였다. 저서에는 『太極圖說』과 『通書』가 있다. 그의 학설이 程顥와 程頤 형제에 전해졌기 때문에 朱子는 주렴계를 道學(新儒教, 性理學)의 선구자라고 칭송하였다.

> 만 이 희 지　　십 이 익 지
> **晚而喜之**하사**十而翼之**하시고
>
> 일 이 관 지　　　진 아 만 세 사
> **一而貫之**하시니**儘我萬世師**신저

원문 만년에 주역을 좋아하시어 열(10)로 날개하시고 하나(1)의 원리로
꿰뚫으시니 진실로 만세의 스승이시다.

부 자 지 도　　역 이 이
夫子之道는**易而已**라

개 부 자 지 만 년　　통 관 도 체　　　역 도 후 천　　　사 도 대 행
蓋夫子之晚年에**洞觀道體**하사**逆睹後天**하시니**斯道大行**이라

심 희 이 발 탄 왈 가 아 수 년　　졸 이 학 역
深喜而發嘆曰假我數年이면**卒以學易**이라 하시니라

차 익 지 십 전　　　관 이 일 리
且翼之十傳하여**貫以一理**하고

대 개 내 학　　진 아 만 세 지 성 사 야
大開來學하니**眞我萬世之聖師也**니라[52]

＊ 공자의 도는 역易일 뿐이다. 공자가 만년에 도체를 꿰뚫어 깨닫고 후천
을 거슬러 목도하여 이 도가 크게 행해졌다. 깊이 기뻐하여 탄식하여 말
하기를 "나에게 몇 년만 더 있으면 마침내 역을 배울 수 있을텐데"라고 말
했다. 또한 십익十‧翼을 지어 하나의 원리로 주역에 관통하여 후학을 위해
학문을 크게 열어준 것은 진실로 만세의 성스러운 스승이다.

---

[52] 필사본은 '眞我万世師也'로 기술하고 있다.

천 사　지 육　　천 오　지 오　천 육　　지 사
天四면地六이요天五면地五요天六이면地四니라

원문 하늘이 넷이면 땅은 여섯이고, 하늘이 다섯이면 땅도 다섯이고, 하늘이 여섯이면 땅은 넷이다.

차　언구육　　질위소장　　용십지도
此는言九六으로迭爲消長이요用十之道라

개 일 일 지 시　기 어 해 이 지 어 진 즉 당 천 사 지 수
蓋一日之時는起於亥而止於辰則當天四之數하고

기 용　위지육이종어술지
其用은爲地六而終於戌也라

* 이것은 9와 6이 번갈아 줄어들고 늘어나면서 10을 쓰는 법도를 말한 것이다. 대개 하루에서 보면 해亥에서 일어나 진辰에서 마치는 것은 하늘이 넷인 수이며, 그 작용은 땅이 여섯으로 술戌에서 마치는 것이다.

기 어 해 이 합 어 사 즉 당 천 오 지 수
起於亥而合於巳則當天五之數하고

기 용　위지오이역종어술야
其用은爲地五而亦終於戌也니

차 기 어 유 이 합 어 진 즉 당 천 육 지 수
且起於酉而合於辰則當天六之數하고

기 용　위지사이종어신야
其用은爲地四而終於申也라

종 횡 착 종 지 수　수 도 이 동 귀 어 십　십 변 시 도 체 고 야
縱橫錯綜之數로殊道而同歸於十하니十便是道體故也라

차　승부자십익지도　　이 기 천 지 십 수 지 용
此는承夫子十翼之道하여以起天地十數之用이라

* '해'에서 일어나 사巳에서 합하는 것은 곧 하늘이 다섯 수요, 그 작용은

正易──정역

80

땅이 다섯이 되어 역시 술戌에서 마치는 것이다. 또한 유酉에서 일어나 진辰에서 합하는 것은 곧 하늘이 여섯 수요, 그 작용은 땅이 넷이 되어 신申에서 마치므로 종횡으로 착종하는 수의 법칙이다. 길은 다르지만 모두 10으로 돌아가는 것은 10이 도의 본체인 까닭이다. 이것은 공자 십익의 도를 계승하여 천지 10수의 작용을 설명하고 있다.

> 천 지 지 도　수　지 호 십
> **天地之度**는**數**가**止乎十**이니라[53]

원문 하늘과 땅의 법도는 그 수가 10에 그친다.

십 위 연 부　대 연 지 즉 통 수 지 백 천 만 억
十爲衍父니**大衍之則統數之百千萬億**이요

기 용　무 량 이 불 과 왈 십
其用은**无量而不過曰十**이라

소 연 지 즉 분 수 지 구 육 칠 팔　기 용　불 일 이 역 불 과 십
小衍之則分數之九六七八이요**其用**은**不一而亦不過十**이라

개 천 지 지 도　지 어 십 이 율 려 음 양 일 월 지 도
盖天地之道는**止於十而律呂陰陽日月之度**는

개 이 십 위 기
皆以十爲紀라

＊10은 불어나는 수의 아버지로서 그것을 크게 펼치면 백, 만, 억이 되는 수를 거느릴[統] 수 있다. 그 쓰임은 무궁하지만 10에 불과하다고 말한 것이다. 작게 펼치면 그 수가 나뉘어 6, 7, 8, 9가 된다. 그 쓰임은 1이 아니라 역시 10을 벗어나지 않는다. 대개 천지의 도는 10에 그치나 율려, 음양, 일

---

[53] 『정역』 원문의 현토가 필사본/하상역본과 돈암서원본에 기초한 이정호박사의 견해는 약간의 차이가 있다.
　필사본/하상역본 : '天地之度, 數, 止乎十' / 돈암서원본 : '天地之度는 數止乎十이니라'

월의 도수[度]는 모두 10이 벼리[紀]가 되는 것이다.

십 기 이 경 오 강 칠 위
十은紀요**二**는經이요**五**는綱이요**七**은緯니라

원문 10은 기요 2는 경이요 5는 강이요 7은 위다.

십 건 위 기 이 천 위 경 오 곤 위 강 칠 지 위 위
十乾은爲紀요**二天**은爲經이요**五坤**은爲綱이요**七地**는爲緯라

건 곤 천 지 사 상 입 언 기 강 경 위 사 유 비 언
乾坤天地의四象立焉하고紀綱經緯의四維備焉하니

십 오 이 칠 사 수 성 언
十五二七의四數成焉이라

* 10건乾은 벼리요 2천天은 날줄이요 5곤坤은 벼리요 7지地는 씨줄이다.

건곤천지의 4상이 서고, 기강경위 4유維가 갖추어져, 십오이칠十五二七의 4

수가 성립하는 것이다.

무 위 도 순 이 도 역 도 성 도 어 삼 십 이 도
戊位는道順而度逆하여度가成道於三十二度하니[54]

후 천 수 금 태 음 지 모
后天水金太陰之母시니라

원문 무위는 도는 순응하고 간지는 거슬러서 도수가 32도에서 성도하는

것은 후천 수금으로 구성된 태음의 어머니이다.

---

54 『정역』 원문의 현토와 본문내용이 돈암서원본과 필사본/하상역본과 차이가 나는 곳이
다. 필사본/하상역본은 '度, 成道於三十二度'로 떼어 읽었고, 돈암서원본에 기초한 이정호박
사의 견해는 '度成道於三十二度'를 한 문장으로 읽었으나 대의는 크게 다르지 않다.
그런데 돈암서원에서 발간한 『정역』 원문과 필사본/하상역본의 내용이 완전히 다르다. 필사

도서지수　기비　　성기지수　시언
圖書之數가旣備하니星紀之數가始焉이라

재간명　오왈무　　무득지지술　　위무술
在干名의五曰戊이니戊得支之戌하여爲戊戌이라

개황극지수　위지오　황극지위　위지무
蓋皇極之數는謂之五요皇極之位는謂之戊이니

황극지궁　위지무술
皇極之宮은謂之戊戌이라

＊ 하도와 낙서 수가 이미 갖추어지면 하늘의 별자리 수가 (펼쳐지기) 시작한다. 천간의 5는 무戊인데, 무가 지지의 술戌을 얻어 무술戊戌이 된다. 대개 황극수는 5이며, 황극의 위상은 무戊이고 황극의 집은 '무술戊戌'이라 한다.

도순도역　즉도지도생역성
道順度逆은卽圖之倒生逆成이라

무술궁　지기사궁이성도
戊戌宮은至己巳宮而成度하니

본과 하상역본보다 뒤늦게 간행된 돈암서원본은 '戊位는 度順而道逆하여 度成道於三十二度하니'라고 기술하고 있다. 그러나 필사본과 하상역본은 '戊位는 道順而度逆하여 度가 成道於三十二度하니'라고 표현하여 정면 충돌하는 양상을 빚고 있다. 이는 어느 책이 글자를 잘못 기록했는가의 문제가 아니라, 전체 사상의 논리와 합리성에 직결된 문제인 까닭에 시시비비가 밝혀져야 옳다.

역주자가 보기에 정역사상이 말하는 度(度數)와 道는 시간관과 진리관과 인식론의 범주에 속하는 복합 개념이다. 度가 천간지지로 구성된 60갑자의 진행방향과 연관된 술어인 반면에, 道는 정역사상 특유의 진리관에서 조명되어야 마땅하다. 즉 6갑의 도수가 과거에서 현재로, 현재에서 미래로 흘러가는 시간의 직선[線型]적 흐름을 설명하는 것이라면, 道는 미래에서 현재로, 현재에서 과거를 비추는 양상으로 인식해야 한다는 것이 곧 김일부가 말하는 道이다. 전자가 과거에 뿌리박은 과거지향적 사유의 모델로서 현실과 역사와 문명의 발전 과정을 설명하는데 매우 유효하지만, 道는 항상 오늘보다는 어제 즉 태초에 두어 과거로의 회귀에 바탕을 둔 이념이다. 한편 김일부가 구상한 道의 입장에서 보면, 미래는 항상 현재를 겨냥하면서 다시 과거로 흘러간다는 역동적 시간관과 함께 일정한 시간대에 선천과 후천이 교체한다는 시간질서의 극적 전환을 예비한 진리관이기 때문에 '戊位, 度順而道逆'의 논리가 타당하다고 할 수 있다.

결국 戊位와 己位의 자리이동을 통해 선후천 전환의 이론적 근거를 확보한 김일부 사유의 핵심은 戊位의 度順道逆은 낙서, 己位의 度逆道順은 하도라는 논리를 시종일관 유지하고 있음을 유의해야 할 것이다.

기 도 순 행　　기 도 역 성　　기 수　　삼 십 이 야
其道順行이나其度逆成이며其數는三十二也라

부 태 음　월 지 체 야
夫太陰은月之體也니

일 수 지 혼　　사 금 지 백　　무 위 지 여 야
一水之魂이요四金之魄이요戊位之女也라

＊ 진리의 길[道]은 순응의 방식이고 간지의 길이 거스리는 것[道順度逆]
은 하도가 거꾸로 생겨나 거스러 이루는 방식이다[倒生逆成]. 무술궁은
기사궁에 이르러 도수를 이루므로 그 도는 순행하지만 도수는 역행하여
이룬 것으로 그 수는 32이다. 대저 태음은 달의 몸체로서 1수의 혼魂이요
4금의 백魄이며, 무위戊位의 여성성을 뜻한다.

미 재　무 위 지 홍 덕 야　　순 도 이 역 종 자　　응 천 이 행 간 야
美哉라戊位之弘德也여順道而逆終者는應天而行簡也요

득 기 위 지 반 수 자　　음 성 용 반 지 리 야
得己位之半數者는陰性用半之理也라

이 후 천 이 거 선 자　　노 어 왕 사 이 신 선 지 의 야
以后天而居先者는勞於王事而身先之義也라

＊아름답구나! 무위의 크나큰 덕이여! 도道에 순응하고 역행으로 마치는
것은 하늘에 감응하여 간단한 법칙[簡][55]을 행한 것이며, 기위己位의 절반
에 해당하는 수를 얻은 것은 음의 성질이 절반을 쓰는 이치 때문이다. 후
천이 먼저 존재하는 것은 왕사王事에 힘써 몸을 앞세운다는 뜻이다.

유 순 이 정 지 도　　진 의　　세 지 위 신 위 자 위 부 위 제
柔順利貞之道가盡矣니世之爲臣爲子爲婦爲弟로

범 속 하 위 자　　효 이 행 지　　결 무 월 상 과 분 지 참 란 의
凡屬下位者가效以行之하면決無越常過分之僭亂矣리라

---

[55] 『주역』은 乾坤을 설명하면서 건[天]의 이치를 '쉽다[易, easy]'로, 곤[地]은 건의 모든 것
을 '간단한 방식[簡]'으로 본받는다는 뜻의 이간법칙易簡法則이 있다.

＊유순하여 올바른 것이 이로운 도를 극진히 한다는 것으로 세상의 하위에 속한 신하, 자식, 아내, 동생된 자들이 이를 본받아 행하면 결단코 자신의 분수를 뛰어넘어 질서를 어지럽히는 일은 없을 것이다.

기 위   도 역 이 도 순   도   성 도 어 육 십 일 도
己位는道逆而度順하야度가成道於六十一度하니[56]

선 천 화 목 태 양 지 부
先天火木太陽之父시니라

[원문] 기위는 도는 거스르고 간지는 순응하여 도수가 61도에서 성도하는 것은 선천 화목으로 구성된 태양의 아버지이다.

간 지 지 위   기 정   도 서 지 수   성 장
干支之位가旣定하니圖書之數가成章이라

간 명   십 왈 기   기 득 지 지 사   위 기 사
干名의十曰己이니己得支之巳하여爲己巳라

개 무 극 지 수   위 지 십   무 극 지 위   위 지 기
盖无極之數는謂之十이요无極之位는謂之己이니

무 극 지 궁   위 지 기 사
无極之宮은謂之己巳라

＊간지의 위치가 이미 정해지면 하도와 낙서의 수가 하나의 문장[章]을 이룬다. 천간의 10을 '기己'라 하는데, 기가 사巳를 얻어 기사己巳가 된다. 대개 무극의 수는 10이라 하며, 무극의 위상은 '기己'라 하며, 무극의 집은 '기사己巳'라 한다.

---

56 『정역』 원문에 대한 띄어 읽기가 필사본과 하상역본은 같으나, 이정호박사가 현토를 붙인 돈암서원본이 약간 차이가 있다. 이정호박사는 '度成道於六十一度'로 읽었고, 필사본과 하상역본은 '度, 成道於六十一度'이다. 또한 필사본/하상역본은 '己位, 道逆而度順'으로 돈암서원본의 '己位, 度逆而道順'과 차이가 있다.

도 역 도 순   즉 서 지 역 생 도 성
道逆度順은即書之逆生倒成이라

기 사 궁   득 수 전 체 이 성 도   기 도 역 이 기 도 순
己巳宮은得數全體而成度하니[57]其道逆而其度順하고

흡 득 육 십 일 도 이 여 환 무 단   종 위 시 지 원
恰得六十一度而如環无端하니終爲始之原하고

시 위 종 지 단   순 환 불 이 의
始爲終之端하니循環不已矣라

부 태 양   일 지 체 야
夫太陽은日之體也니

칠 화 지 기   팔 목 지 체   기 위 지 남 야
七火之氣요八木之體요己位之男也라

＊ 진리의 길[道]은 거스르고 도수[度]가 순응하는 것은 낙서의 역생도성
逆生倒成이다. 기사궁은 수의 전체를 얻어 도수를 이루니, 도는 거스르고
도수가 순응하여 61도를 얻어 돌아가는 것이 마치 끝은 시작의 근원이고
시작은 끝의 단서로서 순환이 끊임이 없는 것이다. 대저 태양은 해의 몸체
로 7화火와 8목木의 실체로서 기위己位의 남성성이다.

대 의 재   기 위 야   불 가 이 명 언
大矣哉라己位也여不可以名焉이라

도 역 이 도 순 자   포 지 이 행 건 야
道逆而度順者는[58]包地而行健也요

겸 무 위 지 도 이 성 전 수 자   양 성 용 전 지 도 야
兼戊位之度而成全數者는陽性用全之道也일새라

이 선 천 이 거 후 자   동 어 도 이 귀 하 천 야
以先天而居后者는同於道而貴下賤也라

＊ 위대하구나! 기위여! 이름 붙일 수가 없도다. 도는 거스르고 도수가 순

57 필사본에는 '得數之全體而成'으로 되어 있다.

58 하상역본에는 『정역』 원문과 같이 '道逆而道順'으로 되어 있고, 필사본에서는 '而'字가
빠져 있다.

正易
——
정역

응하는 것은 땅을 포괄하여 강건함을 행하는 것이요, 무위의 도수를 겸비하여 수를 완전히 이루는 것은 양의 성질을 온전하게 모두 쓰는 도이기 때문이다. 선천이 뒤에 존재하는 것은 동일한 도이므로 아래의 천한 것을 귀하게 여기기 때문이다.

순 수 중 정 지 도　극 의　세 지 위 군 위 부 위 부 위 형
純粹中正之道가極矣라世之爲君爲夫爲父爲兄으로

범 속 상 위 자　감 이 계 지　　부 지 자 항 자 만 지 초 화 야
凡屬上位者가監以戒之하면不至自亢自滿之召禍也리라

차　거 천 지 지 성 도　　기 하 음 양 지 성 도
此는擧天地之成度하여起下陰陽之成度라

*순수한 중정의 도가 지극하도다! 세상의 상위에 속한 임금과 남편과 아비와 형들이 이를 거울로 삼아 지킨다면 스스로 배반하고 자만하여 재앙을 일으키지 않을 것이다. 이는 천지가 도수를 완성하는 것을 들어서 아래 글의 음양이 도수를 완성하는 것을 설명한 것이다.

태 음　역 생 도 성　　선 천 이 후 천　　기 제 이 미 제
太陰은逆生倒成하니先天而后天이요旣濟而未濟니라

원문 태음은 거슬러서 낳아 거꾸로 이루므로 선천이나 후천이요, 기제이나 미제이다.

도　　이 음 양 위 용 이 양 상 기 어 음 고　　추 음 이 거 선
道는以陰陽爲用而陽常基於陰故로[59]推陰而居先하니

지 천 태 지 의 야
地天泰之義也라

---

59 필사본에는 '基'字가 '朞'字로 되어 있다.

＊도는 음양을 작용으로 삼는데, 양은 항상 음에서 기초하는 까닭에 음
을 미루어 앞에 위치시키는 것은 지천태地天泰의 뜻이다.

역 생 도 성 　 음 지 성 야
逆生倒成은陰之性也라

태 음 　 주 형 고 　 필 역 성 　 생 후 어 양 이 성 선 어 양
太陰은主形故로必易成하니生后於陽而成先於陽으로

주 정 어 선 천 자 회 　 차 위 선 천 이 후 천 야
主政於先天子會하니此謂先天而后天也라

행 도 　 시 어 자 오 　 종 어 사 해 　 차 시 기 제 이 미 제 야
行度는始於子午하여終於巳亥하니此是旣濟而未濟也라

＊거슬러서 낳아 거꾸로 이루는 것[逆生倒成]은 음의 본성이다. 태음은
형체를 주장하기 때문에 반드시 쉽게 이루므로 양보다 뒤늦게 생겨나
지만 양보다 먼저 이루는 것은 선천 자회子會의 정사를 주장하는 까닭에 선
천이지만 후천이라 부르는 것이다. 도수를 운행함은 자오子午에서 시작하
여 사해巳亥에서 마치니 이것은 곧 기제의 원리로되 미제라는 것이다.

일 수 지 혼 　 　 사 금 지 백
一水之魂이요四金之魄이니

포 어 무 위 성 도 지 월 초 일 도 　 태 어 일 구 도
胞於戊位成度之月初一度하고胎於一九度하고

양 어 십 삼 도 　 생 어 이 십 일 도
養於十三度하고生於二十一度하니

도 성 도 어 삼 십 　 　 종 우 기 위 성 도 지 년 초 일 도
度成度於三十이니라[60]終于己位成度之年初一度하고

복 어 무 위 성 도 지 년 십 일 도
復於戊位成度之年十一度니라

원문 1수의 혼이요 4금의 백이며, 무위 도수를 이루는 달의 초1도에서 포하고, 9도에서 태하고, 13도에서 양하고, 21도에서 생하므로 도수가 30도에서 성도한다. 기위의 도수가 이루는 해의 초1도에서 마치고, 무위의 도수가 이루는 해의 11도에서 회복한다.

干之壬은數之一也요壬精은凝魂이라

干之庚은數之四也요庚精은成魄이라

合魂魄而成太陰之體하니先水后金은倒逆之理也라

＊천간의 임壬은 수로는 1이다. 임의 정기는 혼을 응집시키고, 천간의 경庚은 수로는 4인데 경의 정기는 백을 이룬다. 혼백이 결합하여 태음의 몸체를 이루므로 먼저는 수水이고 뒤가 금金이니 도역倒逆 원리이다.

胞於庚子하고胎於戊申고養於壬子하고生於庚申하니

成於己巳라度爲三十而終於庚午하고復於己酉하니

此는月極體位之成度也라詳見於下라

＊경자庚子에서 포胞[61]하여 무신戊申에서 태胎[62]하고, 임자壬子에서 길러서[養] 경신庚申에서 낳고[生], 기사己巳에서 이루는[成] 도수가 30이므로 경오庚午에 마치고 기유己酉에서 회복하는데, 이는 월극月極 체위體位가 도

---

60 필사본/하상역본과 돈암서원본이 차이가 있는 부분이다.
필사본과 하상역본에는 '度成度於'로, 돈암서원본은 '度成道於'로 되어 있다.
61 태내의 아이를 싸는 얇은 막으로 어머니 자궁에 실제로 아기를 밸 수 있는 터전이 마련되는 상태를 가리킨다.
62 자궁에서 정자와 난자가 만나 실제로 임신이 이루어지는 것을 뜻한다.

수를 완성하는 것이다. 상세한 것은 아래에 나온다.

복 지 지 리   일 팔 칠
復之之理는 一八七이니라

원문 회복하는 이치는 1, 8, 7이다.

일 팔 칠   위 성 현 망 야   기 망 이 복 전 기 리
一八七은 謂成弦望也요旣望而復全其理라

＊ 1, 8, 7은 상현과 보름이 되는 것을 일컫는다. 이미 보름이 되면 온전히
그 이치를 회복한다.[63]

오 일 일 후   십 일 일 기   십 오 일 일 절
五日一候요十日一氣요十五日一節이요

삼 십 일 일 월   십 이 월 일 기
三十日一月이요十二月一朞니라

원문 5일이 1후요, 10일이 1기요, 15일이 1절이요, 30일이 한달이요, 12월이
1기이다.

무 위   태 음 지 모   이 오 위 기 고   오 일 이 후
戊位는太陰之母이어늘以五爲紀故로五日而候라

이 오 합 덕 고   십 일 이 기   삼 오 이 영 고
二五合德故로十日而氣하고三五而盈故로

십 오 이 망   삼 오 이 변 고   삼 십 이 회
十五而望하고三五而變故로三十而晦라

오 합 육 기 성 장 고   십 이 월 이 기
五合六氣成章故로十二月而朞니라

* 무위는 태음의 어머니로서 5를 벼리로 삼는 까닭에 5일이 후候가 되고,
2와 5가 합덕하는 까닭에 10일이 기氣가 되고, 3과 5를 곱하여 가득 차기
때문에 15가 보름이 되고, 15일이 지나면 변하므로 30일이 그믐이 된다. 5
가 6기와 결합하여 하나의 큰 마디[章]가 되는 까닭에 12월이 1년[朞]이
되는 것이다.

개 기 수 지 분 한   즉 시 천 리 지 절 문
盖氣數之分限은卽是天理之節文이니

무 본 불 립 고   오 위 통 기   무 문 불 행 고
无本不立故로五爲統紀요无文不行故로

오 변 합 육 이 성 문   차   태 음 성 일 세 지 제 도 야
五變合六而成文이라此는太陰成一歲之制度也라

* 대개 기수氣數[64]가 나뉘는 한계는 곧 천리가 움직이는 마디를 뜻하는
무늬로서 근본이 없으면 성립될 수 없으므로 5가 벼리를 통괄하는 것이
며, 만일 하늘이 드리우는 무늬가 없으면 운행되지 못하므로 5가 변하여
6과 결합하여 천지의 질서를 이룬다. 이것이 바로 태음이 1년의 절도를 이
루는 법칙이다.

태 양   도 생 역 성   후 천 이 선 천   미 제 이 기 제
太陽은倒生逆成하니后天而先天이요未濟而旣濟니라

원문 태양은 거꾸로 나서 거스러서 이루므로 후천이나 선천이요 미제이
나 기제이다.

---

64 에너지[氣] 흐름의 절도와 변화의 마디로서 기의 운행은 음양오행의 질서에서 벗어나지
않는다는 뜻이다.

도　구어음이행어양고
道는具於陰而行於陽故로⁶⁵

양수존이후어음　남하여지의야
陽雖尊而後於陰하니男下女之義也라

＊도道는 음에 갖추어지나 양에서 행해지는 까닭에 양이 비록 존귀하지
만 음보다 뒤로 하는 것은 남자가 아래로 여자에게 간다는 뜻이다.

도생역성　양지성야　태양주기고　구이후성
倒生逆成은陽之性也라太陽主氣故로久而后成하니

생선어음이성후어음　　주정어후천축회
生先於陰而成后於陰으로主政於後天丑會하니

차위후천이선천야　행도　시어사해　　종어자오
此謂后天而先天也라行度는始於巳亥하여終於子午하니

차시미제이기제야
此是未濟而旣濟也니라

＊도생역성倒生逆成은 양의 본성이다. 태양은 기를 주장하기 때문에 오래
지난 뒤에야 이룬다. 음보다 먼저 생겨났으나 음보다 뒤에 이루기 때문에
후천 축회丑會의 정사를 주장한다. 이것을 후천이지만 선천이라 부르는
것이다. 도수가 움직이는 것은 사해巳亥에서 시작하여 자오子午에서 끝나
므로 이것이 미제의 원리로되 기제라는 것이다.

칠화지기　팔목지체　포어기위성도지일일칠도
七火之氣요八木之體니胞於己位成度之日一七度하고

태어십오도　　양어십구도　　생어이십칠도
胎於十五度하고養於十九度하고生於二十七度하니

---

65 필사본은 ‘行乎’로 되어 있고, 하상역본은 ‘行於’로 되어 있다.

도 성 도 어 삼 십 육
度成度於三十六이니라⁶⁶

종 우 무 위 성 도 지 년 십 사 도
終于戊位成度之年十四度하고

복 어 기 위 성 도 지 년 초 일 도
復於己位成度之年初一度니라

원문 7화의 기이며 8목의 체이니 기위가 도수를 이루는 날의 7도에 포하

고, 15도에 태하고, 19도에 길러서 27도에 낳으므로 36에서 도수가 완성한

다. 무위 도수가 이루는 해의 14도에 마치고, 기위 도수가 이루는 해의 초

1도에 회복한다.

간 지 병   수 지 칠 야   화 지 기 야   간 지 갑   수 지 팔 야
干之丙은數之七也요火之氣也라干之甲은數之八也요

목 지 체 야   합 병 갑 지 기   성 태 양 지 체
木之體也라合丙甲之氣하여成太陽之體하니

선 화 후 목   도 역 지 리 야
先火後木은倒逆之理也라

＊ 천간의 병丙은 수로는 7로서 화의 기이다. 천간의 갑은 8로서 목의 체이

다. 병갑의 기가 합하여 태양의 몸체를 이루는데, 먼저는 화이고 나중이

목이므로 도역倒逆의 원리이다.

포 어 병 오   태 어 갑 인   양 어 무 오   화 어 병 인
胞於丙午하고胎於甲寅하고養於戊午하고化於丙寅하며

생 어 임 인   성 어 신 해   도   위 삼 십 육 이 종 어 임 자
生於壬寅하고成於辛亥하니度는爲三十六而終於壬子하고

---

66 필사본/하상역본과 돈암서원본이 차이가 있는 부분이다.
  필사본과 하상역본에는 '度成度於'로 되어있고, 돈암서원본은 '度成道於'로 되어 있다.

복 어 경 오　　차　　일 극 체 위 지 성 도 야　　상 견 어 하
復於庚午하니此는日極體位之成度也라詳見於下라

＊ 병오丙午에서 포하고, 갑인甲寅에서 태하고, 무오戊午에서 기르고, 병인
丙寅에서 변화하고, 임인壬寅에서 낳아서 신해辛亥에서 이룬다. 도수[度]
는 36으로 임자壬子에서 마치고 경오庚午에서 회복한다. 이것은 일극日極
체위體位의 도수가 완성하는 것으로 아래에 자세하게 나온다.

복 지 지 리　　일 칠 사
復之之理는一七四니라

원문 회복하는 이치는 1, 7, 4이다.

일 칠 사　　위 시 야　　자 해 지 사　　　시 지 선 천 이 즉 일 칠 야
一七四는謂時也라自亥至巳하니時之先天而卽一七也요

자 오 지 유　　　시 지 후 천 이 즉 사 야　　술 즉 존 공 고
自午至酉하니時之后天而卽四也라戌則尊空故로

용 십 일 시 이 복 전 기 리
用十一時而復全其理라

＊ 1, 7, 4는 시간[時]을 뜻한다. 해亥로부터 사巳까지는 시간으로는 선천인
데, 곧 1, 7이다.[67] 오午로부터 유酉까지는 시간적으로 후천인데, 곧 4이다.
술戌은 존공尊空되기 때문에 11시간을 사용하고 그 이치를 온전히 다시
회복한다는 것이다.

---

67 지지[子]를 왼손 엄지손가락부터 세면 마지막에 亥가 둘째손가락에 닿는다. 여기서부터
다시 거꾸로 세기 시작해서 일곱 번째에 새끼손가락을 굽히면 巳가 된다는 뜻이다.

십 오 분　일 각　　팔 각　일 시　십 이 시　일 일
十五分이**一刻**이요**八刻**이**一時**요**十二時**가**一日**이니라[68]

원문 15분이 1각이요, 8각이 1시요, 12시가 1일이다.

기 위　태 양 지 부　음 불 능 겸 양 이 양 겸 음 고
己位는**太陽之父**라**陰不能兼陽而陽兼陰故**로

화 기 무 지 성 이 성 분　　분 지 십 오　위 일 각
化己戊之性而成分하니**分之十五**로**謂一刻**하여

배 괘 기 이 성 각
配卦氣而成刻이라

＊기위는 태양의 아버지다. 음은 양을 포괄하지 못하나 양은 음을 포괄
할 수 있기 때문에 기무己戊의 본성이 조화하여 분分을 만드는데, 15로 나
누면 1각이 되고, 괘기卦氣와 배합되어 각刻을 형성하는 것이다.

각 지 팔　위 일 시　중 교 육 기 이 성 시　　시 지 십 이
刻之八은**謂一時**니**重交六氣而成時**하여**時之十二**로

위 일 일　　개 기 분 지 절 도 질 서　　찬 연 상 비　유 즉 위
謂一日이라[69]**盖氣分之節度秩序**하여[70]**粲然詳備**하니**幽則爲**

귀 신　명 즉 위 예 악　차 태 양 성 일 일 지 문 장 야
鬼神이요**明則爲禮樂**이라**此太陽成一日之文章也**니라

＊각이 8이면 1시가 된다. 6기와 거듭 교류하여 시간으로는 12가 1일(하
루)이 된다. 기氣가 나뉘는 절도와 질서가 한층 세분화되어 상세하게 갖추
어진다. 어두우면 귀신이 되고, 밝으면 예악이 갖추어진다. 이것이 곧 태양

---

68 하상역본은 "十五分, 一刻, 八刻, 一時, 十二時, 一日"이라고 표기했고, 이정호박사는 현토
를 "十五分一刻이요 八刻一時오 十二時一日이니라"고 달았는데, 문맥의 흐름상 필사본과
하상역본이 훨씬 부드럽다.
69 필사본은 '謂之一日'로 기록하고 있다.
70 필사본은 '盖', 하상역본은 '益'로 기록하고 있다.

이 하루의 문장文章을 이루는 것이다.

천 지 합 덕 삼 십 이　　지 천 합 도 육 십 일
天地合德三十二요地天合道六十一을

일 월 동 궁 유 무 지　　월 일 동 도 선 후 천
日月同宮有无地요月日同度先后天을

삼 십 육 궁 선 천 월　　대 명 후 천 삼 십 일
三十六宮先天月이大明后天三十日을

원문 하늘이 땅과 덕을 합하는 것은 32요, 땅이 하늘과 도를 합하는 것은 61일세. 해는 달과 집을 같이하지만 없는 땅이 있고, 달은 해와 도수를 같이하지만 후천을 먼저 하는구나. 36궁의 선천달이 후천 30일의 해를 크게 밝히도다.

천 지 자　　　어 괘　　위 비　　비 즉 불 교 고
天地者는[71]於卦로爲否인데否則不交故로

수 합 기 덕 이 분 기 체 도　　　즉 삼 십 이 야
雖合其德而分其體度하니卽三十二也라

지 천 자　　어 괘 위 태　　태 즉 교 합 고
地天者는於卦爲泰인데泰則交合故로

통 합 기 도 이 전 기 체 도　　　즉 육 십 일 야
統合其度而全其體度하니卽六十一也라

＊하늘과 땅[天地]은 괘로는 비괘否卦이다. 이는 음양이 교류하지 못하는 까닭에 비록 덕이 합할지라도 그 체도體度가 나뉘므로 32인 것이다. 땅과 하늘[地天]은 괘로는 태괘泰卦이다. 이는 음양이 교합하는 까닭에 도道를 통합하여 그 체도體度를 완전하게 이루므로 61이 되는 것이다.

---

71 필사본은 '天地'로 기록했는데, '者'字가 누락된 것으로 보인다.

일월자 괘지기제 수화상교이동궁
日月者는卦之旣濟이니水火相交而同宮하여

감리무상사지폐 조석 무사리지과
坎离无相射之弊하니潮汐이无射离之過하고

수성평이사유토로고 위유무지야
水性平而四維土露故로謂有无地也라

＊일월日月이란 괘로는 기제괘이다. 물과 불[水火]이 서로 교합하여 같은 집에 거처하여 감리坎離가 서로 쏘는 폐단이 없고, 밀물과 썰물[潮汐]에 사리射離의 지나침이 없고, 수토水土가 균등해져 사유四維가 토 기운을 토해내기 때문에 '없는 땅이 있다[有无地]'고 말한 것이다.

월일자 괘지미제야 화수상분이수직
月日者는卦之未濟也니火水相分而修職하고

호상종시이동도 후천계미계축
互相終始而同度하니后天癸未癸丑이

반위선천삭일고 위선후천야
反爲先天朔日故로謂先后天也라

＊월일月日이란 괘로는 미제괘이다. 불과 물이 서로 나뉘어 각각의 직분을 수행하고 서로가 끝과 시작[終始]이 되어 같은 도수의 길을 걸으므로 후천 계미癸未 계축癸丑이 반대로 선천의 매달 초하루가 되기 때문에 '후천을 먼저 한다[先后天]'고 말한 것이다.

삼십육궁자 자월굴지진 지복어자지도야
三十六宮者는自月窟之辰으로至復於子之度也라

개월 수일자야 삼십육궁성도월지선천임오궁
盖月은隨日者也라三十六宮成度月之先天壬午宮하여

대명어후천월지삼십일
大明於后天月之三十日이니

＊36궁宮이란 달집[月窟]이 되는 진辰으로부터 다시 회복하여 자子에 이

97

르는 것이다. 대개 달은 해를 따른다. 36궁은 달이 선천 임오壬午 집에서
도수를 이루어 후천달이 30일로 되는 것이 크게 밝혀진다는 뜻이다.

어 시 호   율 려 조 이 음 양 화   사 상   립 이 육 합   성
於是乎라律呂調而陰陽和하고四象이立而六合이成하고

만 물   번 식   인 문 사 랑   약 비 심 조 도 체 자
萬物이繁殖하며人文斯朗하니⁷²若非深造道體者면

숙 능 지 지
孰能知之리요

＊아아! 율려가 조절되고 음양이 화합하여 4상이 바로서고, 동서남북과
상하가 완성되어 만물이 번성하고, 인문人文의 세계가 환하게 밝혀지므로
도체道體의 조화를 깊이 궁구한 자가 아니면 누가 능히 알 수 있겠는가.

사 상 분 체 도   일 백 오 십 구
四象分體度는一百五十九니라

원문 4상이 나뉜 본체의 도수는 159이다.

사 상 체 도   위 무 극 황 극 일 극 월 극
四象體度는謂无極皇極日極月極이니

합 도 수 위 일 백 오 십 구
合度數爲一百五十九라

차   합 하 일 원 연 수   이 명 상 태 세 성 장
此는合下一元衍數로以明上大歲成章이라

＊4상의 본체 도수는 무극(61度), 황극(32度), 일극(36度), 월극(30度)을
말하는 것으로 그 도수를 합하면 159이다. 이는 아래의 1원一元의 펼친 수

---

72 필사본은 '朖'(본자), 하상역본은 '朗'으로 되어 있다.

를 합하여 태세太歲[73]가 이루어지는 것을 밝힌 글[章]이다.

> 일 원 추 연 수　이 백 일 십 육
> **一元推衍數는二百一十六이니라**

원문 일원을 추연한 수는 216이다.

일 원 추 연 수　위 육 십 삼 칠 십 이 팔 십 일
一元推衍數는謂六十三七十二八十一이니

합 수 위 이 백 십 육 야
合數爲二百十六也라

사 상 일 원 합 수 위 삼 백 육 십 당 기 일
四象一元合數爲三百六十當朞日이라

* 일원추연수一元推衍數는 63, 72, 81을 일컫는 것으로 이를 합하면 216이
다. 4상四象의 일원수는 1년 360일에 해당한다.

> 후 천　정 어 선 천　　수 화
> **后天은政於先天하니水火니라**

원문 후천은 선천에 정사하니 수화이다.

후 천　위 무 술 무 진　　정 어 선 천 자 회 지 자 오
后天은謂戊戌戊辰이니政於先天子會之子午니라

* 후천은 무술戊戌 무진戊辰을 말하는 것으로 선천 자회子會의 자오子午
에 정사하는 것이다.

---

[73] 어떤 해[年]가 시작하는 최초의 干支를 말한다.

선 천　정 어 후 천　　화 수
先天은政於后天하니火水니라

원문 선천은 후천에 정사하니 화수이다.

선 천　위 기 사 기 해　정 어 후 천 축 회 지 사 해
先天은謂己巳己亥니政於後天丑會之巳亥니라

＊선천은 기사己巳 기해己亥를 말하는 것으로 후천 축회丑會의 사해巳亥에

정사하는 것이다.

金火一頌

_{금 화 일 송}

要旨 하도와 낙서의 서방 金과 남방 火가 교체하는 궁극적 이유를 시의 형식을 빌어 읊은 첫 번째 서곡에 해당된다.

聖人垂道하시니 金火明이로다
_{성 인 수 도　　금 화 명}

將軍運籌하니 水土平이로다
_{장 군 운 주　　수 토 평}

農夫洗鋤하니 歲功成이로다
_{농 부 세 서　　세 공 성}

畵工却筆하니 雷風生이로다
_{화 공 각 필　　뇌 풍 생}

德附天皇하니 不能名이로다
_{덕 부 천 황　　불 능 명}

喜好一曲瑞鳳鳴이로다
_{희 호 일 곡 서 봉 명}

瑞鳳鳴兮律呂聲이로다
_{서 봉 명 혜 율 려 성}

원문 금화일송 ― 성인께서 도를 내리시니 금화가 밝고, 장군이 숫대를 움직이니 수토가 균등해진다. 농부가 호미 씻으니 한 해의 공로를 이루고, 화공이 붓을 놓으니 뇌풍이 생겨나는구나. 덕이 천황에 부합하니 이름 붙일 수 없고, 기쁘고 좋아서 한 곡조 상서로운 봉황이 우는구나. 상서로운 봉황이 울음이여! 율려의 소리로다.

洪範에云金曰從革이요火曰炎上이라 하니從而能聽하고
_{홍 범　운 금 왈 종 혁　　화 왈 염 상　　종 이 능 청}

혁 이 능 변 자　금 지 성 야　취 이 필 조
革而能變者는金之性也라就而必燥하고

이 이 필 명 자　화 지 성 야
麗而必明者는火之性也라

*「홍범」에 이르기를 금金은 '따르고 바뀌는 것[從革]'이고, 화火는 '타서
오르는 것[炎上]'이라 했다. 따라서[從] 능히 들을수 있고, 바뀌어[革] 능
히 변할 수 있는 것은 금金의 본성이다. 나아가는 것은 반드시 건조하고
[燥], 붙어서[麗] 항상 밝은 것[明]은 화火의 본성이다.

개 오 행　이 변 화 위 용 이 능 신 오 행 지 공 자　금 화 야
盖五行이以變化爲用而能神五行之功者는金火也라

금 화 자　천 지 지 신 공 야
金火者는天地之神功이요

묘 용　여 성 인 지 수 도 이 대 명　차 위 실 덕 야
妙用은如聖人之垂道而大明이니此謂實德也라

*대개 오행은 변화를 작용으로 삼는데 능히 오행의 공능을 신묘하게 하
는 것이 금화金火다. 금화는 천지의 신묘한 공능[神功]이요, 신묘한 작용
[妙用]은 마치 성인이 도를 드리워 크게 밝은 것[大明]처럼 이것을 진정한
덕[實德]이라 한다.

수 토 자　천 지 지 성 도 야
水土者는天地之成度也라

극 첩 여 장 군 지 운 주 이 평 적
克捷如將軍之運籌而平敵하니

차 위 지 평 야　태 세 자　천 지 지 성 장 야
此謂地平也라太歲者는天地之成章也라

요 역　여 농 부 지 세 서 이 치 공　차 위 천 성 야
了役은如農夫之洗鋤而致功이니此謂天成也라

*수토水土라는 것은 천지의 도수를 완성하는 것이다. 마치 장군이 계책

을 꾀하여 싸움을 잘 하여 적을 평정하는 것을 일컬어 지평地平이라 한다. 태세太歲는 천지가 하나의 아름다운 질서를 이루는 것[成章]이요, 노역을 끝낸다는 것은 마치 농부가 호미를 씻어 공로를 다하는 것처럼 하늘이 완성되는 것[天成]을 말한 것이다.

뇌 풍 자   천 지 지 소 식 야
雷風者는天地之消息也라

초 상   여 화 공 지 각 필 이 탈 화   차 위 기 성 야
肖像은如畵工之却筆而奪化하니此謂氣成也라

＊뇌풍雷風은 천지가 늘었다 줄어드는 것을 뜻한다. 초상肖像은 화공이 붓을 던지고 조화를 뺏는 것과 같으므로 이는 기氣가 완성하는 것을 뜻한다.

미 재   어 사 시 야   도 명 화 행   지 평 천 성
美哉라於斯時也에道明化行하여地平天成하고

오 기 순 포   만 물 생 수   막 비 금 화 지 신 공 야
五氣順布하여萬物生遂하니莫非金火之神功也라

덕 합 천 황   불 능 명 언   오 송 소 이 작 야
德合天皇하니不能名焉은五頌所以作也라

송 이 가 지   청 월 차 명   자 기 비 서 봉 명 혜
頌而歌之하고淸越且明하니玆豈非瑞鳳鳴兮와

율 려 지 조 야
律呂之調也리요

＊아름답도다! 지금의 이 시간이여! 도가 밝고 조화가 행해지므로 땅이 평정되고 하늘이 완성되며[地平天成], 금목수화토 5기가 순조롭게 퍼져서 만물을 낳아 성취하는 것은 금화의 신묘한 공능이 아닌 것이 없다. '덕이 천황에 부합하여 이름 붙여 말할 수 없는[德合天皇, 不能名言]' 이유로 인해 다섯 개의 시로 칭송한 것이다. 이를 칭송하여 노래하고 맑게 초탈

하여 밝은 것은 상서로운 봉황이 울고 율려가 조절하는 것이 아니겠는가?

개 금 화 유 오 송 이 협 율 려   이 비 봉 명 유 오 성 이 협 율 려 야
蓋金火有五頌而叶律呂하니以比鳳鳴有五聲而叶律呂也라

＊대개 금화를 칭송하는 다섯 개의 노래에 맞춰 율려에 화합하는 것을
봉황의 다섯 가지 소리에 율려의 조화를 비유한 것이다.

金火二頌
금 화 이 송

要旨 선후천 변화를 손가락으로 셈하는 방식으로 해명하여 금과 화가 서로 바뀌는 것은 천지의 필연법칙임을 말하고 있다.

吾皇大道當天心하니
오 황 대 도 당 천 심

氣東北而固守하고理西南而交通이라
기 동 북 이 고 수　리 서 남 이 교 통

庚金九而氣盈이요丁火七而數虛로다
경 금 구 이 기 영　정 화 칠 이 수 허

理金火之互位하야經天地之化權이라
리 금 화 지 호 위　경 천 지 지 화 권

風雲動於數象이요歌樂章於武文이라
풍 운 동 어 수 상　가 악 장 어 무 문

喜黃河之十淸이여[74]好一夫之壯觀이라
희 황 하 지 십 청　호 일 부 지 장 관

風三山而一鶴이요化三碧而一觀이라
풍 삼 산 이 일 학　화 삼 벽 이 일 관

觀於此而大壯하니[75]禮三千而義一이라
관 어 차 이 대 장　예 삼 천 이 의 일

원문 금화이송 ― 우리의 황극대도가 천심에 당하니, 기는 동북에서 굳게 지키고 리는 서남에서 서로 교통하는구나. 경금은 9이나 기운이 가득 차 있고, 정화는 7이나 수가 비었네. 금화가 서로 바뀌면서 하나의 집을

---

[74] 이 부분의 『정역』 원문은 필사본, 하상역본, 돈암서원본 세 판본이 모두 차이가 있다.
　　필사본은 '十淸', 하상역본은 '一淸十淸', 돈암서원본은 '一淸'으로 되어 있다.
[75] 이 대목의 『정역』 원문은 필사본에서만 '而'字가 누락되어 있다.

다스려 천지의 조화권을 경영하는구나. 바람과 구름은 수와 상에서 움직이고, 가악은 문무에서 빛나도다. 기쁘다, 황하가 열 번 맑아짐이여! 좋구나, 일부의 장관이로다. 3산에 바람부니 한 마리 학이요, 3벽을 조화하니한 마리 황새로구나. 여기서 대장을 바라보노니 예는 3천이나 의는 하나로다.

당 천 심   위 성 지 복 야   동 북   양 방   서 남   음 방
當天心은謂誠之復也라東北은陽方이요西南은陰方이라

양 주 상 고   고 수   음 주 변 고   교 통
陽主常故로固守하고陰主變故로交通이라

＊천심에 도달한다는 것은 하늘의 성실성[誠]을 회복했음을 일컫는 말이다. 동북은 양의 방위요 서남은 음의 방위다. 양은 상도常道를 주장하기 때문에 굳게 지키고[固守], 음은 변화를 주장하기 때문에 서로 교통交通한다는 뜻이다.

기 리 즉 금 수 영 이 화 수 허 고 야
其理則金數盈而火數虛故也라

금 화 호 위   천 지 화 권   대 행
金火互位는天地化權의大行이요

풍 운   자 동 어 거 천 하 지 상 수
風雲은自動於擧天下之象數니

묘 만 물 이 합 만 용   가 견 의
妙萬物而合萬用을可見矣라

＊그 이치는 금의 수는 가득 차는 반면에 화의 수는 비기 때문이다. 금화가 서로 집을 바꾸는 것은 천지의 조화권을 위대하게 행사함이요, 바람과 구름[風雲]은 천하의 상수象數를 논의하는데에서 스스로 움직이므로만물을 묘하게 하여 수많은 작용에 부합하는 것을 볼 수 있는 것이다.

正易
—
정역

일 청 십 청 삼 산 일 학 삼 벽 일 관
一淸十淸三山一鶴三碧一觀은[76]

개 일 부 부 자 지 문 도 이 우 유 함 영 어 차
皆一夫夫子之門徒而優游涵泳於此하여

공 관 선 생 지 장 관　　 희 이 호 지　　 풍 이 화 지
共觀先生之壯觀을喜而好之하고風而化之하니라

가 악 장 어 무 문 지 장 이　　 강 예 의 어 삼 천 지 일 의
歌樂章於武文之張弛하고[77]講禮義於三千之一義하니

주 관 어 차　　 심 락 기 대 장 야
周觀於此하여深樂其大壯也라

개 예 악　 유 천 지 생 이 시 발 어 차
蓋禮樂은由天地生而始發於此라

＊일청一淸, 십청十淸, 삼산三山, 일학一鶴, 삼벽三碧, 일관一觀은 모두 일부선생의 문도로서 이 학문에 깊이 빠져 매우 즐겼고, 선생님이 보신 장관을 똑같이 깨달아 기뻐서 좋아하고 바람처럼 변화하였다. 문무文武의 너그러움과 엄함을 음악으로 노래하고, 3천 가지의 예에서 하나의 의리를 강론한 것은 주나라의 종법이 크고도 장엄함을 깊이 깨달아 즐긴 것이다. 대개 예악은 천지로부터 말미암아 생겨나 여기에서 발동하는 것이다.

연 정 역 소 재　　 일 언 일 구　 막 비 예 악 지 본
然正易所載의一言一句는莫非禮樂之本이니

후 지 학 자　　 종 용 완 리　　 심 체 득 지
後之學者는從容玩理하여深體得之하면

내 지 부 자 예 악 지 성 의
乃知夫子禮樂之盛矣라

＊그러나 정역에 기록된 한마디 말과 글귀는 예악의 근본이 아닌 것이 없

---

76 필사본은 '一淸'이 없는데 하상역본은 '一淸'이 있다.

77 필사본은 '武文'으로, 하상역본은 '文武'로 되어 있다. 『정역』본문에서는 '武文'으로 되어 있으므로 '武文'이 옳은 것으로 추정된다.

다. 이후의 학자가 그 이치를 그윽히 완미하고 깊이 체득하면 선생님이 말
한 예악의 성대함을 알 것이다.

金火三頌
금 화 삼 송

要旨 선후천 변화를 설명하는 수지도수와 정역팔괘를 결합시켜 8艮山의 위상을 드높였다. 특히 공자께서 태산에 올라서 노나라가 작다고 느낀 것을 예로 들면서 8간산이 무극과 같은 자리인 첫 번째 손가락에서 일치하는 경계를 노래하였다.

북 창 청 풍　　창 화 연 명 무 현 금
北窓淸風에暢和淵明无絃琴하고

동 산 제 일 삼 팔 봉　　차 제 등 림
東山第一三八峰을次第登臨하니

통 득 오 공 부 자 소 로 의　　탈 건 괘 석 벽
洞得吾孔夫子小魯意를脫巾掛石壁하고[78]

남 망 청 송 가 단 학　　서 새 산 전　　백 로 비
南望靑松架短壑하니西塞山前에白鷺飛를

나 요 백 우 선　　부 감 적 벽 강
懶搖白羽扇하고俯瞰赤壁江하니

적 적 백 백 호 호 중　　중 유 학 선 려　　취 소 롱 명 월
赤赤白白互互中에中有學仙侶하야吹簫弄明月을

원문 금화삼송 ── 북녘창 맑은 바람에 도연명의 줄 없는 거문고 가락에 화창하고, 동산 으뜸가는 삼팔봉에 차례로 올라가니 공자께서 노나라가 작다고 하신 뜻을 통득하겠구나. 두건 벗어 석벽에 걸고 남쪽을 바라보니 청송이 작은 계곡에 걸려 있고, 서쪽 변방의 산 앞에는 백로가 날아든다. 백우선을 천천히 흔들면서 적벽강을 굽어보니 붉고도 붉으며 희고도 흰 것이 서로 섞인 가운데, 그 속에 유불선이 있어 퉁소 불어 밝은 달을 즐기

---

78 이 대목의 필사본은 '帨巾'으로 나온다.

도다.

^{연 명} ^{진 지 정 절 처 사} ^성 ^도 ^명 ^잠
淵明은晉之靖節處士라姓은陶요名은潛이라

^{성 호 고 결} ^{불 이 세 사} ^{누 심} ^{장 무 현 금 어 흉 중}
性好高潔하여不以世事로累心이며藏无絃琴於胷中하여

^{개 북 창 이 영 청 풍} ^{사 락 야} ^{무 궁 언}
開北窓而迎淸風하니斯樂也가無窮焉이라

^{선 생} ^{역 취 사 인 지 락 이 창 화 자 야}
先生이亦取斯人之樂而暢和者也라

＊연명淵明(365~427)[79]은 진晉의 깨끗한 절개를 지닌 처사로서 성은 도陶요 이름은 잠潛이다. 천성이 고결한 것을 좋아하여 세상사에 마음이 얽매이지 않았으며, 가슴에 줄 없는 거문고를 품고서 북창을 열어 맑은 바람을 맞이했다. 이 즐거움은 무궁한 것이다. 선생께서도 역시 이 사람의 즐거움을 취하여 창화한 것이다.

^동 ^{동 방 야} ^산 ^{간 산 야}
東은東方也요山은艮山也라

^{제 일} ^{위 간 지 덕} ^{능 성 종 이 성 시 야}
第一은謂艮之德으로能成終而成始也라

^{삼 팔} ^{동 방 목 지 수 야} ^봉 ^{역 지 간 야}
三八은東方木之數也요峰은亦指艮也라

^{소 로} ^{공 부 자 소 언 등 동 산 이 소 로}
小魯는孔夫子所言登東山而小魯하고

^{등 태 산 이 소 천 하 야}
登泰山而小天下也라

---

79 陶淵明은 東晉의 尋陽郡 紫桑縣(지금의 강서성 구강현 서남쪽) 사람으로 이름은 잠潛, 자는 연명이다. 405년에 彭澤縣의 현령을 사직하고 고향에 돌아와 다시는 벼슬길에 나가지 않았다. 그리하여 속세를 떠나 名利를 버리고 詩書를 즐기며 자연을 벗삼아 유유자적한 생활을 보냈다. 그는 집 주위에 다섯 그루의 버드나무를 심고 사랑하여 스스로 五柳先生이라고 했다. 또한 세상 사람들은 그의 인격을 존경하여 靖節先生이라 불렀다.

특 취 소 로 자　우 의 어 동 방 고 야
特取小魯者는寓意於東方故也라

＊동東은 동방이요, 산은 간산艮山이다. 제일第一은 간의 덕성으로 능히 마침과 시작을 이루는 것을 뜻한다. 삼팔三八은 동방 목木의 수이며, 봉峰은 또한 간산을 가리킨다. 노나라가 작다[小魯]는 것은 공자의 "동산에 올라 노나라가 작다고 생각아였고, 태산에 올라서는 천하가 작다고 생각하였다"[80]는 말씀에서 특별히 '노나라가 작음'을 취한 것은 동방의 뜻이 깃들어 있기 때문이다.

개 선 생　생 어 동 양 간 국 지 원
蓋先生은生於東洋艮國之遠하여

후 어 부 자 수 천 재 지 하　등 피 간 동 삼 팔 차 제 지 봉
后於夫子數千載之下에登彼艮東三八次第之峰으로

통 득 부 자 소 로 소 천 하 지 의　전 성 후 성　통 관 도 체
洞得夫子小魯小天下之意하니前聖后聖의洞觀道體는

활 발 발 저 일 반 기 상 이 단 공 부 자 지 탄 사
活潑潑這一般氣像而但孔夫子之歎辭는

도 방 쇠 미 지 시 야
道方衰微之時也라

＊대개 선생은 동양 간국艮國의 먼 곳에서, 또한 공자 이후 수천년 뒤에 태어나 간방의 동쪽 3·8봉에 차례로 올라 노나라와 천하가 작다고 말한 공자의 생각하였다는 뜻을 깨달았다고 할 수 있다. 앞 성인과 뒷 성인이 도체道體를 통관한 것은 생동감이 넘치는 일반적인 기상이지만, 공자가 감탄한 말은 진리[道]가 바야흐로 쇠미해질 시기의 일이다.

선 생 지 취 미 자　도 장 대 행 지 시 야
先生之取美者는道將大行之時也라

---

80 『孟子』 「盡心章句(上)」, "孟子曰 孔子登東山而小魯하시고 登太山而小天下하시니"

이 무 량 지 도 체　취 무 궁 지 물 태
以无量之道體로取無窮之物態하여

영 탄 음 일 이 초 탈 세 속
咏嘆淫泆而超脫世俗이[81]

여 탈 건 고 괘 어 석 벽　　특 립 불 의
如脫巾高掛於石壁가[82]特立不倚하고

여 청 송 만 가 어 단 학 고 상 기 지
如靑松滿架於短壑高尙其志하니

여 백 로 지 고 비 어 서 새　　백 비 소 질
如白鷺之高飛於西塞하여白賁素質하고

여 우 선 지 나 요 이 무 식　　부 감 형 철
如羽扇之懶搖而无飾하고俯瞰瀅澈이

여 적 벽 지 수 청 이 무 저　　동 혜 잠 혜　적 혜 백 혜
如赤壁之水淸而无底하니動兮潛兮로赤兮白兮하고

형 형 색 색　　호 잡 상 간 지 중
形形色色으로互雜相間之中에

인 유 학 도 지 선 려　　발 호 기 췌
人有學道之仙侶에拔乎其萃하여

낙 어 천 리　　한 취 청 소　　완 롱 명 월 이 이
樂於天理하고閑吹淸蕭하며玩弄明月而已라

＊ 선생께서 아름답다[美]는 말을 취함은 (후천의) 도가 장차 크게 행해질 시간대이기 때문일 것이다. 무량의 도체道體로 무궁한 사물의 형태를 취하여 방종한 짓거리를 깊이 탄식하면서 세속을 초탈한 것은 마치 두건[巾]을 벗어 석벽에 걸어놓은 다음에 특별히 기대지 않는 태도와 같고, 짧은 절벽에 청송이 걸려 있는 모양은 그 뜻을 고상하게 하는 것과 같고, 또한 백로가 서쪽 변방을 높이 나는 것은 바탕을 희게 장식하는 것과 같고, 부채를 느릿느릿 흔들며 꾸미지 않고 맑은 물을 굽어보는 것은 적벽강

---

81 필사본에는 '咏'은 '詠'으로, '淫'은 '滛'으로 되어 있다.

82 필사본의 『정역』 원문은 '帨巾'으로 되어 있는데, 주석글에서는 '脫巾'으로 나온다. 그리고, '掛'字가 필사본에서는 '排'字로 되어 있다.

의 물이 맑아서 바닥이 없는 것과 같아 움직이는 듯 가라앉는 듯 붉은 듯 흰 듯 형형색색이 서로 복잡하게 섞인 가운데 선도와 불도를 배우는[學=儒] 사람들이 그 핵심을 뽑아서 하늘의 이치를 즐기고, 한가로이 퉁소를 맑게 불어 밝은 달을 희롱할 따름이다.

<blockquote>
개 김 부 자 지 학　학 구 천 인　무 물 불 포
蓋金夫子之學은學究天人하여无物不包하니
잡 인 고 시 이 무 애 자　흥 지 체 야
雜引古詩而无礙者는興之體也요
</blockquote>

＊대개 김일부선생님의 학문은 하늘과 인간[天人]의 문제를 궁구하여 포괄하지 못하는 사물이 없으므로 옛 시를 뒤섞어 인용하여도 아무런 장애가 없는 것은 흥興[83]의 본질이다.

<blockquote>
기 취 로 복 취 우 자　귀 기 예 지 질 소 야　선 취 금 후 취 소 자
旣取鷺復取羽者는貴其禮之質素也며先取琴后取蕭者는
낙 기 악 지 본 질 야　차 장　역 견 부 자 예 악 지 실 의
樂其樂之本質也라此章은亦見夫子禮樂之實矣라
</blockquote>

＊이미 백로와 부채를 예로 든 것은 예禮의 질박하고 소탈함을 귀하게 여겼기 때문이며, 먼저 거문고를 취하고 뒤에 퉁소를 취한 것은 음악[樂]의 본질을 즐긴 것이다. 이 장에서 또한 공자가 말하는 예악禮樂의 실질을 볼 수 있다.

---

83 시의 흥취를 불러일으키는 감흥poetic inspiration을 뜻한다.

金火四頌

금 화 사 송

要旨 금화교역이 이루어지는 서방과 남방, 수리로는 4·9와 2·7의 자리바꿈에 대한 선후천변화를 옛 학자들은 전혀 인식하지 못했으며, 김일부 선생 자신이 최초로 발견한 기쁨을 술회하고 있다.

사 구 이 칠 금 화 문　고 인 의 사 부 도 처
四九二七金火門은古人意思不到處라

아 위 주 인 차 제 개　　일 육 삼 팔 좌 우 분 열
我爲主人次弟開하니一六三八左右分列하야

고 금 천 지 일 대 장 관　　금 고 일 월 제 일 기 관
古今天地一大壯觀이요今古日月弟一奇觀이라

가 송 칠 월 장 일 편　　경 모 주 공 성 덕
歌頌七月章一篇하고⁸⁴景慕周公聖德하니

오 호 부 자 지 불 언　시 금 일
於好夫子之不言이是今日이로다⁸⁵

원문 금화사송 — 4·9, 2·7의 금화문은 옛사람의 뜻과 사유가 미치지 못한 곳이라. 내가 주인되어 차례대로 열어 놓으니, 1·6과 3·8이 좌우로 나뉘어 고금천지의 일대 장관이요 금고 일월의 으뜸가는 기이한 경관일세. 칠월장 한 편을 노래하여 찬송하고 주공의 성덕을 크게 사모하노니, 아아! 공자께서 말씀하지 않으신 것이 오늘이로다!

금 화 화 권 문　고 인 의 사 역 부 도 처
金火化權門은古人意思亦不到處라

---

84 필사본은 '七篇'으로 되어 있다.

85 돈암서원본에 기초한 이정호박사는『정역』원문에 대한 현토를 하상역본과 다르게 달았다. "於好라 夫子之不言이 是今日이로다"로 띄어 읽기를 했다.

선생 위 개 시 지 주 인　차 제 통 개
先生爲開時之主人으로次第洞開하니

일 손 육 진 삼 태 팔 간　좌 우 분 열
一巽六震三兌八艮은左右分列하고

십 건 오 곤 정 관 천 지　선 고 금 일 대 장 관
十乾五坤貞觀天地하니亘古今一大壯觀이요

＊금화가 빚어내는 조화권의 문은 옛사람의 뜻과 사유가 전혀 미치지 못
했던 곳이다. 선생께서 시간의 문을 여는 주인이 되어 차례로 활짝 열어제
치니 1손巽과 6진震, 3태兌와 8간艮이 좌우로 나뉘어 배치되고, 10건乾과 5
곤坤이 천지를 똑바로 보는 것은 과거와 현재를 통틀어 하나의 위대한 장
관이다.

사 감 구 리 정 명 일 월　소 고 금 제 일 기 관
四坎九离貞明日月하니溯古今第一奇觀이라[86]

모 고 가 송 혜　시 지 칠 월 편　즉 주 지 수 시 야
慕古歌誦兮여詩之七月篇은卽周之授時也요

주 공 지 제 례 작 악　인 기 시 손 익
周公之制禮作樂은因其時損益이니

수 천 재 지 하　막 감 의 의 이 준 수
數千載之下에莫敢擬議而遵守라

개 비 오 제 지 불 상 연 악　삼 왕 지 불 상 습 례
盖非五帝之不相沿樂이요三王之不相襲禮일새라

＊4감坎과 9리离는 일월을 똑바르게 밝히므로 현재에서 과거를 거슬러가
도 으뜸가는 기이한 광경이라는 것이다. 옛 것을 사모하여 노래하고 찬송
함이여！『시』의 '7월장'[87]은 주나라가 하늘이 내린 시간의 명령을 받았다
는 뜻이다. 주공周公은 역사와 시간의 손익損益을 근거로 예악을 제작했

---

86 하상역본은 '今古', 필사본은 '古今'로 되어 있다.

87 『詩經』「國風」15, "豳風"을 가리킨다. 豳은 나라 이름으로 지금의 섬서성에 속한다. "빈풍
장"은 농업에 대한 周公의 일을 시로 노래하였다.

기 때문에 수천년이 지난 뒤에도 감히 비교하고 논의하지 않아도 준수할 수 있었다. 대개 오제五帝가 서로 악樂을 따르고 삼왕三王이 예禮를 계승하지 않음이 없었다.

연 예 악   천 자 지 사 야   고   수 부 자   종 주 이 이
然禮樂은天子之事也라故로雖夫子라도從周而已라

차 불 언 예 악 지 시   연   이 예 악 지 덕
且不言禮樂之時라然이나以禮樂之德으로⁸⁸

전 지 우 금 일   후 생   뇌 지 이 송 습
傳至于今日은后生이賴之而誦習이니

시 개 주 공 공 자 지 성 덕 야
是皆周公孔子之盛德也라

＊ 그러나 예악은 천자의 일이기 때문에 비록 공자라도 주나라의 종법을 따랐을 뿐이며, 또한 예악의 때를 언급하지 않았다. 그러나 예악의 덕을 오늘에 전하여 후손들이 예악을 신뢰하여 외우고 배울 수 있는 것은 모두 주공과 공자의 성덕이라 할 수 있다.

---

88 필사본은 "且不言禮樂之時, 然, 以禮樂之德"라고 표현하여 '禮樂之時然以'라는 글귀가 덧붙여져 있다.

金_금火_화五_오頌_송

要旨 금화교역은 하도낙서의 핵심인 동시에 正易의 본질이라고 확신하면서, 과거의 음양관에서 율려도수관으로 철학의 주제가 바뀌야 할 것을 주문하고 있다. 그것이 바로 시간의 섭리이며 천명의 내용이라고 밝힌다. 그는 '금화오송'에서 1년 365¼일이 1년 360로 전환되는 이유를 기존의 음양관이 포착하지 못했다고 판단하여 새로운 율려관을 창안하여 풀어나갔다. 이는 주역의 논리를 극복하여 새로운 진리관과 인식론을 제기한 점에서 새롭게 조명되어야 마땅하다.

嗚呼_{오호}라金火互易_{금화호역}은不易正易_{불역정역}이니

晦朔弦望進退屈伸律呂度數造化功用_{회삭현망진퇴굴신율려도수조화공용}이立_입이오라

聖人所不言_{성인소불언}이시니豈一夫敢言_{기일부감언}이리오마는時_시오命_명이시니라

원문 금화오송 ― 아아! 금과 화가 서로 자리를 바꾸는 것은 불변의 정역이 되는 것이니, 회삭현망과 진퇴굴신과 율려도수와 조화의 공용이 똑바로 선다. 성인이 말씀하지 아니한 바를 일부가 어찌 감히 말하리오마는 시간이 되었고 하늘의 명이 계심일세.

金火互易_{금화호역}은天地不易之正理也_{천지불역지정리야}라

太陰之退極而變陽_{태음지퇴극이변양}하고太陽之進極而化陰_{태양지진극이화음}하니

*금과 화가 서로 바뀌는 것은 천지의 바뀌지 않는 올바른 이치이다. 태음

의 물러남이 극에 도달하면 양으로 변하고, 태양의 나아감이 극에 도달하면 음으로 변화한다.

일 굴 일 신　일 일 지 주 야 혼 단 불 차
一屈一伸과一日之晝夜昏旦不差하고

일 월 지 회 삭 현 망　불 특　율 려 도 수　유 시 이 정
一月之晦朔弦望이不忒하니律呂度數가由是以定하고

조 화 공 용　유 시 이 립
造化功用이由是以立하니

＊한 번은 굽히고 한 번은 펴는 운동이 하루의 밤낮에 저녁과 아침의 차이가 없고, 한달의 회삭현망이 어긋남이 없으므로 율려도수가 이에 근거하여 정해지고 조화공용이 성립하는 것이다.

천 지 자 연 지 예 악　성 이 일 월 배 연 지 문 장　　저 의
天地自然之禮樂이成而日月裴然之文章으로[89]著矣니라

금 화 지 역　선 성 소 불 언
金火之易은先聖所不言이나

이 후 학 지 감 언 이 흥 기 자　　내 시 야　명 야
而後學之敢言而興起者는[90]乃時也요命也니라

＊천지자연의 예악이 이루어져 일월의 아름다운 무늬로 치렁치렁하듯이 드러난다. 금과 화의 바뀜은 옛 성인이 말씀하지 않았으나 후학이 감히 언급하고 불러일으키는 것은 곧 시간의 섭리요 하늘의 명령인 것이다.

우　안 모 시 지 송　　득 기 성 정 지 정
愚가按毛詩之頌인데[91]得其性情之正하여

---

89 하상역본은 '裵', 필사본은 '斐'으로 되어 있다.
90 필사본은 '后'로 표기하고 있다.
91 하상역본은 '頌', 필사본은 '誦'으로 되어 있다.

찬 미 선 왕 지 덕　배 우 상 제 야
讚美先王之德이配于上帝也며

금 화 지 송　발 호 성 정 지 정　찬 미 상 제 지 덕
金火之頌은發乎性情之正하여讚美上帝之德이

합 호 성 인 야　문 사 소 이　기 의 일 야
合乎聖人也니文辭少異나其義一也라

＊생각컨대, 「모시毛詩」의 「송」은 인간의 마음에 내재한 올바른 성정性情
으로 선왕에 대한 덕을 상제上帝와 짝지워 찬미했다. 금화송金火頌은 인간
의 감성과 정서[性]의 올바름에서 발동하여 상제의 덕이 성인과 부합
하는 것을 찬미한 것이다. 글의 말투가 조금은 다르나 그 뜻은 하나다.

대 범 성 현 가 송 지 작　도 덕 지 대
大凡聖賢歌誦之作은道德之大를

불 능 형 언 이 발 어 성 기 야
不能形言而發於聲氣也니라

선 관 가 송 자　취 기 정 성 기 상 지 정
善觀歌誦者는取其情性氣象之正이니[92]

불 필 이 문 해 의 가 야
不必以文害義可也라

오 송　극 찬 천 지 지 공 용　금 화 위 조 화 지 문
五頌은極讚天地之功用이니金火爲造化之門이라

＊무릇 성현을 칭송하는 찬가를 지은 것은 도덕의 위대함을 언어로 형용
하기 불가능하기 때문에 목소리의 기운에서 발동한 것이다. 찬양가를 잘
살피는 자는 성정性情의 기상이 올바름을 얻은 것으로 글로 그 의미를 해
칠 필요는 없다. 금화의 일을 찬양한 다섯 개의 시[金火五頌]는 천지의 공
용功用으로 금화가 조화의 문임을 극찬한 것이다.

---

92 하상역본은 '象', 필사본은 '像'으로 되어 있다.

오 호   일 월 지 덕   천 지 지 분   분 적 십 오   각
嗚呼라 日月之德이여 天地之分이니 分을 積十五하면 刻이요

각   적 팔   시   시 적 십 이   일
刻을 積八하면 時요 時를 積十二하면 日이요

일   적 삼 십   월   월 적 십 이   기
日을 積三十하면 月이요 月을 積十二하면 朞니라

원문 아아! 해와 달의 덕이여! 하늘과 땅이 나뉨이니 분을 15로 쌓으면 각이요, 각을 8로 쌓으면 시요, 시를 12로 쌓으면 일이요, 하루를 30으로 쌓으면 월이요, 한달을 12로 쌓으면 기이다.

천 지 지 성   무 심 이 생 화   사 무 적 루 지 점
天地之性은 無心而生化라 似无積累之漸이나

연 일 월 종 시 지 덕   즉 천 지 생 화 지 분
然日月終始之德은 卽天地生化之分이라

분 적 십 오 이 성 각   각 적 팔 이 성 시
分積十五而成刻하고 刻積八而成時하며

시 적 십 이 이 성 일
時積十二而成日하고

일 적 삼 십 이 성 월   월 적 십 이 이 성 기   기 자 기 야
日積三十而成月하며 月積十二而成朞하니 朞者期也라

일 월 지 어 천 지   시 분 이 종 합   여 기 이 상 회 고   위 지 기
日月之於天地는 始分而終合하니 如期而相會故로 謂之期라

*천지의 본성은 마음 없는 마음으로 변화를 생겨나게 한다. 예컨대 점점 쌓여 누적되는 것이 없는 듯 하지만 일월이 끝맺고 다시 시작하는 덕성은 천지가 변화를 생겨나게 하는 나눔[分]에 기인한다. 분이 쌓여 15가 되면 각을 이루고, 각이 쌓여 8이 되면 한 시간[時]을 이루고, 한 시간이 12가 되면 하루[日]를 이룬다. 하루가 쌓여 30이 되면 한달[月]을 이루고, 한달

이 12가 되면 1년[朞]을 이루는데, 기는 기약하다 또는 만나다[期]는 뜻이다. 처음에는 나뉘고 끝에는 합하는 것(분합의 원리)이 마치 천지에 대한 일월이 만날 것을 약속한 다음에 서로 만나기 때문에 기약[期]이라 한다.

개 분 지 소 이 연　수 지 소 유 정　　수 천 만 세　　불 가 개 야
蓋分之所以然은數之所由定이니雖千萬歲라도不可改也라

차　명 일 월 지 덕　유 어 천 지 지 분
此는明日月之德이由於天地之分이라

* 대개 천지가 나뉘는 궁극적 이유[分=分化]는 수數가 정해지는 근원으로 수많은 세월이 흘러도 고칠 수 없는 것이다. 이것은 일월의 덕이 천지의 나뉨에서 비롯되었다는 것을 밝힌 것이다.

기　생 월　　월　생 일　　일　생 시　　시　생 각
朞는生月하고月은生日하고日은生時하고時는生刻하고

각　생 분　　분　생 공　　공　무 위
刻은生分하고分은生空하니空은无位니라

원문 기는 월을 낳고, 월은 일을 낳고, 일은 시를 낳고, 시는 각을 낳고, 각은 분을 낳고, 분을 공을 낳으니, 공은 일정한 자리(실체)가 없다.

기 위 음 부 이 생 월　　월 위 양 모 이 생 일
朞爲陰父而生月하고月爲陽母而生日하며

일 위 강 부 이 생 시　　시 위 유 모 이 생 각
日爲剛父而生時하고時爲柔母而生刻하며

각 생 분　　분 생 공　　기 변　무 궁
刻生分하고分生空하니其變이无窮이요

* 기朞는 음의 아버지로서 한달을 낳고, 월月은 양의 어머니로서 하루를 낳는다. 일日은 강한 아버지로 시時를 낳고, 시는 부드러운 어머니로 각刻

을 낳으며, 각은 분分을 낳고, 분은 공空을 낳는데, 그 변화는 무궁하다.

기 성   환 생   재 분   필 성
既成하면還生하니纔分이나必成이니

공 수 무 위   실 조 화 지 추 뉴 야   전 설 대 고   비 의
空雖无位나實造化之樞紐也라前說大故로備矣라

＊이미 이루어지면[成] 돌이켜 낳으니[還生] 겨우 분分일지라도 반드시

이룬다. 공空은 비록 일정한 시공간의 실체가 없으나[无位] 실제로는 조

화의 핵심이다. 앞의 설명에 대한 이유가 갖추어졌다.

우   안 역 계 왈 범 위 천 지 지 화 이 불 과
愚가按易繫曰範圍天地之化而不過하며

곡 성 만 물 이 불 유   통 호 주 야 지 도 이 지
曲成萬物而不遺하며通乎晝夜之道而知라

고   신 무 방 역 무 체
故로神无方易无軆라 하니라

개 천 지 자 연 지 역   무 유 정 체   신 묘   무 유 방 소
盖天地自然之易은无有定軆이나神妙하여无有方所니

저 지 어 만 물   명 지 어 주 야
著之於萬物하고明之於晝夜이니라

성 인   앙 관 부 찰   재 성 보 상   지 무 불 통
聖人이仰觀俯察하고裁成輔相하여[93]知无不通하고

행 무 불 성   여 천 지   병 립 위 삼   삼 극 지 도   기 비
行无不成하니與天地로並立爲三이라三極之道가旣備니

유 이 음 계   명 이 양 계   신 인 동 도   무 불 화 해 의
幽而陰界와明而陽界로神人同道하니無不和諧矣라

＊생각컨대,「계사전」은 "천지의 조화를 포괄하여 지나침이 없으며, 만물

을 원만하게 생성하여 이루되 하나도 빠뜨리지 않으며, 밤낮의 원리를 통

---

93 하상역본은 '裁成輔相', 필사본은 '裁相輔相'으로 되어 있다.

해서 지혜를 터득한다. 그러므로 신은 일정한 방소가 없고 역은 실체가 없다"[94]고 말했다. 대개 천지자연의 역은 일정한 실체가 없으나 신묘하여 특정한 방향과 장소가 없이 만물에 드러나고 밤낮에도 환하게 밝혀지므로 성인께서 하늘을 우러르고 땅을 굽어 살펴서 천지의 도를 재단하여 이루며, 천지의 마땅함을 도와서[裁成輔相][95] 앞에 통하지 못하는 것이 없고, 실천하여 이루지 못하는 것이 없기 때문에 천지와 더불어 병립하여 셋이 되는 것이다. 3극의 도가 이미 갖추어져 그윽하기로는 음계陰界이고, 밝기로는 양계陽界이므로 신인神人이 도를 함께하니 화해하지 못함이 없는 것이다.

제 요 지 기　　삼 백 유 육 순 유 유 일
帝堯之朞는三百有六旬有六日이니라

원문 요임금의 1년은 366일이며,

역　 일 월 야　 력　 유 정 유 윤　　삼 백 육 십 자　 력 지 정 야
易은日月也요曆은有正有閏이니三百六十者는曆之正也며
영 육 일 자　 역 지 윤 야　 이 윤　　정 사 시 지 성 세 야
零六日者는曆之閏也라以閏으로定四時之成歲也니
차 이 하　 설 일 월 지 정　　상 견 우 서
此以下의說日月之政은詳見虞書라

* 역易은 일월日月이다. 캘린더[曆]에는 정역正曆과 윤역閏曆이 있는데, 360은 캘린더의 올바름[正]이요 나머지 6일은 캘린더의 꼬리[閏]이다. 이 나머지로 사시를 정하고 1년이 이루어지는 것이다. 아래의 일월의 정사에 대

---

94 이는 「계사전」 상편 4장에 나오는 내용이다.

95 이는 地天泰卦 「象傳」에 나온다. "象曰 天地交泰니 后以하여 財成天地之道하며 輔相天地之宜하여 以左右民하나니라"

한 설명은 『서경書經』「우서虞書」에 상세히 나온다.

제 순 지 기　　삼 백 육 십 오 도 사 분 도 지 일
帝舜之朞는三百六十五度四分度之一이니라

원문 순임금의 1년은 365¼일이다.

상 육 일 자　　윤 지 정 체
上六日者는閏之定體요

차 오 도 사 분 지 일 자　　윤 지 실 용 야
此五度四分之一者는閏之實用也라

오 일 이 백 삼 십 오 분　　과 어 력 정 고
五日二百三十五分은過於曆正故로

위 지 기 영　　소 위 양 력 야
謂之氣盈이요所謂陽曆也라

＊ 위에서 말한 6일은 시간의 꼬리[閏]에 해당하는 일정한 실체이며, 여기의 5도 4분의 1은 시간의 꼬리의 실제 작용[用]을 뜻한다. 5일 235분은 360[曆正]보다 더 나아가므로 기영氣盈이라 하는 소위 양력陽曆이다.

매 일 일 법 구 백 사 십 분　　비 기 전 일 법 고　　시 위 윤 일 분 야
每日日法九百四十分은非其全日法故로是謂閏日分也라

월 법 이 십 구 일 사 백 구 십 구 분　　불 급
月法二十九日四百九十九分은不及이니

사 백 사 십 일 분 이 부 득 전 월 고　　시 위 삭 허 야
四百四十一分而不得全月故로是謂朔虛也라

세 법　　삼 백 오 십 사 일 삼 백 사 십 팔 분　　불 급
歲法의三百五十四日三百四十八分은不及이니

오 일 오 백 구 십 이 분 이 불 성 정 세 고
五日五百九十二分而不成正歲故로

위 지 소 세　차 위 음 력 야
謂之小歲요此爲陰曆也라

＊매일 사용하는 일법日法은 940분으로 전일법全日法이 아니기 때문에 윤
일閏日의 분리[分]라 한다. 월법月法의 29일 499분은 441분이 못 미쳐 전월
全月을 얻지 못하는 까닭에 삭허朔虛라 한다. 세법歲法은 354일 348분으로 5
일 592분이 못 미쳐 올바른 1년[正歲]을 이루지 못하기 때문에 소세小歲라
하며 이것이 곧 음력이다.

합 음 양 력 세 여 일 즉 영　　십 일 팔 백 이 십 칠 분
合陰陽曆歲餘日則零하면十日八百二十七分이니

적 차 여 일　오 세 재 윤　　십 구 세 칠 윤
積此餘日하면五歲再閏이요十九歲七閏하면

성 일 장 지 력 수 야　상 견 우 서 기 법 주 해
成一章之曆數也라詳見虞書其法註解라

＊음양력陰陽曆의 나머지 날수를 합하면 10일 827분이다. 이 나머지 날수
를 쌓으면 5년에 두 번의 윤달이 들고, 19년에 일곱 번의 윤달이 들어 1장一
章의 역수曆數가 이루어진다. 상세한 것은 「우서虞書」의 주석에 나온다.

일 부 지 기　삼 백 칠 십 오 도　십 오　존 공
一夫之朞는三百七十五度니十五를尊空하면

정 오 부 자 지 기　당 기 삼 백 육 십 일
正吾夫子之朞當朞三百六十日이니라

원문 일부의 1년은 375도이니 15를 존공하면 바로 공부자의 1년[朞] 360
일이다.

삼 백 칠 십 오 도 자　토 금 수 목 화
三百七十五度者는土金水木火가

개 성 도 즉 각 성 칠 십 오 도 야
皆成度則各成七十五度也라

십 오 존 공 자　　십 여 오
十五尊空者는十與五로

위 천 지 성 명 지 지 존 고　　공 기 위 이 불 용 야
爲天地性命之至尊故로空其位而不用也라

연 즉 도　　합 어 역 계 소 재 당 기 삼 백 육 십 일
然則道는合於易繫所載當朞三百六十日이니

차 개 율 력 지 정 야
此盖律曆之正也라

＊375도는 토금수목화 모두가 도수를 완비하여 각각 75도를 이룬 것이다.

10과 5를 존공尊空하는 것은 10과 5가 천지성명의 지존인 까닭에 그 자리

를 비워두고 쓰지 않는다는 뜻이다. 그러므로 그 도는 「계사전」에 나오는

360일의 1기[年]와 부합하는 것으로 이것이 곧 율력律曆의 올바름이다.

일 법　　일 천 사 백 사 십 분　　　차 소 이 분 열 위 윤 정 의
日法은一千四百四十分이니此所以分列謂閏政矣라

구 백 사 십 분　　분 정 어 태 양 지 체
九百四十分은分政於太陽之體하고

삼 백 사 십 육 분　　분 정 어 태 음 지 체
三百四十六分은分政於太陰之體하니

삼 십 육 분　　분 정 어 율 려 지 도
三十六分은分政於律呂之度니라

흡 용 십 일 시 이 행 주 야 지 정　　일 시　　위 시 모 이 부 동
恰用十一時而行晝夜之政하니一時는爲時母而不動이며

우 화 내 일 지 분 야　　시 지 술 공　　시 야
又化來日之分也요時之戌空이是也니

후 천 정 역 소 이 성 야
后天正曆所以成也라

＊일법은 1,440분으로 이것이 나뉘고 벌어지는 까닭으로 윤달의 정사[閏

政]가 된다. 940분은 태양의 본체가 나뉘어 정사하는 것이요, 346분은 태음의 본체가 나뉘어 정사하는 것이요, 36분은 율려의 도수가 나뉘어 정사하는 것이다. 11시간[時]를 써야 밤낮의 정사를 행하는 것에 꼭 부합하므로, 1시간은 시간의 모체로서 부동의 본체이기 때문에 내일의 나뉨으로 변화하는 것이다. 이것이 시간의 술공戌空이며 후천의 정력正曆이 완성되는 이유이다.

> 오 도 이 월 혼 생 신　　초 삼 일　　월 현 상 해
> **五度而月魂生申**하니**初三日**이요**月弦上亥**하니
>
> 초 팔 일　　월 백 성 오　　십 오 일　 망　　선 천
> **初八日**이요**月魄成午**하니**十五日**이**望**이니**先天**이니라

원문 5도에 달의 혼이 신에서 생겨나니 초3일이요, 달이 해에서 상현이 되니 초8일이요, 달의 백이 오에서 이루어지니 15일이 보름이 되므로 선천이다.

진 위 월 굴　　자 진 지 신　 위 오 도 야
辰爲月窟이니**自辰至申**을**謂五度也**라

일 수 사 금　 응 이 성 체
一水四金이**凝而成體**하고

이 화 삼 목　 감 이 생 영　　혼 생 어 신　　현 상 어 해
二火三木이**感而生影**하여**魂生於申**하고**弦上於亥**하며

백 성 어 오　 위 지 망　　선 천 지 정
魄成於午를**謂之望**이니**先天之政**이라

* 진辰은 달의 집[月窟]이다. 진辰에서 신申까지는 5도度이다. 1수4금이 응결하여 실체를 이루고, 2화3목이 서로 감응하여 빛그림자[影]를 만들어 내 혼魂은 신申에서 생겨나고, 상현은 해亥에서 되며, 백魄은 오午에서 이

루어지므로 보름이라 하는데, 이것이 선천의 정사이다.

월 분 우 술　　십 육 일　　월 현 하 사　　이 십 삼 일
月分于戌하니十六日이요月弦下巳하니二十三日이요

굴 우 진　　이 십 팔 팔　　월 복 우 자　　삼 십 일　회
窟于辰하니二十八日이요月復于子하니三十日이晦니

후 천
后天이니라

원문 달이 술에서 나뉘니 16일이요, 달이 사에서 하현이 되니 23일이요,
달이 진에서 굴하니 28일이요, 달이 자에서 회복하여 30일이 그믐 되니 후
천이다.

굴 자　굴 야　택 야　자 오 지 술　역 오 도 이 분 언
窟者는屈也요宅也라自午至戌은亦五度而分焉이니

현 하 어 사　　굴 택 어 진　　정 복 어 자　위 지 회
弦下於巳하고窟宅於辰하여精復於子를謂之晦이요

후 천 지 정
後天之政이라

* 굴窟은 굽히는 것[屈]인 동시에 집[宅]을 뜻한다. 오午에서 술戌까지는
역시 5도로 나뉘어지는데, 하현달은 사巳에서 되고 다시 굽히면 진으로
돌아와[窟宅於辰] 정기가 자子에서 회복하므로 이를 그믐이라 하는데,
후천의 정사이다.

월 합 중 궁 지 중 위　　일 일　삭
月合中宮之中位하니一日이朔이니라

원문 달이 중궁의 중위에서 합하므로 1일이 초하루이다.

중궁 위술궁 중위 위해궁 삭 위소 이복 생야
中宮을 謂戌宮이요 中位를 謂亥宮이요 朔은 謂消而復生也라

개 월분 우술 이필 합어술 당해 이합삭
盖月分于戌而必合於戌하니 當亥而合朔하고

일월교감 이굴지기소생
日月交感은 已屈之氣蘇生이라[96]

지우삼일이재생명
至于三日而哉生明하니

차 이하 승일월지정 기율려지정야
此以下는 承日月之政으로 起律呂之政也니라

* 중궁中宮은 술궁戌宮이고, 중위中位는 해궁亥宮이고 초하루[朔]는 사그라졌다가 다시 살아나는 것을 가리킨다. 대개 달은 술戌에서 나뉘었다가 반드시 술에서 합하므로 해亥에 이르러 합삭하고, 일월이 교감하여 이미 굽혀졌던 기氣가 소생하는 것이다. 3일이 지나면 밝음이 생겨나므로 이 이하는 일월의 정사를 이어받아 율려의 정사를 일으키고 있다.

육 수구금 회 이윤이율
六水九金은 會而潤而律이니라

원문 6수9금은 모으고 불려서 율이 된다.

육수 위계위 구금 위신위
六水는 謂癸位요 九金은 謂辛位라

조화지초 신계지정 화어기위 융화이성율
造化之初에 辛癸之精이 化於己位하여 融和而成律하니

---

96 하상역본은 '屈', 필사본은 '窟'으로 되어 있다.

조 어 태 양 지 체　매 일 지 분 용 삼 십 육 분
調於太陽之軆라每日之分用三十六分이라[97]

＊6수水는 계의 위치요, 9금金은 신辛의 위치를 뜻한다. 조화造化가 이루어지는 시초에는 신과 계의 정기[辛癸之精]가 기己의 자리에서 변화하고 융화되어 율律이 이루어지는 것은 태양의 실체에서 조절하는 것이다. 매일 나뉘는 작용이 36분이다.

이 화 삼 목　분 이 영 이 려
二火三木은分而影而呂니라

원문 2화와 3목은 나뉘어 영影으로 려呂가 된다.

이 화　위 정 위　　삼 목　위 을 위
二火는謂丁位이요三木은謂乙位라

을 정 지 령　역 화 어 기 위　　응 취 이 성 려
乙丁之靈이亦化於己位하여凝聚而成呂하니

정 어 태 음 지 체　매 일 지 분 용 삼 백 사 십 육 분
政於太陰之軆라每日之分用三百四十六分이라[98]

＊2화火는 정丁의 위치요, 3목木은 을乙의 위치를 뜻한다. 을과 정의 령靈 역시 기己의 자리에서 변화하고 응취되어 려呂가 이루어지는 것은 태음의 본체에서 정사하는 것이다. 매일 나뉘는 작용이 346분이다.

---

97 필사본에는 '每日之分用三十六分'이라는 말이 덧붙여져 있다.
98 필사본에는 '每日之分用三百四十六分'이라는 말이 덧붙여져 있다.

一歲周天律呂度數
일 세 주 천 율 려 도 수

要旨 1년의 근거는 율려에서 비롯되며, 선천에서 후천으로 전환될 때는 지구촌에 엄청난 물리적 충격이 다가올 것을 시사하고 있다. 특히 천지 자체와 일월의 관계에 착안하여 복희괘에서 문왕괘로, 문왕괘에서 정역괘의 세상으로 3단 변화를 겪는 이치를 원론적 입장에서 풀었다.

분   일만 이천구백육십
分은 一萬二千九百六十이니라

각   팔백육십사
刻은 八百六十四니라

시   일백팔
時는 一百八이니라

일   일구
日은 一九니라

원문 일세주천율려도수 ― 분은 12,960이다. 각은 864이다. 시는 108이다. 일은 홀 9이다.

율 려 비 일 월   무 용   일 월 비 율 려 무 체
律呂는 非日月이면 无用이요 日月은 非律呂면 无軆라

매 일   용 삼 십 육 분   기 어 외 이 조 이 십 사 위 자
每日을 用三十六分하니 紀於外而調二十四位者는[99]

이 십 사 분 야   강 어 내 이 화 십 이 궁 자   십 이 분 야
二十四分也요 綱於內而和十二宮者는 十二分也라

율 려 지 분   입 기 강   일 월 지 분   성 경 위   매 일 십 이 시
律呂之分은 立紀綱이요 日月之分은 成經緯라 每日十二時에

---

99 필사본에는 '於'字가 없다.

131

^{행 정 어 삼 십 육 궁}　^{기 화 유 원 이 무 궁}
行政於三十六宮하니其化有原而無窮하고

^{기 서 유 조 이 불 문 야}
其序有條而不紊也니라

＊율려는 일월이 아니면 작용할 수 없으며, 일월은 율려가 아니면 본체가 없는 것이므로 매일 36분을 쓴다. 바깥으로 벼리[紀]가 되어 24방위를 조절하는 것은 24분이요, 안으로 벼리[綱]가 되어 12궁을 조화하는 것은 12분이다. 율려가 나뉨에 따라 기강紀綱이 세워지며, 일월이 나뉨에 따라 경위經緯가 이루어진다. 매일 12시로 36궁에 정사를 행하므로 조화의 근원이 무궁하고, 그 질서에는 조리가 있어 문란하지 않은 것이다.

---

^{리 회 본 원}　^{원 시 성}　　^{건 곤 천 지 뇌 풍 중}
理會本原이原是性이라¹⁰⁰乾坤天地雷風中을

원문 이치가 본원에 모이는 것이 본성이다. 건곤과 천지에 뇌풍이 중심에 있음일세.

^{뇌 풍}　^{율 려 지 성 상}　　^{중 위 지 정 역}
雷風은律呂之成象이요中位之正易이라

^{추 지 원 본}　　^{개 자 연 지 성}
推之原本하니皆自然之性이라

^{수 건 곤 천 지 지 대}　　^{불 외 호 뇌 풍 지 중}
雖乾坤天地之大라도不外乎雷風之中이라

＊뇌풍은 율려가 하늘의 형상[象]을 이룬 것이요, 중위中位의 정역을 만드는 주인공이다. 그 근원과 근거를 미루어보면 모두 자연의 본성이다. 비록

---

100 『정역』 원문의 현토부분이 돈암서원본과 차이가 있다. 하상역본은 '理會本原, 原是性', 돈암서원본은 '理會本原原是性이라'로 끊어 읽기가 차이나는데, 하상역본의 띄어 읽기가 좋다.

건곤천지가 아무리 클지라도 뇌풍의 중심에서 벗어나지 않는다.

세 갑 신 유 월 이 십 육 일 무 술　교 정 서 송
歲甲申六月二十六日戊戌에**校正書頌**하노라

원문 갑신년 6월 26일 무술에 교정하여 쓰고 읊는다.

수 토 지 성 도　천 지　천 지 지 합 덕　일 월
水土之成道는**天地**요**天地之合德**은**日月**이니라

원문 수와 토가 성도한 것이 천지요, 천지가 합덕한 것이 일월이다.

천 지 자　기 시 야　수　기 종 야　토
天地者는**其始也**가**水**요**其終也**는**土**라

시 종　상 인　내 성 기 도 야　기 자 야　수　기 식 야　토
始終이**相因**하여**乃成其道也**라**其滋也**는**水**요**其息也**는**土**라

자 식　상 비　혼 성 기 체 야
滋息이**相比**하여**渾成其體也**라

＊ 천지의 시작은 수水이며 끝은 토土이다. 시작과 끝이 서로 원인이 되어 마침내 도를 완성한다. (생명을) 낳아 번식하는 것은 수이고, 자라나게 하는 것은 토이다. 이렇게 번식하고 자라나게 하는 것이 서로 친하여 그 실체를 혼성混成시킨다.

일 월 자　기 생 야 지　기 성 야 천
日月者는**其生也地**이고**其成也天**이니

생 성　호 근　내 성 기 덕 야
生成이**互根**하여**乃成其德也**라

기 림 야　천　　기 조 야　　지
其臨也는天이요其照也는地이라

임 조　　호 위　　합 성 기 공 야
臨照가互位하여合成其功也라

차　언 수 토 지 도　성 천 지
此는言水土之道로成天地하고

천 지 지 덕　성 일 월 이 하 문
天地之德은成日月而下文으로

반 복 상 설　　이 명 성 공 지 의
反覆詳說하여以明成功之義라

* 일월이 생명을 낳는 것은 땅이지만, 이루는 것은 하늘이다. 낳고 이루는 것[生成]이 서로가 뿌리되어 마침내 그 덕을 완성한다. (뜻이) 임하는 것은 하늘이요, 비추는 곳은 땅이다. 임하고 비추는 것이 서로 위치를 바꾸어 그 공능을 합하여 완성하는 것이다. 이것은 곧 수토의 도가 천지를 이루는 것과 천지의 덕이 일월을 이루는 것을 말한 것이다. 아래의 글은 반복해서 상세히 설명하여 성공의 뜻을 밝힌 것이다.

태 양　　항 상　　성 전 리 직
太陽은恒常하고性全理直이니라[101]

원문 태양은 언제나 일정함으로 본성이 온전하고 이치가 곧음이요,

태 양　칠 화 팔 목　육 수 구 금　　합 이 성 성
太陽은七火八木과六水九金으로合而成性하여

주 일 일 지 정　　구 조 불 변　　성 리 필 전 직 고 야
主一日之政하고久照不變하니性理必全直故也라

---

101 하상역본은 '太陽, 恒常'으로 떼어 읽었으나, 이정호박사는 "太陽恒常은 性全理直이니라"고 현토를 달았다.

* 태양은 7화8목, 6수9금이 결합하여 본성을 이루어, 하루의 정사를 주관하고 오랫동안 비추어도 변하지 않는다. 성리는 반드시 온전하고 곧기 때문이다.

태음 소장 수영기허
太陰은 消長하고 數盈氣虛니라[102]

원문 태음이 줄어들고 자라나는 것은 수가 차고 기가 비기 때문이다.

태음 일수사금 이화삼목 교이성체
太陰은 一水四金과 二火三木이 交而成體하여

주일월지정 기장이복소 기수유영허고야
主一月之政하고 旣長而復消하니 氣數有盈虛故也라

* 태음은 1수4금, 2화3목이 교합하여 실체를 이루며, 한달의 정사를 주관한다. 이미 자라면 다시 줄어들므로 기수氣數에 영허盈虛가 존재하는 까닭이다.

영허 기야 선천
盈虛는 氣也니 先天이니라

원문 찼다가 비었다 하는 것은 기이니 선천이요,

영허 상수자 기야 주선천삼오지정
盈虛의 相須者는 氣也요 主先天三五之政이라

* 차고 비는 것이 서로 기다린다는 것은 기氣로서 선천 3과 5의 정사를

---

102 하상역본은 '太陰, 消長'으로 읽은 반면에, 이정호박사는 "太陰消長은 數盈氣虛니라"고 현토를 달았다.

주관한다.

소 장   리 야   후 천
消長은 理也니 后天이니라

원문 줄어들고 자라나는 것은 이치이니 후천이다.

소 장 상 인 자   리 야   행 후 천 삼 오 지 변
消長相因者는 理也라 行后天三五之變이라

＊ 줄어들고 자라나는 것이 서로 원인이 되는 것은 천지의 이치로 후천 3과 5의 변화를 실행한다.

후 천 지 도   굴 신   선 천 지 정   진 퇴
后天之道는 屈伸이요 先天之政은 進退니라

원문 후천의 이법은 굽혔다가 펴지는 것이요, 선천의 정사는 나갔다가 물러서는 것이다.

굴 신   이 리 언   진 퇴   이 기 언
屈伸은 以理言이요 進退는 以氣言이라

자 유 이 무   위 지 리   시 허 이 영   위 지 기
自有而无를 謂之理요 始虛而盈을 謂之氣라

＊ 굽었다가 펴는 것[屈伸]은 이치로 말한 것이요, 나갔다가 물러서는 것[進退]은 기氣로 말한 것이다. 있음[有]에서 없음[无]으로 가는 것은 이치[理]요, 텅빔[虛]에서 시작하여 가득 차는 것[盈]으로 가는 것은 기氣이다.

진 퇴 지 정　월 영 이 월 허
進退之政은月盈而月虛나라

원문 나갔다가 물러서는 정사는 달이 찼다가 달이 비움이요,

기 지 진 이 영 자　위 망　　퇴 이 허 자　위 회
氣之進而盈者는爲望이요退而虛者는爲晦니

기 영 즉 수 허　　능 적 양 체 이 미 성 일 월 야
氣盈則數虛하여能敵陽體而未成一月也라

＊ 기가 나아가 가득 차는 것은 보름이고, 물러나 텅빔이 되는 것은 그믐이다. 기가 가득 차면 수는 텅비게 마련이다[氣盈則數虛]. 능히 양의 실체에 대적하지만 한달을 이루지 못한다.

굴 신 지 도　월 소 이 월 장
屈伸之道는月消而月長이니라

원문 굽혔다가 펴지는 도리는 달이 줄어들고 자라나는 것이다.

리 지 소 이 무 자　위 회　장 이 유 자　위 망
理之消而無者는爲晦요長而有者는爲望이니

리 소 즉 수 만　　능 성 일 월 이 기　반 허 무 야
理消則數滿하여能成一月而氣는反虛無也라

＊ 이치가 줄었다가 없어지는 것[無]은 그믐이 되는 것이요, 자라나서 있음[有]으로 존재하는 것은 보름이 된다. 이치가 줄어들면 수는 가득 차서 능히 한달을 이루지만, 기氣는 반대로 텅비어 없어진다[虛無].

원문 음을 억누르고 양을 높이는 것은 선천 심법의 학문이다.

선 천　태 음 지 운 야　음 수 적 양　　음 상 박 양
先天은 太陰之運也라 陰數敵陽하니 陰常迫陽일새

사 능 승 정　소 인 도 형　군 자 도 비
邪能勝正하니 小人道亨하고 君子道否니라

＊선천은 태음의 운運이다. 음의 수數가 양을 대적하므로 음이 항상 양을 핍박하는 것이다. 삿된 것이 능히 올바른 것을 이기므로 소인의 도가 형통하고 군자의 도는 비색한 것이다.

성 인　인 시 제 의　　억 특 부 숙　공 사 지 별　심 엄
聖人이 因時制宜하여 抑慝扶淑하고 公私之別을 甚嚴하여

계 간 외 축　사 현 도 진
戒姦畏縮하고 使賢圖進하니

교 인 항 심 복 지 고　위 지 심 법 지 학
敎人降心服志故로 謂之心法之學이라

＊성인이 시간의 법칙으로 올바른 가치를 만들어 사특한 것을 억누르고 맑고 깨끗한 것을 북돋워 공사의 구별을 매우 엄격하게 하여 간사함을 경계하여 두려워 움츠리도록 하였고, 현인으로 하여금 전진하도록 꾀하였으니, 사람들을 가르쳐 마음을 바꾸고 뜻을 복종케 하는 것을 심법의 학문이라 일컫는다.

조양율음 후천성리지도
調陽律陰은后天性理之道니라

원문 양을 고르고 음을 맞춤은 후천 성리의 도이다.

후천 태양지회야 양수겸음 양창음수상화하순
後天은泰陽之會也라陽數兼陰하니陽唱陰隨上和下順일새

군자도태 소인도소
君子道泰하고小人道消이니라

성인수시설교 조정율신 선악지분 자명
聖人隨時設敎하여調精律神하니善惡之分이自明이라

인우지급 사과부취
引愚跂及하고使過俯就하여

영인궁리진성고 위지성리지도
令人窮理盡性故로謂之性理之道라

＊후천은 양이 크게 융성하는 시기로 양수陽數는 음을 겸전하며, 양이 부르면 음은 따르고 위가 화합하면 아래는 순응하므로 군자의 도는 커지고, 소인의 도는 사그라진다. 성인이 시간의 법칙에 따라 가르침을 베풀어 정신을 조율하기 때문에[調精律神] 선악의 나뉨이 극명해진다. 어리석음을 이끌어 북돋우고, 지나친 것은 굽혀서 나아가도록 하므로 사람들로 하여금 이치를 궁구하고 본성을 극진하게 하기 때문에 '성리의 도'라 하는 것이다.

우 안역계왈일음일양지위도
愚가按易繫曰一陰一陽之謂道라

주자석지왈도불외호음양이미상의어음양
朱子釋之曰道不外乎陰陽而未嘗倚於陰陽이라

개 도 수 부 잡 호 음 양 이 상 행 호 음 양 고
蓋道雖不雜乎陰陽而常行乎陰陽故로

성 학 소 이 불 리 호 차   이 시 후 인 야
聖學所以不離乎此요以示後人也라

＊살피건대, 주역「계사전」에 "한 번은 음하고 한 번은 양하는 것을 일컬어 도라 한다"고 했는데, 주자朱子는 이를 해석하기를 "도는 음양에서 벗어나지 않으나, 언제나 음양에 기대는 것은 아니다"라고 하였다. 대개 도가 비록 음양과 섞이는 것은 아니지만 항상 음양에서 운행하기 때문에 성학聖學은 여기에서 떠나지 않으며 이를 후인들에게 보여주고 있다.

욕 학 자   어 차 구 득 즉 도 기 지 별
欲學者는於此求得則道器之別과

여 리 기 지 불 상 리   환 연 소 석 의
與理氣之不相離를煥然昭釋矣라

어 선 천 지 주 심 법   후 천 지 주 성 리   관 통 무 의 의
於先天之主心法과后天之主性理를貫通无疑矣라

거 차 장 통 상 하 치 의 가 야
擧此章通上下致意可也라

＊배우고자 하는 자가 여기에서 구하여 얻으면 도기道器의 구별과 이기理氣가 서로 떨어져 존재하지 않음[理氣之不相離]을 확연하게 알 수 있다. 선천은 심법을 주장하고, 후천은 성리를 주장하는 이치에 관통하여 아무런 의심이 없을 것이다. 이 장을 거론함으로써 상하의 지극한 뜻에 통할 수 있다.

천 지 비 일 월   공 각   일 월   비 지 인   허 영
天地非日月이면空殼이요日月이非至人이면虛影이니라[103]

원문 천지는 일월이 아니면 빈 껍데기요, 일월은 지극한 사람이 아니면 빈 그림자이다.

천 지 자　　일 공 범 위　　일 월 지 덕　　실 기 중
天地者는一空範圍나日月之德이實其中이라

일 월 자　　　일 허 신 광　　지 인 지 지　　명 기 정
日月者는¹⁰⁴一虛神光이니至人之知로明其政이라

＊ 천지는 하나의 텅 빈 공간의 범위를 이루나, 일월의 덕이 그 중심의 본질을 이루는 것이다. 일월이란 하나의 텅 빈 신령한 빛[一虛神光]이므로, 지극한 경지에 도달한 사람의 지혜로 그 정사를 밝힌 것이다.

조 석 지 리　　일 육 임 계 수 위 북　　　이 칠 병 정 화 궁 남
潮汐之理는一六壬癸水位北하고二七丙丁火宮南하야

화 기　　염 상　　수 성　　취 하　　　호 상 충 격
火氣는炎上하고水性은就下하야互相衝激하며

호 상 진 퇴 이 수 시 후 기 절　　일 월 지 정
互相進退而隨時候氣節은日月之政이니라

원문 밀물과 썰물이 일어나는 이치는 1·6 임계수가 북방에 자리잡고, 2·7 병정화는 남방에 드나들어 불기운은 타오르고 물기운은 내려와 서로가 충격하며 서로가 진퇴하여 사후절기를 따르는 것은 일월의 정사政事이다.

지 지 유 조 석　　여 지 유 일 월　　상 하 현 지 조 감
地之有潮汐하니如之有日月에上下弦之燥坎과

---

103 필사본과 하상역본은 아닐 '非'로, 돈암서원본은 아닐 '匪'로 되어 있다.

104 필사본에는 '日月'로 되어 있다.

망 회 지 사 리   수 일 월 지 정 이 첨 감 이 이
望晦之射离이니隨日月之政而添減而已라

＊땅에는 밀물과 썰물 현상에 있는데, 그것은 일월에 의하여 상현과 하현
에 조금燥坎(썰물)이 있고, 보름과 그믐에 사리射離(밀물)가 있는 것과 같
다. 일월의 정사에 따라 보태고 줄어들 따름이다.

오 호   일 월 지 정   지 신 지 명   서 부 진 언
鳴呼라日月之政이여至神至明하니書不盡言이로다

원문 아아! 해와 달의 정사여! 지극히 신비하고 지극히 분명하므로 글로
는 모두 말할 수 없구나.

차   우 찬 일 월 지 정   신 명 불 측   퇴 조 석 지 범 람
此는又讚日月之政이神明不測이라退潮汐之氾濫하고
평 지 구 지 전 폭 무 토 불 로
平地球之全幅无土不露하니
무 원 부 조   서 불 가 진 언 기 묘 야
无遠不照를書不可盡言其妙也라

＊이것은 또한 일월의 정사가 지극히 신비롭고 밝음을 헤아릴 수 없음을
찬미한 것이다. 밀물과 썰물의 범람이 물러가고, 지구의 전체 넓이를 평정
하여 드러나지 않는 땅이 없고, 멀리 비추지 못하는 곳이 없기 때문에 글
로는 그 오묘함을 다 말할 수 없다는 것이다.

오 호   천 하 언 재   지 하 언 재   일 부 능 언
鳴呼라天何言哉시며地何言哉시리요마는一夫能言하노라

원문 아아! 하늘이 무엇을 말하시며 땅이 무엇을 말하시랴마는 일부가

능히 말하노라.

천 지 불 언　　인 인 이 선　　인 수 회 양　　시 지 즉 언
天地不言이나 因人以宣이니 人雖晦養이나 時至則言이라

＊천지는 말이 없으나 사람을 근본으로 삼아 선포한 것이다. 비록 사람을 기르는 것이 어둡지만 시간이 이르렀기 때문에 말한 것이다.

일 부 능 언 혜　수 조 남 천　　수 석 북 지
一夫能言兮여 水潮南天하고 水汐北地로다

원문 일부가 능히 말함이여! 물이 남쪽하늘에 모여들고 물이 북쪽땅에서 빠지는구나.

북 위 천 지 음　　남 위 지 지 음
北爲天之陰이요 南爲地之陰이니

필 유 숙 기 지 응 결 이 조 해 석 산
必有肅氣之凝決而潮解汐散하여

출 지 지 북 극　평　　입 지 지 남 극　노
出地之北極은 平하고 入地之南極은 露하니라

＊북방은 하늘의 음이요, 남방은 땅의 음이다. 반드시 숙살肅殺 기운으로 응결되어야 밀물이 풀어지고 썰물은 흩어져 땅 밖으로 솟아난 북극은 평평해지고, 땅 속에 들어갔던 남극은 노출된다.

수 석 북 지 혜　조 모　난 판
水汐北地兮여 早暮는 難辨이로다[105]

143

물이 북쪽 땅에서 빠짐이여! 이르고 늦음을 판단하기 어렵구나.

수 도 지 평　비 일 조 일 석 지 고　하 조 모 지 판
水道之平은非一朝一夕之故로何朝暮之辨이리요

*물의 도리가 균등해지는 것[水道之平]은 하루 아침과 저녁에 생기는 이
치가 아니므로 어찌 아침저녁으로 변별할 수 있겠는가.

수 화 기 제 혜　화 수 미 제
水火旣濟兮여火水未濟로다

원문 수화는 기제요 화수는 미제로다.

기 제 이 미 제　수 화 지 공 기 성　　성 즉 치 도 정 의
旣濟而未濟는水火之功旣成이니成則治道正矣라

*기제가 미제로 되는 것은 수화의 공능이 이미 완성된 것을 뜻한다. 완
성되었으므로 다스림의 도가 올바르게 된다.

대 도 종 천 혜　천 불 언
大道從天兮여天不言가

원문 위대한 도가 하늘로부터 오는 것이여! 하늘이 (어찌) 말씀을 않으
리오.

대 도 종 천 이 성 성 혜　천 기 불 언
大道從天而成性兮여天豈不言이리요

105『정역』원문의 현토가 돈암서원본과 차이가 있다. 이정호박사는 띄어 읽지 않았으나, 필
사본과 하상역본은 '朝暮, 難辨'으로 띄어 읽었다.

* 위대한 도[大道]는 하늘을 좇아서 나와 본성을 이루는 것이여! 하늘이 어찌 말을 하지 않겠는가?

대 덕 종 지 혜　　지 종 언
大德從地兮여地從言이로다

원문 위대한 덕이 땅으로부터 나오는 것이여! 땅도 (하늘을) 좇아서 말하도다.

대 덕 종 지 이 성 공 혜　　지 필 언
大德從地而成功兮여地必言이라
차 성 인 지 겸 덕 이 무 아　　가 견
此聖人之謙德而无我를 **可見**이라

* 위대한 덕[大德]은 땅을 좇아서 공능을 이루므로 땅이 반드시 말한다는 뜻이다. 이것은 성인이 겸손한 덕을 갖추어 (삿된) 자아가 없음을 보인 것이다.

천 일 임 수 혜　　만 절 필 동
天一壬水兮여萬折必東이로다

원문 하늘의 1임수는 만 번 꺾여도 동쪽으로 흘러가고,

임 수 퇴 이 정 화 입 혜　　동 해 수 좌　　만 절 필 조
壬水退而丁火入兮여東海雖左나萬折必朝라

* 임수壬水가 물러가면 정화丁火가 들어온다. 동해는 비록 왼쪽에 있으나 만 번 꺾여도 반드시 아침이 온다.

> 지 일 자 수 혜　만 절 우 귀
> **地一子水兮**어**萬折于歸**로다

원문 땅의 1자수는 만 번 꺾여도 (임수 따라) 돌아오도다.

자 수 퇴 이 축 토 기 혜　만 절 귀 우 귀 문
子水退而丑土起兮어**萬折歸于鬼門**이라

＊ 자수子水가 물러나면 축토丑土가 일어난다. 만 번 꺾여도 귀문鬼門으로 돌아온다.

> 세 갑 신 유 화 육 월 칠 일　서
> **歲甲申流火六月七日**에**書**하노라[106]

원문 갑신년 유화 6월 7일에 쓰노라.

차 세 유 윤 유 월 고　언 유 화 유 월
此歲有閏六月故로**言流火六月**이라

---

[106] 이에 대해 필사본은 "勢甲申 流火月 七日 書"로 기록하였고, 돈암서원본은 "歲甲申 流火六月 七日 大聖七元君 書"라고 기록하였다. 이들을 비교하면, 필사본과 하상역본과 돈암서원본 사이에 약간의 同異點이 있다. 『조선왕조실록』 중 『고종실록』을 보면 고종 21년 (1884)에는 윤달이 5월[閏五月]이기 때문에 필사본 기록이 옳다고 하겠다. 한마디로 김일부 선생은 이 대목을 음력 7월 7일에 쓴 것을 『시경』에 빗대어 표현한 것이다. 필사본(1909년) 과 하상역본(1912년)에는 '大聖七元君'이 없고, 돈암서원본(1923년)에만 등장한다. 이정호 박사는 "大聖七元君을 칠원성군 즉 북두칠성의 정령, 칠성광불의 별칭, 息災菩薩"(『원문대 조 국역주해 정역』 서울: 아세아문화사, 1990, 37쪽)로 풀이했다. 과연 김일부선생은 스스로 를 대성칠원군의 現身이라고 표현했는가? 혹시 북두칠성의 성령에 힘입어 이 글을 썼다는 학자의 양심 고백인가? 또한 생명의 원천을 북두칠성에서 찾는 별자리 신앙에 기초한 문장 인가? 유학자들이 기피하고 감추고자 했던 도교와 무속의 영향을 솔직하게 드러낸 것인가 라는 물음이 제기될 수도 있다. 이는 더 많은 연구를 통해서 밝혀져야 할 과제이지만, 무병 장수와 길흉을 주관하는 북두칠성에 소원을 빌었던 한민족 고유의 정신이 배어 있음은 정 역사상이 한국철학의 전통을 답습한 증거라고 할 수 있다.

正易
정역

* 갑신년(1884년)은 윤달이 6월이 있기때문에 유화6월이라 했다.

오 호   천 지 무 언   일 부 하 언
嗚呼라天地无言이시면一夫何言이리요

천 지 유 언   일 부 감 언
天地有言하시니一夫敢言하노라

원문 아아! 천지가 말씀이 없으시면 일부가 무엇을 말하리오. 천지의 말씀이 계시니 일부는 (천지의 말씀을) 감히 말하노라.

천 지 비 면 명 지   이 심 응 지
天地非面命之요以心應之하니

기 언 사 지 간   수 작 불 의
其言辭之間에酬酢不倚하니라[107]

차 개 성 인 지 독 지 이 비 범 연 기 상   소 가 의 의 야
此盖聖人之獨知而非泛然氣像으로所可擬議也라

* 천지는 얼굴로 명령을 내리는 것이 아니라 마음으로 응하는 것이다. 그 말하는 사이에 주고받는 것으로 의지하지 않는다. 이것은 대개 성인께서 홀로 아는 것으로서 그저 그렇다는 태도로 비기거나 논의한 것이 아니다.

천 지 언 일 부 언   일 부 언 천 지 언
天地言一夫言하시니一夫言天地言하노라

원문 천지가 일부에게 말하라고 말씀하시니 일부가 천지의 말씀을 말하노라.

---

107 하상역본은 '酌'으로, 필사본은 '酢'으로 되어 있다.

승상문반복상설　　이명쾌비사언
承上文反覆詳說하여以明快非私言이라

개천지지언　　일부능언　　연즉일부지언　　실천지지언
盖天地之言을一夫能言하니然則一夫之言이實天地之言이라

* 윗 글을 이어 반복해서 자세하게 설명한 것으로 개인적인 말이 아님을
명쾌하게 밝힌 것이다. 대개 천지의 말씀을 일부가 능히 말한 것이므로 일
부의 말이 실제로 천지의 말씀이라는 뜻이다.

대 재　금 화 문　　천 지 출 입　　일 부 출 입　　삼 재 문
大哉라金火門이여天地出入하고一夫出入하니三才門이로다

원문 위대하도다! 금화문이여. 천지가 출입하고 일부가 출입하니 삼재문이
로다.

문　위 개 합 무 궁 야　　출 입　위 변 통 무 방 야
門은謂開闢無窮也요出入은謂變通無方也요

금 화　즉 천 지 일 개 일 합 지 문 야
金火는卽天地一開一闢之門也라

유 차 변 이 통 지　　무 유 방 소 야
由此變而通之하니無有方所也라

일 부 지 지　통 개 기 문 이 부 세 교　　사 천 하 지 인
一夫之知는洞開其門而扶世敎하여使天下之人으로

공 위 출 입　　내 시 삼 재 지 문 야
共爲出入하니乃是三才之門也라

* 문門은 개벽의 무궁함을 가리킨다. 출입은 변통하여 일정한 방위가 없
음을 뜻한다. 금화金火는 곧 천지가 한 번은 열리고 한 번은 닫히는 문이
다. 이로 말미암아 변화하여 통하므로 일정한 방소가 없는 것이다. 일부의
앎은 그 문을 꿰뚫어 열고 세상의 가르침을 북돋워 모든 사람들과 함께

출입한 것이 곧 3재의 문이다.

일월성신 기영 일부기영 오원문
日月星辰이 氣影하고 一夫氣影하니 五元門이로다

원문 일월성신의 기운이 빛나고 일부의 기운이 밝으니 오원문이로구나.

기영 위광명야 일월성진 이광명지성 보조하토
氣影은 爲光明也라 日月星辰은 以光明之性으로 普照下土하니

일부 역이광명지덕 수교세인 기비오원지문야
一夫가 亦以光明之德으로 垂敎世人하니 豈非五元之門也리요

＊기영氣影이란 광명을 가리킨다. 일월성신은 광명의 본성으로 하늘 아래의 땅을 두루두루 비추므로 일부께서는 역시 광명의 덕으로 세상사람을 가르치니 어찌 오원문五元門이 아니겠는가?

팔풍 풍 일부풍 십무문
八風이 風하고 一夫風하니 十无門이로다

원문 팔괘의 바람이 불고 일부의 바람부니 십무문이로다.

팔풍 위괘기지풍야 십무문 위화무조화지문야
八風은 謂卦氣之風也요 十无門은 謂化无造化之門也라

개건곤건순지도 수화상체지덕 뇌풍불패지의
盖乾坤健順之道와 水火相逮之德과 雷風不悖之義와

산택통기지공 풍이화지 기성만물
山澤通氣之功으로 風以化之하여 旣成萬物이니

＊팔풍八風은 괘기卦氣의 바람이고, 10무문十无門은 무극이 일으키는[化

149

无]¹⁰⁸ 조화의 문이다. 대개 건곤의 건실하고 순응하는 도와 수화水火가 서로 따르는 덕과, 뇌풍雷風이 서로 어긋나지 않는 의리[義]와, 산택山澤이 서로 기운을 통하는 공능[功]을 바람의 힘으로 변화시켜 이미 내재된 만물의 본성을 완수하는 것을 가리킨다.

일부통차신명지덕　　풍교사방　　무불감화
一夫通此神明之德으로風敎四方하여无不感化하니

여물지인풍이동　　공락지선지지
如物之因風而動하여共樂至善之地하고

물아무간　　과어천하　　대개십무문의
物我无間으로果於天下하니大開十无門矣라

일부선생은 이 신명의 덕에 통하여 4방을 바람[風]의 덕으로 가르쳐 감화되지 않음이 없었다. 이는 마치 만물이 바람으로 인해 움직이고, 지선至善의 땅에서 함께 즐거워 하여 사물과 나 사이에 전혀 간극이 없는 천하를 만들어내는 십무문十无門을 크게 열었다는 뜻이다.

우　안차장　　문의황홀　　기사간오
愚가按此章하니文義怳惚하고其辭簡奧로다

유지지사　　혹의고허난상
有志之士라도或疑高虛難象이라

연성인지심　　여천지무간　　적연지중
然聖人之心은與天地无間하여寂然之中에

자연유차응　　일언일동　막비천명　가견의
自然有此應하니¹⁰⁹一言一動이莫非天命을可見矣니라

＊어리석은 내가 이 장을 살펴보니 글의 내용이 황홀하고 그 말이 간략하

---

108 '化无'는 세 가지의 뜻이 있다. 첫째, 무형의 보이지 않는 손길로 변화시키다. 둘째, 낙서 9수의 선천이 하도 10수의 후천으로 바뀌어 10무극이 조화를 일으킨다는 뜻이다. 셋째, 조화옹 또는 화무상제가 주재하는 조화의 문이라는 의미가 있다.

109 하상역본은 '自然有此應'으로, 필사본은 '有此應'으로 되어 있다.

면서도 깊다. 뜻있는 선비일지라도 혹 의심하여 고상하면서도 공허에 빠져 상징하기가 어렵다. 그러나 성인의 마음은 천지와 조금의 간격이 없기 때문에 고요한 가운데서도 자연히 감응이 있으므로 일언일동—言—動이 모두 천명임을 볼 수 있다.

일월 대명건곤택 천지 장관뇌풍궁
日月은大明乾坤宅이요天地는壯觀雷風宮을

수식선천복상월 정명금화일생궁
誰識先天復上月이正明金火日生宮가

원문 일월은 건곤의 집을 크게 밝히고, 천지는 뇌풍궁을 장엄하게 보는구나. 누가 알았으리오. 선천 복상월이 금화의 날로 생하는 집을 곧바로 밝힐 줄이야!

차시 영찬일월 득건곤지성이정명
此詩는詠讚日月이得乾坤之性而貞明하고

뇌풍 득천지지정이순동
雷風이得天地之情而順動하니

명차금화지리 피선천복상지월
明此金火之理로彼先天復上之月이

반위일생지궁이양정어음 비조도자 수능식지
反爲日生之宮而陽政於陰이라非造道者면誰能識之리요

* 이 시는 일월이 건곤의 본성을 얻어 올바르게 밝히고, 뇌풍이 천지의 마음을 얻어 순응하여 움직이는 것을 찬탄하여 노래한 것이다. 이는 금화의 이치를 밝히는 것으로 저 선천 복상월이 반대로 (새로운) 태양[日]을 생하는 집[宮]이 되는 것은 양이 음에서 정사하는 것이다. 일월의 도리를 조화 짓는 자가 아니면 누가 능히 알리오?

우　안　조　화　지　공　　　기　여　차　지　정　　　곤　위　건　택
愚가按造化之功인데旣如此至正이면坤爲乾宅이요

월　위　일　궁　　　후　천　　　내　위　태　양　세　계
月爲日宮이니后天은乃爲太陽世界라

양　하　이　교　음　　　음　순　이　승　양
陽下而交陰하고陰順而承陽하니

천　인　　동　기　도　　　신　인　　공　기　화
天人이同其道하고神人이共其和하니

유　명　지　간　교　통　무　애　　　동　지　지　제　　일　종　천　심
幽明之間에交通無碍하고動止之際에一從天心이니

예　악　지　복　성　　　어　사　　가　견　의
禮樂之復盛을於斯에可見矣니라

* 어리석은 내가 조화의 공능을 살펴건대 이미 이처럼 지극히 정대하면 곤坤이 건乾의 집이 되고, 달이 해의 집이 되는 것이다. 후천은 곧 태양세계요, 양이 아래로 음과 교류하고 음은 순응하여 양을 계승하므로 하늘과 인간이 그 도를 함께하고, 신인神人이 화락을 함께하며, 그윽하고 밝은 사이에도 서로 교통함에 아무런 장애가 없고, 움직이고 멈추는 즈음에도 한결같이 하늘의 마음을 따르므로 예악이 다시 융성함을 여기서 볼 수 있는 것이다.

化无上帝言

화 무 상 제 언

要旨 선천의 천심달이 후천의 황심달로 성숙되는 이치를 밝힌 것은 화무상제께서 분부한 지엄한 명령임을 고백하고 있다.

원문 화무상제언 ─ 화무상제께서 말씀하시다

화 자 변 지 점　　역 지 체　　무 자　유 지 대　도 지 본
化者는變之漸이요易之體이며无者는有之對요道之本이며

상 자　극 지 지 위　　제 자　주 재 지 위
上者는極至之謂이며帝者는主宰之謂이니

화 무 상 제 자　보 화 상 제 지 진 주 재 야
化无上帝者는普化上帝之眞主宰也라[110]

연 즉 존 막 여 제 이 하 이 대 호　　유 막 여 제 이 하 이 언 호
然則尊莫如帝而何以對乎리요幽莫如帝而何以言乎리요

＊화化란 점차 변하는 것으로 역의 본질[易之體]이다. 무无는 유有의 짝으로 도의 근본이다. 상上은 지극한 것을 지칭하며, 제帝는 주재하는 것을 뜻한다. 화무상제란 세상을 두루두루 조화시키는 상제의 참된 주재를 뜻한다. 그 존귀함이 제帝 같은 분이 없는데, 어찌 상대가 있겠는가. 또한 그 깊이의 그윽함이 제帝 같은 분이 없는데, 어찌 말로 표현할 수 있으리오.

왈 희　인 개 지 오 지 유 신 이 부 지 부 모 지 유 체
曰噫라人皆知吾之有身而不知父母之遺體하고

지 오 지 유 명 이 부 지 상 제 지 강 충
知吾之有命而不知上帝之降衷이라

유 명 철　대 각　　잠 심 이 거　　대 월 상 제
惟明哲과大覺만이潛心以居하여對越上帝하고

---

110 하상역본에서는 '普化'로, 필사본에서는 '普施'로 되어 있다.

_{낙 천 안 토} _{언 묵 사 명 이 이}
樂天安土하여言黙俟命而已라

＊아아! 사람들은 자신의 몸이 있는 것은 알아도 부모가 물려준 신체임을 알지 못하고, 나에게 하늘의 명령이 있음은 알아도 상제께서 나의 본성을 내려준 것은 알지 못한다. 오직 현명한 철인과 크게 깨달은 자만이 마음을 가라앉혀 기거하면서 상제님을 짝하여 우러르며, 하늘의 뜻을 즐기고 땅의 정신을 편안히 하여 말하거나 침묵하는 사이에도 하늘의 명령을 기다릴 뿐이다.

_{피 중 인} _{우 매} _{사 기 신 이 불 고 부 모 지 양}
彼衆人은愚昧하여私其身而不顧父母之養하고

_{부 모 오 이 원 지} _{역 기 심 이 부 지 성 명 지 양}
父母惡而遠之하여役其心而不知性命之養하니

_{상 제 염 이 원 지} _{시 즉 제 욕 원 지 호} _{인 자 원 지 호}
上帝厭而遠之라是則帝欲遠之乎아人自遠之乎아

＊보통사람들은 어리석고 어두워 자신의 몸을 개인적인 것으로 여겨 부모가 길러줌을 돌아보지 않고, 부모를 싫어하여 멀리하거나 마음을 함부로 부려 성명性命을 기르는 것을 알지 못하므로 상제께서 싫어하여 멀리하는 것이다. 그렇다면 상제께서 멀리하고자 한 것인가? 인간 스스로 멀리한 것인가?

_{개 상 제 지 위 도 야} _{여 물 동 체 이 선 자} _{순 지}
蓋上帝之爲道也는與物同體而善者는順之하고

_{오 자} _{배 지} _{약 비 진 무 오 실 이 유 선 자}
惡者는背之일새니若非眞无惡實而有善者라야

_{기 능 청 명 호} _{고 저 성 언}
豈能聽命乎잇가考諸聖言에

_{용 학 지 자 성 명 지 지 선} _{족 이 발 명 기 덕}
庸學之自誠明止至善이라 하니足以發明其德이라

* 대개 상제의 도는 만물과 더불어 한 몸으로 착한 자는 순응하고, 악한 자는 배반한다. 만일 진실로 (상제의) 진실성을 미워하지 않으면서 착한 자가 아니라면 어찌 하늘의 명령을 들을 수 있겠는가? 성인의 말씀을 살 피건대 『중용』과 『대학』의 "하늘의 성실성에 근거하여 밝고[自誠明]" "지 극한 선에 머무는 것[止至善]"이라는 말은 그 덕을 드러내 밝히기에 충분 하다.

이 서 여 아   유 유 피 차 지 별 고
而書與我가猶有彼此之別故하니

이 견 문 지 학   종 신 노 고   불 가 찰 야
以見聞之學은終身勞苦하여도不可察也니라

필 반 지 어 신   험 지 어 심   구 구 적 습
必反之於身하고驗之於心하여久久積習하면

자 득 활 연 관 통   부 지 수 무 족 도 연 후   복 아 천 성
自得豁然貫通이요不知手舞足蹈然後에야復我天性하고

자 연 합 덕 어 상 제 지 실 체   심 지 허 령   이 목 총 명
自然合德於上帝之實體리라心知虛靈으로耳目聰明하여

시 어 무 형   막 비 상 제 지 명 명 고   능 지 명   청 어 무 성
視於無形은莫非上帝之明命故로能知命하고聽於無聲은

막 비 상 제 지 지 언 고   능 이 순
莫非上帝之至言故로能耳順하니

차   체 도 지 극 공   성 인 지 능 사 야
此는軆道之極功으로聖人之能事也라

* 그러나 글과 나의 관계는 피차의 구별이 존재하는 것과 같으므로 보고 듣는 것에 의존하는 학문에 종신토록 힘써도 모두 살필 수는 없다. 반드 시 나의 몸으로 돌이켜 마음에서 경험하고 오래도록 쌓으면 스스로 활연 관통豁然貫通하는 깨달음[自得]을 얻게 되어 자신도 모르는 사이에 손과 발로 춤추고 뛴 뒤에야 자신의 천성을 회복하여 자연히 상제의 실체와 합

덕할 수 있을 것이다. 원래 마음(의 본성)은 텅비어 신령함을 알 수 있고, 눈과 귀가 총명하여 형체 없는 것을 볼 수 있는 것은 상제의 밝은 덕이 아님이 없기 때문에 능히 천명을 알 수 있으며[能知命], 소리없는 소리를 들을 수 있는 것은 상제의 지극한 말씀이 아님이 없기 때문에 무슨 소리라도 능히 귀에 거슬리는 것이 없는 것이다[能耳順]. 이것은 도를 체험한 지극한 공덕[體道之極功]으로 성인만이 능히 할 수 있는 일[聖人之能事]이다.

경왈 상제 명 여   왈 간 재 제 심   왈 극 배 상제
經曰上帝命汝와曰簡在帝心과曰克配上帝와

왈 제 위 문 왕
曰帝謂文王이라 하니라

개 전 성 후 성   무 이 기 덕   동 일 기 규 야
盖前聖後聖이無二其德이요同一其揆也라

우   안 천 인   본 무 이 리
愚가按天人하니本無二理라

황 성 인   술 불 위 천   동 불 실 시   대 천 용 공 자 호
況聖人이術不違天하고動不失時하며代天用工者乎아

연 이 상 하 문 사 지 간   종 용 수 응 자
然而上下文辭之間에從容酬應者는

불 무 학 자 지 의 혹   연 성 범 형 이 자   차 류 야
不無學者之疑惑이나然聖凡逈異者가此類也니라

* 경전에는 "상제께서 너에게 명하시기를[上帝命汝]", "가려내는 것은 상제의 마음에 달려있사옵니다[簡在帝心]",[111] "상제와 짝할 수 있었다[克配

---

111 이는 『論語』「堯曰篇」에 나온다. 簡은 '선발하다' 또는 '가리다'는 뜻이다. 이에 대해 朱子는 다음과 같이 해석했다. 桀王이 죄가 있음을 용서할 수 없고, 현인이 모두 모두 상제의 신하이므로 감히 은폐하지 못할 것이며, 선발하는 것은 상제의 마음에 있으므로 오직 상제의 명하는 바에 따른다는 말이다.

上帝]",[112] "상제께서 문왕에게 이르시다[帝謂文王]"[113]라는 말이 있다. 대개 앞 성인과 뒷 성인은 두 개의 덕이 없으며, 그 법도는 동일하다. 하늘과 인간을 살피건대, 하늘과 인간[天人]은 원래부터 두 개의 이치가 없다. 하물며 성인이 기술하는데 하늘을 어기지 않고, 움직임에 시간의 섭리를 잃지 않으며, 하늘을 대신하여 공능을 씀에 있어서랴! 그러나 상하의 설명 사이에 조용히 수작하고 응대하는 것에 학자의 의혹이 없을 수만은 없다. 그러나 성인과 범인이 멀고 크게 달라지는 것은 이런 종류일 뿐이다.

以聖人至聖至德으로合上帝至聖之道하고

聖人之心으로直上帝之心이니

不知不覺之中에有此實然之事而不敢而歸諸己하고

直指上帝之言을不顧時俗之忌疑하면

聖人之至共無私를可見矣리라

＊ 성인이 지극한 성스러움과 덕으로 상제의 지극히 성스러운 도에 부합하므로 성인의 마음은 곧 상제의 마음과 똑같다. 부지불식간에도 이런 실제의 일이 존재하므로 감히 (삿된) 자기에게 돌아가지 않고 직접 상제의 말씀을 가리켜 지적한 것은 시속의 의혹을 꺼려서 돌아보지 않으면 성인의 지공무사至公無私함을 볼 수 있을 것이다.

---

112 『詩經』「大雅」"文王之什"의 "은나라에서는 백성을 잃기 전에 상제와 짝할 수 있었다[殷之未喪師, 克配上帝]"는 말이 나온다. 또한 『大學』10장은 이를 그대로 인용하고 있다. "은나라가 백성을 잃지 않을 적에는 상제와 짝할 수 있었으니, 마땅히 은나라를 거울로 삼을 지어다.[殷之未喪師, 克配上帝, 儀監于殷.]"

113 『詩經』「大雅」"皇矣", "상제께서 문왕에게 이르시다[帝謂文王]"라는 말이 나온다.

복상 기월　당천심　황중 기월　당황심
復上에起月하면當天心이요皇中에起月하면當皇心이라

감장다사고인월　기도복상당천심
敢將多辞古人月하여幾度復上當天心고

원문 복상에서 달을 일으키면 천심에 해당하고, 황중에 달을 일으키면 황심에 해당한다. 감히 말 많았던 옛사람의 달이 몇 번이나 복상에서 천심에 해당할꼬.

월　음지기　양지택　정기기연후안기택고
月은陰之基이요陽之宅이라正其基然後安其宅故로

화옹　조성천지　필이월정배포
化翁이造成天地에必以月政排布하시니[114]

간지지육십수시야
干支之六十數是也라

＊달은 음의 기반이요 양의 집이다. 그 기반을 올바르게 한 뒤에야 거처를 편안하게 할 수 있기 때문에 화옹께서 천지를 조성할 때에 반드시 달의 정사로 배열하고 펼치는데, 간지 60수가 바로 그것이다.

복상자　팔칠지기영월야
復上者는八七之氣影月也요

황중자　삼십지체성월야
皇中者는三十之體成月也라

기복연후　정당천심　체성연후　정당황심
氣復然後에正當天心하고體成然後에正當皇心하니

제위일부왈장차고인다사지월　기도복상당천심호
帝謂一夫曰將此古人多辭之月이幾度復上當天心乎아

---

114 필사본은 '佈'字로 되어 있다.

＊복상復上이란 8, 7의 기영월氣影月이다. 황중은 30으로 본체가 완성되는 달[體成月]이다. 기氣가 회복한 연후에 천심에 당도하는 것이 옳고, 본체가 완성된 연후에 황심에 당도하는 것이 옳다. 상제께서 일부에게 말하기를 "장차 옛사람의 말많던 달이 몇 번이나 복상에서 천심에 해당하겠는가?"라고 했다.

> 월 기 복 상　　천 심 월　　월 기 황 중　　황 심 월
> 月起復上하면天心月이요月起皇中하면皇心月이로소이다
>
> 보 화 일 천 화 옹 심　　정 녕 분 부 황 중 월
> 普化一天化翁心이丁寧分付皇中月이로소이다

원문 달을 복상에 일으키면 천심월이요, 달을 황중에 일으키면 황심월이옵니다. 한 하늘을 널리 조화하시는 화옹의 마음이 정녕코 황중월을 분부하시옵니다.

무 진 궁　　월 굴 야　　월 혼 생 어 신　　　상 어 해
戊辰宮은月窟也라月魂生於申하고上於亥하고

성 어 오 이 분 어 술　　　하 어 사　　굴 어 진
成於午而分於戌하고下於巳하고窟於辰하니

복 어 자　　천 심 월 야
復於子는天心月也라

＊무진궁戊辰宮은 달집이다. 달의 혼은 신申에서 생겨나 해亥에서 상현이 되어 오午에서 이루어지고, 술戌에서 나뉘어 사巳에서 하현이 되고 진辰에서 굴窟하고, 자子에서 회복하는 것을 천심월이다.

무 술 궁　　월 지 모 야　　포 어 경 자　　　태 어 무 신
戊戌宮은月之母也라胞於庚子하고胎於戊申하고

양 어 임 자　　생 어 경 신　　성 어 기 사　　황 심 월 야

養於壬子하고生於庚申하여成於己巳하니皇心月也라

보 화 일 천 화 옹 지 심　　정 녕 이 황 중 체 성 월　　분 부 야

普化一天化翁之心이丁寧以皇中體成月을分付也시니라

＊무술궁戊戌宮은 달의 어머니다. 경자庚子에서 포하고, 무신戊申에서 태하며, 임자壬子에서 길러서 경신庚申에서 낳아 기사己巳에서 이루어지므로 황심월皇心月이다. 보화일천화옹普化一天化翁의 마음이 정녕코 황중체성월皇中體成月을 부분하심이다.

化无上帝重言
화 무 상 제 중 언

要旨 천지일월이 움직이는 원리를 손가락으로 셈하는 방법은 올바른 도덕을 정립하기 위한 황금률이기 때문에 거듭 심사숙고하라는 상제님의 부탁을 얘기하고 있다. 특히 천지의 절대자와 자신을 부모관계로 설정하여 성리학에서 잃어버렸던 상제관을 부활하였다.

추 연　무 혹 위 정 륜　　도 상 천 리 부 모 위
推衍에无或違正倫하라倒喪天理父母危시니라

원문 화무상제중언 ─ 화무상제께서 거듭 말씀하시다 ─ 추연에 혹시나 정륜을 어긋남이 없게 하라. 천리를 거꾸로 잃으면 부모님이 위태하시다.

월 정　극 치　천 륜　필 정 고　제 중 위 일 부 왈
月政은克治라天倫은必正故로帝重謂一夫曰하니

추 연 도 수　무 혹 위 월 정 륜
推衍度數를無或違越正倫하라

약 도 상 천 리　　부 모 지 심　위 태 야
若倒喪天理하면父母之心이危殆也니라

* 달의 정사는 능히 헤아릴 수 있다. 천륜은 반드시 옳기 때문에 상제께서 거듭 일부에게 말씀하셨다. "도수를 추연하는데 혹 정륜에 벗어나지 않도록 하라. 만약 천리를 거꾸로 잃어버리면 부모의 마음이 위태로울 것이다."

불 초 감 언 추 리 수　　　지 원 안 태 부 모 심
不肖敢焉推理數리요마는只願安泰父母心하노이다

불초가 감히 어찌 리수를 추연하리오마는 오로지 부모님의 마음이 편안하기를 바라옵니다.

초 현야 불초 겸사야 리수심온오
肖는賢也요不肖는謙辭也라理數甚蘊奧하여

추연 과난중 불초 하감능어차호
推衍이果難重하니不肖가何敢能於此乎리요

연지원지성착의 안태부모지심야
然只願至誠着意로安泰父母之心也니라

＊초肖는 어질고 현명한 것이요, 불초不肖는 겸손의 말이다. 리수理數는 아주 심오하기 때문에 (도수를) 추연하는 것이 매우 어려우나 불초가 어떻게 감히 능할 수 있으리오. 그러나 오직 원하는 것이라고는 지극한 정성과 뜻을 가지고 부모님의 마음을 편안하게 하고자 함이다.

우 안례 문왕세자편 문왕위무왕왈
愚가按禮인데文王世子篇에文王謂武王曰하사대

여하몽의 무왕 대왈몽 제여구령
女何夢矣요武王이對曰夢에帝與九齡하더시이다

문왕왈여이위하야 무왕왈
文王曰女以爲何也요武王曰하사대

서방 유구국언 군왕 기종무저
西方에有九國焉하니君王이其終撫諸신저

문왕왈비야 고자 위년왈령 치역령야
文王曰非也라古者에謂年曰齡하더니齒亦齡也니

아 백 이 구십 오여이삼언
我는百이요爾는九十이니吾與爾三焉하시더니

문왕 구십칠 내종 무왕 구십삼이종
文王은九十七에乃終하시고武王은九十三而終하시다

＊어생각컨대,『예禮』[115]「문왕세자편文王世子篇」에 "문왕이 무왕에게 말하기를 '너는 무슨 꿈을 꾸었는고?'라고 말하자 무왕이 대답하기를 '꿈에 상제께서 구령九齡(90살의 나이)을 주셨습니다'라고 했다. 문왕이 '너는 어찌 생각하는가?'라고 물었다. 무왕은 '서방에 아홉 나라가 있습니다. 아버님께서 끝내 어루만질 것입니다'라고 대답하자 문왕이 말했다. '틀렸다. 옛적에 나이 말할 때는 령齡이라 했다. 이빨[齒]이 곧 나이[齡]다. 나는 100이고 너는 90인데, 내가 너에게 셋을 주리라.' 문왕은 97세에 돌아가시고, 무왕은 93세에 돌아가셨다."

여 상 독 차　미 상 불 엄 권 치 의 의
余嘗讀此에 未嘗不掩券致疑矣인데[116]

거 차 유 순 순 연 명 지 자　성 인 지 어 천 제　친 지 여 부 자
據此有諄諄然命之者에 聖人之於天帝는 親之如父子하니

가 지 이 후 학 지 혹　내 가 파 야
可知而後學之惑을 乃可破也라

연 약 비 지 성 무 망 지 성　호 능 지 차
然若非至誠无妄之聖이면 胡能至此리요

학 자　불 가 조 예 무 서　망 구 시 리 야
學者가 不可造詣無序하여 妄求是理也니라[117]

---

115 이는『禮記』에 나온다.

116 하상역본은 '疑'으로, 필사본은 '意'로 되어 있다.

117 돈암서원본에는 이 다음에 '歲甲申七月十七日己未에 不肖子金恒은 感泣奉書하노라'는 내용이 있다. 이 내용은 1909년에 기록한 필사본과 1912년에 발간된 하상역본에는 없고, 오직 1923년에 발간된 돈암서원본에만 있다. 이는 필사본과 하상역본이 빠뜨린 부분을 제자들 혹은 돈암서원본 발간에 참여한 유생들이 고증을 거쳐 삽입한 것으로 추정할 수 있다. 여기서 김일부선생은 생명과 진리의 아버지인 상제에 대해 자신을 못난 자식[不肖子]으로 표현하여 부자 관계로 설정한 것을 발견할 수 있다. 특히 기쁨의 눈물로 써서 상제께 올리는 편지[感泣奉書]라는 대목에서『정역』은 순수 철학의 범주를 넘어서 종교 체험의 경지에서 쓰여졌음을 알 수 있다. 이에 반해 「십일일언」 "십일음十一吟"에서 말하는 '삼가 받들어 쓰다(삼가 올리는 글)'는 뜻의 謹奉書는 "십일음"의 내용을 거듭 심사숙고하고, 정확하게 인식하여 그 뜻을 밝혔다는 의미가 강하다.

＊내가 일찍이 이 글을 읽고 책을 덮은 다음 의혹을 가졌다. 아버지와 아들처럼 충성스럽고 곡진하게 명하는 성인과 상제[天帝]의 친근한 관계를 예로 들어서 후학들의 의심을 깨뜨릴 수 있음을 알 수 있었다. 그러나 지극히 성스럽고 진실된 성인 아니면 어찌 여기에 이르리오? 학자가 조예가 있으면서 순서 없이 함부로 이 이치를 구해서는 안될 것이다.

化翁親視監化事

^화^옹^친^시^감^화^사

要旨 금화교역에 의해 새롭게 탄생하는 신천지는 6갑의 시스템이 근본적으로 바뀌는 것이라 결론짓고 있다. 그것은 시간성의 구조가 근본적으로 혁신되는 사건으로 직결되기 때문에 조화옹께서 직접 6갑의 메카니즘이 바뀌는 과정을 수지도수로 설명하는 방법까지도 감독했다고 말하였다.

원문 화옹친시감화사 — 화옹께서 친히 조화의 일을 감독하여 보여준 사실이다.

화 옹 조 화 지 조 재 도 지 신
化翁은造化之祖이시며載道之神이시라

천 지 시 지 지 생 물 지 성 저 차 조 화 지 실 야
天之始地之生物之成이著此造化之實也라

후 천 변 혁 개 화 옹 친 시 감 화 지 사 야
后天變革은¹¹⁸蓋化翁親視監化之事也니라

＊화옹은 조화의 시조이시며 도를 싣는 신神이시다. 하늘에서 비롯되어 땅이 만물을 낳고 이루는 것에서 조화의 열매가 드러난다. 후천의 변혁은 모두 화옹께서 친히 보시고 변화의 일을 감독하신 일이다.

오 호 금 화 정 역 비 왕 태 래
嗚呼라金火正易하니否往泰來로다

원문 아아! 금화가 올바르게 바뀌니 천지비는 가고 지천태가 오는구나.

118 하상역본은 '變革'으로, 필사본은 '變化'로 되어 있다.

금화 혁역득정　선천비운 왕　후천태운 래
金火가革易得正하니先天否運은往하고后天泰運이來하니라

＊금화가 바뀌어 올바름을 얻기 때문에 선천의 비색한 운은 가고, 후천의
태운泰運이 오는 것이다.

오 호　기 위 친 정　　무 위 존 공
嗚呼라己位親政하니戊位尊空이로다

원문 아아! 기위가 친히 정사하니 무위는 존공 되는구나.

기 위　위 기 사 궁　　무 위　위 무 술 궁
己位는謂己巳宮이요戊位는謂戊戌宮이라

선 천 무 진 궁　대 무 술 궁 정 령　　어 천 이 기 위 반 정
先天戊辰宮이代戊戌宮政令하여御天而己位反正하니

무 위 존 기 위 이 공　　공 자　허 기 위 야
戊位尊其位而空이라空者는虛其位也라

＊기위는 기사궁己巳宮이고, 무위는 무술궁戊戌宮이다. 선천의 무진궁戊辰
宮이 무술궁을 대신해서 정령政令을 행하여 하늘을 주장하지만 기위에게
올바름을 돌리고[己位反正], 무위는 그 자리를 높여서 비워둔다. 공空이
란 그 자리를 비우는 것이다.

오 호　축 궁　득 왕　　자 궁　퇴 위
嗚呼라丑宮이得旺하니子宮이退位로다

원문 아아! 축궁이 왕성한 기운을 얻으니 자궁은 자리에서 물러나는구나.

축 궁　위 을 축　　자 궁　위 갑 자
丑宮은謂乙丑이요子宮은謂甲子라

개 축 토   득 왕   자 수   퇴 차
盖丑土가得旺하면子水는退次니라

＊축궁은 을축乙丑이고, 자궁은 갑자甲子이다. 대개 축토丑土가 왕성하면
자수子水는 순서를 뒤로 물러난다.

오 호   묘 궁   용 사   인 궁   사 위
嗚呼라卯宮이用事하니寅宮이謝位로다

원문 아아! 묘궁이 일을 하니 인궁이 자리를 사양하는구나.

후 천   용 해 자 축 인 묘 오 원 고   위 묘 궁 용 사
后天은用亥子丑寅卯五元故로謂卯宮用事하고

선 천   용 자 축 인 삼 원 고   위 인 궁   사 위
先天은用子丑寅三元故로謂寅宮이謝位니라

＊후천은 해자축인묘亥子丑寅卯의 5원元을 사용하기 때문에 묘궁이 일을
주관한다고 말한 것이고, 선천은 자축인子丑寅 3원元을 사용하기 때문에
인궁이 그 자리를 사양한다는 뜻이다.

오 호   오 운   운   육 기   기   십 일 귀 체
嗚呼라五運이運하고六氣이氣하여十一歸軆하니

공 덕 무 량
功德无量이로다

원문 아아! 5운이 운행하고 6기가 운동하여 10과 1이 일체되는 공덕이 무
량하도다.

오 운   운 이 진 육   육 기 퇴 이 함 오
五運이運而進六하고六氣退而舍五하니

오 육   호 상 배 합   십 일 성 성   귀 어 일 체
五六이¹¹⁹互相配合하여十一成性하고歸於一體하니

조 화 공 덕   진 무 량 의
造化功德이眞无量矣라

＊5운運은 (새로운) 운동을 시작하여 6으로 나아가고, 6기氣는 물러나 5
를 포함한다. 5와 6은 서로 배합하여 11로서 본성을 완수하여 일체로 돌
아가므로 그 조화의 공덕이 참으로 한량이 없는 것이다.

---

119 이부분은 필사본과 하상역부분이 많은 차이가 있다. 하상역본은 '進六, 六氣退而含五,
五六,'으로, 필사본은 '進六氣, 氣而退舍, 五六,'으로 되어 있다.

正易

정
역

168

无極軆位度數

要旨 무극의 시간적 본질[軆]과 공간적 위상[位]을 근거로 삼아 하늘의 운행[度]이 땅에서 이루어지는 원리를 사주의 형식으로 풀이한 정역사상의 꽃이다. '무극체위도수'는 결단코 사주의 형식이 분명하다. 그것은 인간의 사주에서는 찾을 수 없는 생명의 젖줄이자 시공의 창고이며 만물의 모체를 뜻하는 절대자 하나님의 존엄성[至尊]을 표현한 정역사상에 담긴 독창성의 극치인 동시에 시간론의 핵심이다.

원문 무극체위도수 ─ 무극이 본체로 자리잡는 도수이다.[120]

无極化而成軆라

＊무극이 스스로 조화를 일으켜 만물의 본체를 이루다.

己巳 戊辰 己亥 戊戌이니라

원문 기사 무진 기해 무술

己巳年 戊辰月 己亥日 戊戌時라

＊기사년己巳年, 무진월戊辰月, 기해일己亥日, 무술시戊戌時이다.

---

120 무극체위도수에서 '체'는 무극 자체가 만물을 구성시키는 시간의 본체로서 선후천 전환의 최종 근거를 뜻하고, '위'는 무극의 시간이 갖는 특수한 공간의 형식을 가리킨다. 결국 무극체위도수는 극대와 극미의 세계를 관통하여 생명의 질서를 만들어내는 시공의 모체에 내재된 항구불변의 원리[四柱]를 의미한다.

道는逆하고度는順하니라[121]

원문 도道(數)는 거스르고 도수(간지)는 순응한다.

서 차 즉 역 이 법 도 즉 순
序次則逆이나而法度則順이라

＊순서는 거스르나 법도는 순응한다는 뜻이다.

이 수 육 십 일
而數는六十一이니라

원문 그 수는 61이다.

천 도 무 단 시 자 기 사 반 기 사 위 육 십 일 도
天道無端始하니自己巳反己巳가爲六十一度라

＊천도天道는 애당초 시작이 없으니, 기사己巳에서 시작하여 기사己巳로

돌아가므로 61도度가 되는 것이다.

---

121 앞의 己位 부분처럼 필사본과 하상역본의 글자가 돈암서원본과 차이가 난다.
필사본/하상역본은 '道, 逆, 度, 順'으로 돈암서원본의 '度, 逆, 道, 順'과 다르다. 하도낙서의
운행방식을 통해 선후천 전환의 당위성과 그 과정을 밝힌 점에서 보면, 돈암서원본이 옳다.

皇極體位度數
황 극 체 위 도 수

要旨 무극이 하늘이라면 황극은 땅이다. '황극체위도수'는 무극의 정신을 본받아 생명을 일궈내는 땅의 시간적 본질과 공간적 위상을 뜻한다. '무극체위도수'와 '황극체위도수'는 서로 크로스 체킹하는 구조로 구성되어 있다.

원문 황극체위도수 ― 황극이 본체로 자리잡는 도수이다.[122]

황 극 형 이 성 체
皇極形而成體라

＊황극이 형체를 바탕으로 본체를 이룬다.

무 술 기 해 무 진 기 사
戊戌 己亥 戊辰 己巳니라

원문 무술 기해 무진 기사

무 술 년 기 해 월 무 진 일 기 사 시
戊戌年 己亥月 戊辰日 己巳時라

＊무술년戊戌年, 기해월己亥月, 무진월戊辰月, 기사시己巳時이다.

---

122 황극은 운동의 본체로서 무극체위도수와는 음양관계로 존재한다. 황극 역시 무극과 서로의 근거를 형성하면서 시공의 일정한 형식을 갖추고 생명이 영속할 수 있도록 운동의 힘을 제공하는 본체를 뜻한다.

> 도　순　도　역
> 道는順하고度는逆하니라[123]

원문 도(수)는 순응하고 도수(간지)는 거슬린다.

서 차 즉 순 이 법 도 즉 역
序次則順而法度則逆이라

＊순서는 순응하지만 법도는 거슬린다는 뜻이다.

> 이 수　삼 십 이
> 而數는三十二니라

원문 그 수는 32이다.

자 무 술 지 기 사　위 삼 십 이 도
自戊戌至己巳는爲三十二度라

＊무술戊戌에서 기사己巳까지가 32도度이다.

---

123 앞 부분의 戊位 부분처럼 필사본과 하상역본의 글자가 돈암서원본과 차이가 난다. 필사본/하상역본은 '道. 順, 度. 逆'으로 돈암서원본의 '度. 順, 道. 逆'과 다르다. 앞의 戊位를 설명하는 대목에 나타난 것처럼, 필사본과 하상역본보다는 돈암서원본이 옳다.

月極體位度數

월 극 체 위 도 수

要旨 '무극체위도수'와 '황극체위도수'가 年, 月, 日, 時로 구성되었다면, '일극체위도수'와 '월극체위도수'는 胞, 胎, 養, 生, 成의 과정을 거쳐 태양과 달의 궤도가 정상에 도달하는 원리를 설명하고 있다. '월극체위도수'란 태양과 달의 모체인 천지 안에서 달이 정상궤도에 들어서는 과정에 32의 마디를 거친다는 것이다.

원문 월극체위도수 — 월극이 본체로 자리잡는 도수이다.[124]

위 월 극 생 성 도

謂月極生成度라

＊월극이 낳아 완성하는[生成] 도수이다.

경 자 무 신 임 자 경 신 기 사

庚子 戊申 壬子 庚申 己巳나라

원문 경자, 무신, 임자, 경신, 기사이다.

경 자 포　　무 신 태　　임 자 양　　경 신 생　　기 사 성

庚子胞하여 戊申胎하고 壬子養하여 庚申生하고 己巳成이라

＊경자庚子에서 포胞하고 무신戊申에서 태胎하며[125] 임자壬子에서 길러 경

---

124 달이 한달 30일로 자리잡는 과정을 추론한 수리철학의 극치이다.

125 胎란 앞으로 임신한 뒤에 생길 탯줄이나 태반 등 태아를 둘러싼 조직체로 태아를 잉태하여 키우는 어머니의 장기를 가리킨다. 胞는 胎가 이루어질 전 단계로서 어머니와 아버지가 만나 아기를 낳기 이전에 아기의 운명을 결정짓는 필연성을 비롯한 시간의 운명 등을 총칭한다. 정역사상은 胎 이전의 단계인 胞의 영역을 구조적으로 밝히고 있는 점에서 동서양철학 최초로 제기된 독창적 시간관이라 하겠다.

신庚申에 낳아 기사己巳에서 완성한다

초 초 일 도　유 이 무
初初一度는有而无니라

원문 초초1도는 있어도 없는 것이다.

초 초 일 도　자 경 자 지 무 신　합 위 일 도
初初一度는自庚子至戊申이合爲一度일새니

위 초 지 우 초 도 야
謂初之又初度也라

유 이 무　개 월 복 어 기 유 고
有而无는盖月復於己酉故로

기 유 이 전 위 유 약 무 야　월 지 수 영 기 허　시 야
己酉以前謂有若无也니月之數盈氣虛가是也니라

＊초초1도는 경자庚子에서 무신戊申까지 합하여 1도이니 '초初'라 하고 또
초도初度라 한다. 존재하지만 없다[有而无]는 것은 달이 기유己酉에서 회
복하기 때문에 기유 이전은 있어도 없는 것과 같다는 말이다. 달의 수數
가 차고 기氣는 허虛한 것이 바로 그것이다.

음 지 성　주 분 주 허 주 무 고　용 불 능 진 성
陰之性은主分主虛主无故로用不能盡性이라

연 비 분　무 이 산 합　비 허　무 이 수 영
然非分이면无以散合이요非虛면无以受盈이요

비 무　무 이 화 유　태 음 승 양 지 간 능 야
非无면无以化有이니太陰承陽之簡能也라

＊음의 본성은 나눔[分]과 비움[虛]과 없음[无]을 주장하기 때문에 그
작용은 본성을 완수할 수 없다. 그러나 나눔[分]이 아니면 흩어지고 합하

는 것도 없으며, 비움[虛]이 아니면 수용하여 가득 채울 수 없으며, 없음 [无]이 아니면 있음[有]을 조화시킬 수 없으므로 태음은 양陽의 간결성 과 능동성[簡能]을 계승한 것이다.

오 일 이 후
五日而候니라

원문 5일이 1후이다.

육 십 시 위 일 후
六十時爲一候라

＊60시時가 1후候가 된다.

이 수 　 삼 십
而數는三十이니라

원문 그 수는 30이다.

체 성 어 삼 십 도
軆成於三十度라

＊본체가 30도에서 이루어진다.

<ruby>日<rt>일</rt></ruby><ruby>極<rt>극</rt></ruby><ruby>軆<rt>체</rt></ruby><ruby>位<rt>위</rt></ruby><ruby>度<rt>도</rt></ruby><ruby>數<rt>수</rt></ruby>[126]

要旨 '일극체위도수'란 태양계의 중심체인 태양이 그 위성의 대표적 별인 달의 운행과 대비를 이루면서 천지가 꿈꾸는 정상궤도로 들어서는 과정이 36이라는 것을 말한다. 김일부선생은 태양과 달이 정원궤도로 돌아가도록 명령하고 감독하는 주재자가 존재한다고 인식하였다. 신성의 불덩어리로 살아계신 생명의 원천을 조화옹이라고 규정하였다.

원문 일극체위도수 — 일극이 본체로 자리잡는 도수이다.[127]

<ruby>謂<rt>위</rt></ruby><ruby>日<rt>일</rt></ruby><ruby>極<rt>극</rt></ruby><ruby>生<rt>생</rt></ruby><ruby>成<rt>성</rt></ruby><ruby>度<rt>도</rt></ruby>라[128]

＊ 일극이 낳아 완성하는[生成] 도수이다.

<ruby>丙<rt>병</rt></ruby><ruby>午<rt>오</rt></ruby> <ruby>甲<rt>갑</rt></ruby><ruby>寅<rt>인</rt></ruby> <ruby>戊<rt>무</rt></ruby><ruby>午<rt>오</rt></ruby> <ruby>丙<rt>병</rt></ruby><ruby>寅<rt>인</rt></ruby> <ruby>壬<rt>임</rt></ruby><ruby>寅<rt>인</rt></ruby> <ruby>辛<rt>신</rt></ruby><ruby>亥<rt>해</rt></ruby>

원문 병오, 갑인, 무오, 병인, 임인, 신해

<ruby>丙<rt>병</rt></ruby><ruby>午<rt>오</rt></ruby><ruby>胞<rt>포</rt></ruby>하여<ruby>甲<rt>갑</rt></ruby><ruby>寅<rt>인</rt></ruby><ruby>胎<rt>태</rt></ruby>하고<ruby>戊<rt>무</rt></ruby><ruby>午<rt>오</rt></ruby><ruby>養<rt>양</rt></ruby>하여<ruby>丙<rt>병</rt></ruby><ruby>寅<rt>인</rt></ruby><ruby>化<rt>화</rt></ruby>하고

<ruby>壬<rt>임</rt></ruby><ruby>寅<rt>인</rt></ruby><ruby>生<rt>생</rt></ruby>하여<ruby>辛<rt>신</rt></ruby><ruby>亥<rt>해</rt></ruby><ruby>成<rt>성</rt></ruby>이라

---

126 필사본에서는 '數'字가 없다.

127 태양이 달의 운행과 보조를 맞추면서 하루는 항상 12시간, 1년은 12달 360일로 자리잡는 원리를 밝히고 있다.

128 필사본에만 존재하고 하상역본에는 없다. 앞의 월극체위도수와 비교해보면 있는 것이 타당하다.

* 병오丙午에서 포하고 갑인甲寅에서 태하며, 무오戊午에서 길러서 병인丙
寅에서 조화하고 임인壬寅에서 낳아 신해辛亥에서 완수한다.

초 초 일 도 　 무 위 유
初初一度는 **无而有**니라

원문 초초1도는 없어도 있는 것이다.

초 초 일 도 　 자 기 해 지 을 사
初初一度는 **自己亥至乙巳**가

합 위 일 도 　 　 위 초 지 우 초 도 야
合爲一度일새니 **謂初之又初度也**라

무 이 유 　 개 일 포 우 병 오 고 　 병 오 이 전 　 무 이 실 유 야
无而有는 **盖日胞于丙午故**로 **丙午以前**은 **無而實有也**니

일 지 성 전 리 직 　 시 야
日之性全理直이 **是也**라

* 초초1도는 기해己亥로부터 을사乙巳까지 합하여 1도이므로 '초初'라 하
고 또 초도初度라 한다. 없으면서 존재한다[无而有]는 것은 대개 태양은 병
오丙午에서 포胞하기 때문에 병오 이전은 없는 것 같지만 실제로는 존재한
다는 뜻이다. 태양의 본성이 온전하고 이치가 곧다는 것이 바로 그것이다.

양 지 성 　 주 일 주 실 주 유 고 　 용 필 진 성 이 일 이 합 수
陽之性은 **主一主實主有故**로 **用必盡性而一以合殊**하니라

실 이 충 허 　 　 유 이 저 무 　 태 양 겸 음 지 요 도 야
實以充虛하여 **有以著无**는 **太陽兼陰之要道也**라

* 양陽의 본성은 하나[一]와 실재[實]와 있음[有]를 주장하기 때문에 그
작용은 본성을 극진히 하여 보편[一]으로 특수[殊]를 합하는 것이요, 실
재[實]로서 비움[虛]를 채우고, 유有에 의거하여 무无를 드러내는 것이 바

로 태양이 음陰을 겸전할 수 있는 핵심이다.

칠 일 이 복
七日而復이니라

원문 7일에 회복한다.

과 육 기 이 내 복
過六氣而乃復이라

＊6기氣를 경과한 다음에 회복한다는 뜻이다.

이 수　삼 십 육
而數는三十六이니라

원문 그 수는 36이다.

체 성 어 삼 십 육 도
體成於三十六度라

＊본체가 36도度에서 이루어진다.

화 옹　무 위　　원 천 화　　생 지 십 기 토
化翁은无位시고原天火시니生地十己土니라

원문 조화옹은 일정한 자리가 없는 원천의 불덩어리시니 지십인 기토를
낳는다.

화옹　이만물위위　　불가이일위　지명고　왈무위
化翁이以萬物爲位하시니不可以一位로指名故로曰无位라

원　위본야　화지실리　위지천　화지신묘　위지화
原은謂本也라化之實理를謂之天이요化之神妙를謂之火라

개원천　비위형기지천야　지기본연지실체야
盖原天은非謂形氣之天也요指其本然之實體也라

화자　비위오행지화야　지기묘용지지신야
火者는非謂五行之火也요指其妙用之至神也라

＊화옹께서는 만물을 자신의 위상으로 삼으시므로 하나의 위치로 지명
할 수 없어 '무위无位'라 하는 것이다. '원原'은 근본을 뜻하며, 조화를 일
으키는 실제 이치를 하늘[天]이라 하며, 조화의 신묘함을 '불[火]'이라 한
다. 대개 원천原天은 형기形氣의 하늘이 아니라 본연의 실체를 가리킨다.
불[火]은 5행의 화가 아니라, 신묘한 작용이 지극한 신神을 가리킨다.

이화화옹지묘지실리
以化化翁至妙之實理하여

생일무량대괴　시위지십기토
生一无量大塊하니是謂地十己土라

대저기범위　여대낭　장천지만물이총괄
大抵其範圍는如大囊이藏天地萬物而總括하여

무일물지유이불견기적　조천지만물이조창
無一物之遺而不見其跡하고造天地萬物而條暢하여

저만물지수이불견기묘　대의재
著万物之殊而不見其妙하니[129]大矣哉라

시토지진혜　수지천하지성명　유시진체이화화야
是土之眞兮여誰知天下之性命이리요由是眞體而化化也라

＊화옹이 지극히 미묘한 실질의 이치로 조화[化]시켜 하나의 커다랗고 무
량한 대괴大塊(天地)를 만드는 것이 '땅의 10이 곧 기토[地十己土]'라는

---

129 하상역본에서는 '万物'로, 필사본에서는 '萬象'으로 기록하였다.

뜻이며, 대저 그 범위는 아주 큰 주머니[大囊]와 비슷하다. 천지만물을 감싸안으면서 총괄하여 하나의 물건도 빠져나가지 못하게 하지만 그 자취를 볼 수 없으며, 천지만물을 빚어내어 펼치면서 만물의 특수성을 드러내어도 그 미묘함을 볼 수 없다. 위대하도다! 이것이 토土의 참됨[眞]이여! 그 누가 천하의 성명性命이 이 진실한 본체에 근거하여 조화하는 것[化化]임을 알리오?

기 사 궁
己巳宮은 先天而后天이니라

원문 기사궁은 선천이나 후천이다.

기 배 어 사 위 성 위　　위 지 기 사 궁
己配於巳爲成位를 謂之己巳宮이니

간 지 성 도 지 수 궁　　역 위 지 무 극 궁
干支成度之首宮이요 亦謂之无極宮이라

개 선 천 화 무 상 제 궁 이 구 이 후　　성 도 고　정 어 후 천
盖先天化无上帝宮而久而后에 成度故로 政於后天이라

＊기己가 사巳와 배합하여 특정한 위치를 이룬 것을 기사궁己巳宮이라 한다. 간지가 도수를 완성하는 으뜸의 집[首宮]으로 또한 무극궁无極宮이라 부른다. 대개 선천 화무상제께서 머무는 궁전이나 오랜 시간이 지난 뒤에야 도수를 완성하는 까닭에 후천에 정사하는 것이다.

차 장　발 명 천 간 조 화 지 시 이 특 거 기 사 궁 이 재 차 자
此章은 發明天干造化之始而特擧己巳宮而載此者는

명 천 간　　필 배 지 지 지 의　차 편 취 람 자 야
明天干이[130] 必配地支之意요 且便取覽者也라

---
130 필사본은 '天干' 대신에 '天下'로 표현하였다.

* 이 장은 천간이 조화를 일으키는 시초를 밝히고, 특별히 기사궁을 거론하여 여기에 실은 것은 천간이 반드시 지지와 배합하는 의미를 밝히고, 또한 편리하게 볼 수 있도록 한 것이다.

지 십 기 토　　생 천 구 신 금
地十己土는**生天九辛金**하고

천 구 신 금　　생 지 육 계 수
天九辛金은**生地六癸水**하고

지 육 계 수　　생 천 삼 을 목
地六癸水는**生天三乙木**하고

천 삼 을 목　　생 지 이 정 화
天三乙木은**生地二丁火**하고

지 이 정 화　　생 천 오 무 토
地二丁火는**生天五戊土**니라

원문 지십기토는 천구신금을 낳고, 천구신금은 지육계수를 낳고, 지육계수는 천삼을목을 낳고, 천삼을목은 지이정화를 낳고, 지이정화는 천오무토를 낳는다.

차　정 화 초　담 담 혼 혼　지 정 지 미　부 지 기 자 화 언
此는**精化初**에**淡淡渾渾**하고**至靜至微**하여**不知其自化焉**이라

천 구 신 금　지 육 계 수　회 이 윤 이 위 율
天九辛金과**地六癸水**가**會而潤而爲律**하고

천 삼 을 목　지 이 정 화　분 이 영 이 위 려　견 상 문
天三乙木과**地二丁火**가**分而影而爲呂**는**見上文**이라

* 이것은 정기精氣가 변화하는 시초에는 맑은 듯 흐린 듯 하고, 지극히 고요하고 미묘하여 스스로 변화하는 것을 알지 못하는 것이다. 천9 신금과 지6 계수가 모여서 불어나 율이 되고[會而潤而爲律], 천3 을목과 지2 정

화가 나뉘어 빛으로 려가 되는 것[分而影而爲呂]은 윗 글에 나온다.

무 술 궁　　후 천 이 선 천
戊戌宮은**后天而先天**이니라

원문 무술궁은 후천이나 선천이다.

무 배 어 술 이 성 위　　위 지 무 술 궁
戊配於戌而成位를**謂之戊戌宮**이니

간 지 성 도 지 차 궁　　역 위 지 황 극 궁
干支成度之次宮이요**亦謂之皇極宮**이라

개 후 천 오 황 후 제 궁 이 음 지 성 도
盖后天五皇后帝宮而陰之成度하여

필 역 어 양 고　　주 정 어 선 천
必易於陽故로**主政於先天**이라

＊무戊가 술戌과 배합하여 특정한 위치를 이룬 것을 무술궁戊戌宮이라 한
다. 간지가 도수를 완성하는 버금가는 궁[次宮]으로 또한 황극궁皇極宮이
라 부른다. 대개 후천 5황후제五皇后帝의 궁전은 음으로 도수를 이루지만,
반드시 양에서 바뀌기 때문에 선천에서 정사를 주장하는 것이다.

연 무 술 궁　　승 봉 어 기 사 궁 고
然戊戌宮은**承奉於己巳宮故**로

불 감 자 전 이 대 이 무 진 궁　　어 천 행 정
不敢自專而代以戊辰宮이**御天行政**하니

시 위 태 음 지 회 이 갑 자 기 두　　용 지 음 력　　시 야
是謂太陰之會而甲子起頭하여**用之陰曆**이**是也**라

차　　거 무 술 궁　　역 대 기 사 궁 야
此는**擧戊戌宮**하여**亦對己巳宮也**라

* 그러나 무술궁은 기사궁을 계승하여 받들기 때문에 감히 스스로는 독단하지 못하고 무진궁戊辰宮이 대신하여 하늘을 통어하면서 정사를 행하는 것이다. 이를 태음太陰의 모임[會]이라 하고, 갑자甲子를 머리로 삼아 나와 음력陰曆으로 쓰는 것이 바로 그것이다. 여기서 무술궁을 거론한 것은 역시 기사궁과 짝이 되기 때문이다.

천오무토 생지사경금
天五戊土는生地四庚金하고

지사경금 생천일임수
地四庚金은生天一壬水하고

천일임수 생지팔갑묵
天一壬水는生地八甲木하고

지팔갑목 생천칠병화
地八甲木은生天七丙火하고

천칠병화 생지십기토
天七丙火는生地十己土니라

원문 천오무토는 지사경금을 낳고, 지사경금은 천일임수를 낳고, 천일임수는 지팔갑목을 낳고, 지팔갑목은 천칠병화를 낳고, 천칠병화는 지십기토를 낳는다.

차 기화지시 요요행행
此는氣化之始로 窅窅滓滓하니

약존약무 불각기자생언
若存若無하여不覺其自生焉이라

지사경금 천일임수 응이성태음지혼백
地四庚金과天一壬水는凝而成太陰之魂魄하고

지팔갑목 천칠병화 합이성태양지기체 견상문
地八甲木과天七丙火는合而成太陽之氣軆하니見上文이라

＊ 이것은 기氣가 변화하는 시초에는 깊고 그윽한 가운데 기운이 넘치는
모양이 있는 듯 없는 듯이 스스로 생겨나는 것을 느끼지 못하는 것이다.
지4 경금과 천1 임수가 응취하여 태음의 혼백을 이루고, 지8 갑목과 천7
병화가 결합하여 태양의 기체氣體를 이룬다. 윗글을 보라.

지 십 기 토   생 천 구 경 금
地十己土는**生天九庚金**하고

천 구 경 금   생 지 육 계 수
天九庚金은**生地六癸水**하고

지 육 계 수   생 천 삼 갑 목
地六癸水는**生天三甲木**하고

천 삼 갑 목   생 지 이 병 화
天三甲木은**生地二丙火**하고

지 이 병 화   생 천 오 무 토
地二丙火는**生天五戊土**니라

천 오 무 토   생 지 사 신 금
天五戊土는**生地四辛金**하고

지 사 신 금   생 천 일 임 수
地四辛金은**生天一壬水**하고

천 일 임 수   생 지 팔 을 목
天一壬水는**生地八乙木**하고

지 팔 을 목   생 천 칠 정 화
地八乙木은**生天七丁火**하고

천 칠 정 화   생 지 십 기 토
天七丁火는**生地十己土**니라

원문 지십기토는 천구경금을 낳고, 천구경금은 지육계수를 낳고, 지육계
수는 천삼갑목을 낳고, 천삼갑목은 지이병화를 낳고, 지이병화는 천오무
토를 낳는다. 천오무토는 지사신금을 낳고, 지사신금은 천일임수를 낳고,

천일임수는 지팔을목을 낳고, 지팔을목은 천칠정화를 낳고, 천칠정화는 지십기토를 낳는다.

차　신화지점　섬섬홀홀
此는神化之漸이閃閃忽忽하여

무단무시　불칙기소이변
無端無始하고不測其所以變이라

일수오토　십토육수　응중불변
一水五土와十土六水는凝重不變하나

금목화　호상변체　도융교통　이실정기지미묘
金木火는互相變體하여潤融交通하니以實精氣之微妙라

＊이는 신의 조화가 점점 이루어져 번득이듯 돌연히 생겨 아무런 단서나 시작이 없는 까닭에 변화하는 이유를 헤아릴 수 없는 것이다. 1수5토와 10토6수가 응결하여 무거워져 변하지 않으나, 금목화金木火가 서로 변하는 실체가 되고 서로 융회하여 교통하는 것은 실제로 정기精氣의 미묘함이다.

지십기토　성천일임수
地十己土는成天一壬水하고

천일임수　성지이정화
天一壬水는成地二丁火하고

지이정화　성천구신금
地二丁火는成天九辛金하고

천구신금　성지팔을목
天九辛金은成地八乙木하고

지팔을목　성천오무토
地八乙木은成天五戊土니라

천오무토　성지육계수
天五戊土는成地六癸水하고

지 육 계 수　　성 천 칠 병 화
地六癸水는**成天七丙火**하고

천 칠 병 화　　성 지 사 경 금
天七丙火는**成地四庚金**하고

지 사 경 금　　성 천 삼 갑 목
地四庚金은**成天三甲木**하고

천 삼 갑　　　성 지 십 기 토
天三甲木은**成地十己土**니라

원문 지십기토는 천일임수를 이루고, 천일임수는 지이정화를 이루고, 지이정화는 천구신금을 이루고, 천구신금은 지팔을목을 이루고, 지팔을목은 천오무토를 이룬다. 천오무토는 지육계수를 이루고, 지육계수는 천칠병화를 이루고, 천칠병화는 지사경금을 이루고, 지사경금은 천삼갑목을 이루고, 천삼갑목은 지십기토를 이룬다.

차　　정 기 신 지 삼 원　혼 륜 합 체　　현 묘 호 용
此는**精氣神之三元**이**渾淪合體**하여**玄妙互用**하고

유 무 상 자　　수 미 상 인　　생 극 즉 변　　변 극 즉 반
有无相資하여**首尾相因**으로**生極則變**하고**變極則反**하여

＊이것은 정기신精氣神 3원元이 혼륜한 상태에서 일체로 합하여 서로 현묘한 작용으로 유무有無가 서로 바탕이 되고, 머리와 꼬리가 서로 원인이 되어 낳는 것[生]이 극한에 이르면 변하고,[131] 변화가 극한에 이르면 되돌아온다는 뜻이다.

이 성 허 령 일 과 자　　차 소 위 심 체 야
以成虛靈一顆子하니**此所謂心體也**라

---

131 정역사상은 상대방을 이긴다, 제어한다는 의미의 상극[克]이 아니라 상대방을 포용하여 새로움을 창조하는 상생[極]을 자주 언급한다. 전자가 부정의 논리라면, 후자는 긍정의 논리라 하겠다.

正易

정역

186

우　안자고론심자　　도언기리이이
愚가按自古論心者이어늘徒言其理而已요

불급성지지유자　　성명지대본　불성고야
不及成之之由者하니性命之大本이不成故也라

시이　리기지설　도무귀숙처
是以로理氣之說이都无歸宿處라

논지자　번성시비이불능변백
論之者는飜成是非而不能辨白하고

혹지지심자　불언기지변이어기상
或知之深者는不言其至變而語其常이니

선성지불로천기　시야
先聖之不露天機가是也라

＊그래서 텅비고 신령스런[虛靈] 하나의 덩어리를 이루는데, 이것이 이른
바 마음의 본체[心體]이다. 내가 살피건대, 예로부터 마음[心]을 논의한
사람이 한갓 그 이치를 말한 것일뿐 마음을 이루는 이유를 밝히는 데는
미치지 못했기 때문에 성명性命의 근본이 밝혀지지 않았다. 따라서 이기
설理氣說이 모두 귀숙할 곳이 없게 되었던 것이다. 의논하는 자는 옳고 그
름을 뒤집어버려 명백히 판별할 수 없었고, 혹 깊이 알았던 자도 변화는
말하지 않고 상도常道만 말하여 앞 성인이 밝힌 하늘의 기틀[天機]을 드
러내지 못했다.

연즉선천지학　부지시심지중적
然則先天之學이不知是心之中的하여

욕사기중이하가득호
欲射其中而何可得乎리요

성문소이부득중행지사이발탄야
聖門所以不得中行之士而發嘆也라

＊그래서 선천 학문이 이 마음의 적중함[中的]을 알지 못하고, 그 중中에
맞추고자만 한다면 어찌 얻을 수 있겠는가? 성인의 문하에서 중용의 선비

를 얻지 못한 연유를 탄식한 것이다.

공 부 자 왈 적 연 부 동 감 이 수 통 천 하 지 고
孔夫子曰寂然不動感而遂通天下之故라 하시고

주 부 자 왈 구 중 리 이 응 만 사
朱夫子曰具衆理而應萬事하며

우 왈 만 화 지 원　　만 사 지 간
又曰萬化之原이요萬事之幹이라 하니라

개 심 지 위 물　　화 옹 조 시
蓋心之爲物이化翁造始이어늘

이 무 형 지 토　포 정 기 신 삼 미 이 무 거 무 래 역 무 주
以无形之土로包精氣神三美而无去无來亦无住하고

지 허 지 령 지 근 저　　불 편 불 의 유 집 궐 중
至虛至靈之根底로不偏不倚惟執厥中하며[132]

극 경 극 성 지 공 정　　안 어 리 즉 명　　화 어 물 즉 암
克敬克誠之工程으로安於理則明하고化於物則暗하니라

＊ 공자께서는 "고요히 움직이지 않다가 문득 느껴서 천하의 연고에 통한다"[133]고 했으며, 주자께서는 "모든 이치를 갖추어 만사에 응하는 것이며," 또한 "모든 변화의 근원이요, 모든 일의 줄기이다"라고 말했다. 대개 마음이란 물건은 화옹께서 처음 빚으신 것이다. 무형의 토土는 정기신精氣神의 세 아름다움[三美]을 포함하여 가고 오고 머무는 것이 없고, 지극히 텅 비고 신령스런 근거로 어느 한 곳으로 치우치지 않아 오직 중심이 잡힌 상태이며, 지극한 공경과 정성의 과정에서 이치에 안주하면 밝고, 사물에 유혹되면 어두워지는 것이다.

심 자 지 해　독 왈 마 암 심
心字之解는讀曰磨暗心이니

---

132 하상역본에서는 '惟執中'으로 되어있는데 '惟執厥中'이라 표현한 필사본이 옳다.

133 『주역』 「계사전」상편, 10장에 나온다.

필 사 인 심   욕 마 암 이 향 명 야
必使人心으로欲磨暗而向明也라

유 어 욕 이 역 기 심   번 뇌 지 주   사 아 입 칠 실
誘於欲而役其心하면煩惱之主가使我入漆室이요

리 어 의 이 약 기 정   정 허 지 령   호 아 추 복 지
理於義而約其情하면靜虛之靈이護我趨福地라

＊'심'이라는 글자를 풀이하여 읽을 때 '(어둠을 갈고 닦는) 마음 심[磨暗心]'이라 하니, 사람의 마음으로 하여금 어두운 것을 갈고 닦아 밝음으로 향하게 하는 것이다. 욕망에 유혹되어 그 마음을 부리면 번뇌의 주인이 되어 나 자신을 칠흑같이 어두운 방으로 들어가게 하는 것이고, 의리로 다스리고 진실[情]을 묶는다면 고요하고 텅 빈 신령이 나를 보호하고 복된 곳으로 나아가게 할 것이다.

욕 득 가 화 자   필 종 기 근 이 배 지 관 지
欲得嘉禾者는必從其根而培之灌之하고

욕 복 진 성 자   직 수 기 심 이 마 지 치 지
欲復眞性者는直收其心而磨之治之하니

근 주 지 간   맹 엽 화 실   물 리 지 진 성 야
根株枝幹과萌葉花實은物理之盡性也요

격 치 성 정   수 제 치 평   인 도 지 진 성 야
格致誠正과修齊治平은人道之盡性也라

＊좋은 벼를 얻고자 하는 자는 반드시 뿌리를 쫓아서 배양하고 물길을 내야 하며, 참된 본성을 회복하고자 하는 자는 그 마음을 곧게 거두어 갈고 다스리니, 뿌리에서 줄기와 가지가 나오고 잎에서 꽃과 열매가 맺는 것은 사물의 이치가 본성을 다하는 것이다. 격물치지와 성의정심[格致誠正]과 수신, 제가, 치국, 평천하[修齊治平]는 인도人道로 본성을 다하는 것이다.

정 회 신 취　　적 연 지 체　자 립
精會神聚하면寂然之體가自立하고

심 안 리 숙　　수 연 지 덕　자 명
心安理熟하면粹然之德이自明이라

경 외 어 불 도 불 문 지 지
敬畏於不覩不聞之地하고

통 촉 어 무 성 무 취 지 중　사 지 즉 장 어 내　　무 일 물 지 루
洞燭於无聲无臭之中에舍之則藏於內하여无一物之累하고

용 지 즉 행 어 외　　무 일 사 지 흠　　성 립 호 만 물 지 표
用之則行於外하여无一事之欠하고誠立乎萬物之表하여

경 행 호 만 물 지 내　　경 각 불 망 자　사 무 사 일 언
敬行乎萬物之内하니頃刻不忘者는思无邪一言이요

종 신 이 행 자　　무 불 경 삼 자
終身利行者는毋不敬三字라

＊정신을 모아서 집중하면 고요하고 그윽한 본체가 저절로 세워지고, 마음이 편안하여 이치에 익숙하면 순수한 본연의 덕이 저절로 밝아진다. 보거나 들을 수 없는 경계에서도 공경하는 마음으로 두려워하고, 소리도 없고 냄새도 없는 가운데 (마음의 이치를) 꿰뚫어 관통함을 내면에 머물게 하고 안으로 갈무리하여 하나의 찌꺼기도 남지 않게 하며, 마음을 써서 밖으로 실천하여 한가지 일이라도 흠결이 없으며, 만물이 겉으로 드러나는 것에도 정성을 확립하고, 만물 안으로 공경을 실천하니, 잠깐 사이라도 잊지 않는 것은 한마디로 '생각함에 사특함이 없는 것[思無邪]'이요, 종신토록 (남을 위해) 이로움을 실천하는 것을 '공경하지 않음이 없다[无不敬]'는 세 글자로 요약할 수 있다.

도 불 원　재 심　　심 불 원　　재 아
道不遠은在心이요心不遠은在我니

능 지 능 행 자　존 호 기 인　　혹 왈 선 유 운 심 자　　태 극 야
能知能行者는存乎其人이라或曰先儒云心者는太極也라

태극 지 중　유 하 일 물 이 차 이 오 행 변 화　논 지
太極之中에有何一物而此以五行變化로論之하고

차 이 정 기 신　　분 언　　무 내 천 착 지 과 야
且以精氣神으로分言하여无乃舛錯之過也라 하니

언 지 상 이 혹 지 심 의
言之詳而惑之甚矣라

＊도道는 멀리 있는 것이 아니라 내 마음에 있는 것이요, 마음이 멀리 있
는 것이 아니라 나에게 있는 것이다. 능히 알고 실천하는 하는 것은 사람
에 달려 있다. 어떤 사람이 말하기를 '선유先儒에 따르면 마음이 곧 태극
太極이다'라 했다. 태극 가운데 어떤 하나의 물건을 가지고 오행의 변화를
논하고, 또한 정기신精氣神으로 나누어 말하면 천착의 오류가 없다고 했
는데, 말이 상세할수록 의혹이 깊어지는 것이다.

왈 불 연　　심 하 상 유 물 호
曰不然이라心何嘗有物乎리요

연 차 내 천 간 조 화 이 천 간 자
然此乃天干造化而天干者는

위 천 지 간　　비 여 물 지 유 간
謂天之幹이니比如物之有幹이라

범 물 지 종 자 시　하 상 유 간 호
凡物之種子時에何嘗有干乎리요

연 결 일 종 자　　필 구 시 기 고　종 지　　필 생 기 간
然結一種子에는必具是氣故로種之하면必生其幹이라

개 심 수 무 형 지 물　　불 이 어 물 지 종 자 야
盖心雖无形之物이나不異於物之種子也니

해 불 이 유 형 지 물　　반 각 무 형 지 물 야
奚不以有形之物로反覺无形之物耶리요

＊그러나 그렇지 않다. 마음에 어찌 일찍이 물건이 있으리오? 하지만 이것
은 곧 천간天干의 조화로서 천간이란 마치 물건에 줄기가 있는 것처럼 하

늘의 줄기를 뜻한다. 무릇 물건의 씨를 뿌릴 때 어찌 줄기가 (먼저) 있으리오? 하지만 하나의 씨앗이 열매 맺을 때는 반드시 기氣를 갖추기 때문에 씨앗을 심으면 반드시 줄기가 생기게 마련이다. 대개 마음이 비록 무형의 존재이지만 물건의 씨앗과 다르지 않다. 어찌 유형의 물건을 반대로 무형의 물건이라고 깨닫게 하는 것이 아닌가.

심 지 위 물　유 유 조 화 지 적
心之爲物은 猶有造化之跡이니

황 성 명 지 온 어 기 중 이 무 적 자 호
況性命之蘊於其中而无跡者乎잇가

고 성 인 지 어 리 기　황 홀 난 상　입 상 이 진 의 운 연
故聖人之於理氣는 怳惚難狀일새 立象以盡意云然이니

상 수　역 하 상 진 기 묘 야　단 학 도 자　인 기 상 수
象數는 亦何嘗盡其妙也리요[134] 但學道者는 因其象數로

구 기 본 연 이 필 초 호 상 수 지 외 연 후　지 의
求其本然而必超乎象數之外然後에 至矣리라

＊마음의 물건됨은 조화에 자취가 있는 것과 유사하다. 하물며 마음 속에 성명性命을 갖추고 있는데 흔적이 없겠는가? 그러므로 성인은 이기理氣에 대해 황홀한 그 상태를 형용하기 어렵기 때문에 상상을 세워 그 뜻을 다하는 것이라고 했던 것이다. 상수象數 또한 어찌 그 오묘함을 다하겠는가. 다만 도를 배우는 자는 상수에 바탕하여 근본을 구하고 반드시 상수 바깥을 초월한 뒤에야 도달할 것이다.

> 병 갑 경 삼 궁　선 천 지 천 지
> 丙甲庚三宮은 先天之天地니라

---

134 필사본에서는 다할 진盡 앞에 일찍이 '상嘗'字가 있는데, 하상역본에서는 빠져 있다.

원문 병, 갑, 경 세 궁은 선천의 천지이다.

차　거무임이지거병갑경자
此는去戊壬而只擧丙甲庚者라

중재변역고　거차삼궁이불급수토
重在變易故로擧此三宮而不及水土라

개수토　체지불변이화목금　개기용야
盖水土는體之不變而火木金은皆其用也일새라

＊이는 무戊와 임壬을 제외하고 단지 병丙, 갑甲, 경庚만 거론하여 변역의 중요성을 강조하였다. 이 세 궁을 거론하고 수토水土를 언급하지 않은 것은 대개 수토는 본체가 불변하는 것이고, 화목금火木金은 모두 작용이기 때문이다.

정을신삼궁　후천지지천
丁乙辛三宮은后天之地天이니라

원문 정, 을, 신 세 궁은 후천의 지천이다.

차　양절　인상문변화이언
此는兩節이因上文變化而言이라

병갑경위선천지천지즉정을신　자위후천지지천
丙甲庚爲先天之天地則丁乙辛은自爲后天之地天이라

＊이 두 귀절은 앞 글에 근거하여 변화를 말한 것이다. 병, 갑, 경이 선천의 천지이므로 정丁, 을乙, 신辛은 저절로 후천의 지천이 된다는 뜻이다.

선 천　삼 천 양 지
先天은三天兩地니라

〔원문〕 선천은 삼천양지이다.

삼 천 양 지　위 천 수 삼　　지 수 이　개 지 갑 병 무 경 임 오 궁
三天兩地는謂天數三이요地數二라盖指甲丙戊庚壬五宮이라

＊ 삼천양지三天兩地는 하늘의 수가 셋이요, 땅의 수는 둘이라는 뜻이다.

대개 갑甲, 병丙, 무戊, 경庚, 임壬의 다섯 궁을 지적한 것이다.

후 천　삼 지 양 천
后天은三地兩天이니라

〔원문〕 후천은 삼지양천이다.

삼 지 양 천　위 지 수 삼　　천 수 이
三地兩天은謂地數三이요天數二라

역 지 을 정 기 신 계 오 궁
亦指乙丁己辛癸五宮이라

차 양 절　역 인 상 문 이 오 궁 지 변 역
此兩節은亦因上文而五宮之變易이요

실 무 정 체 즉 삼 천 양 지 삼 지 양 천　호 상 체 용
實无定體則三天兩地三地兩天이互相體用이니

불 필 착 간
不必着看이라

＊ 삼지양천三地兩天은 땅의 수가 셋이요, 하늘의 수는 둘이라는 뜻이다.

또한 을乙, 정丁, 기己, 신辛, 계癸의 다섯 궁을 지적한 것이다. 이 두 귀절 역

시 윗글에 근거하여 다섯 궁의 변역을 말한 것이며, 실제로 일정한 실체가 없으므로 '삼천양지, 삼지양천'은 서로가 본체와 작용이 되어 반드시 드러나 보이는 것은 아니다.

자인오신　선천지선후천
子寅午申은**先天之先后天**이니라

원문 자, 인, 오, 신은 선천의 선천과 후천이다.

선천지정　자인오신　　분선후천위용
先天之政은**子寅午申**으로**分先后天爲用**이요

진술　즉기체야
辰戌은**卽其體也**라

＊선천의 정사에서 자子, 오午, 인寅, 신申은 선천과 후천으로 나뉘어 작용하며, 진술辰戌은 그 본체라는 것이다.

축묘미유　후천지선후천
丑卯未酉는**后天之先后天**이니라

원문 축, 묘, 미, 유는 후천의 선천과 후천이다.

후천지정　축묘미유　분선후천
后天之政은**丑卯未酉**로**分先后天**하니

불언사해　체야
不言巳亥는**體也**일새라

차양절　시거지지지분경개
此兩節은**始擧地支之分梗概**이니

上承天干而起下十二支之用이라

＊후천의 정사는 축丑, 묘卯, 미未, 유酉로 선천과 후천이 나뉘므로 사巳와
해亥를 말하지 않은 것은 본체이기 때문이다. 이 두 귀절은 처음에는 지지
地支가 나뉘는 개략의 요지를 거론했으며, 윗 글의 천간을 이어서 아래 12
지지의 작용을 일으킨 것이다.

九九吟
_{구 구 음}

要旨 김일부선생은 한때 狂人으로 몰렸던 타인들의 평가와 비웃음을 한바탕 시원한 웃음으로 날려버리는 심정을 노래하고 있으며, 아울러 하도낙서와 1년 360일의 관계를 설명하고 있다. 하도낙서는 시간 흐름의 대세를 알려주는 열쇠이기 때문에 하도낙서에 투영된 시간론이 역학의 핵심주제가 되어야 한다는 사실을 일깨우고 있다.

凡百滔滔儒雅士아 聽我一曲放浪吟하라
_{범 백 도 도 유 아 사　청 아 일 곡 방 랑 음}

讀書學易先天事라 窮理脩身后人誰요
_{독 서 학 역 선 천 사　궁 리 수 신 후 인 수}

三絶韋編吾夫子는 不言无極有意存을
_{삼 절 위 편 오 부 자　불 언 무 극 유 의 존}

六十平生狂一夫는 自笑人笑恒多笑를
_{육 십 평 생 광 일 부　자 소 인 소 항 다 소}

笑中有笑笑何笑요 能笑其笑笑而歌를
_{소 중 유 소 소 하 소　능 소 기 소 소 이 가}

원문 구구음[135] —

대저 수많은 도도한 선비들아,

나의 방랑음 한 곡조를 들어보시게나.

서경 읽고 주역 배우는 일은 선천의 일이요,

---

[135] 『正易註義』「十五一言」"九九吟" 앞에 있는 "上元丑會干支圖"와 "二十八宿運氣圖"와 "亢角二宿尊空詩"의 원문과 주석이 「十一一言」 앞 부분으로 옮겨져 있다. 1912년에 『정역주의』가 출판되기 이전의 筆寫本 역시 이 세 개의 글이 「十一一言」 전반부에 실려 있는 점이 똑같다. 그런데 1923년(癸亥) 돈암서원에서 발간한 『정역』 원본에는 "上元丑會干支圖", "二十八宿運氣圖", "亢角二宿尊空詩"가 「十五一言」 뒷 부분에 있는 점이 다르다. 이에 대한 문헌적 고찰이 뒤따라야 할 것이다.

이치를 궁구하고 몸 닦는 후천인은 누구인고.

가죽끈 세 번 끊은 우리 공부자께서는

무극은 말씀하지 않고 뜻만 두셨네.

육십 평생 미치광이 한 지아비는

스스로 웃고 남들도 웃으니 늘 웃음이 많구나.

웃음 속에 웃음이 있으니 무슨 웃음을 웃는가.

그 웃음을 잘 웃으며 웃고 노래하노라.

凡百은 眾多貌이요 滔滔는 流而忘反이며 放浪은 謂浩蕩이라

盖歎多士流於欲而不反故로 爲之浩然而吟이라

讀書는 謂徒能讀其書이며[136] 學易은 謂取其末而學習이니

尤歎先天已往之事也라

＊범백凡百은 사람이 많은 모습이다. 도도滔滔는 흘러서 되돌아오는 것을 잊는 것이며,[137] 방랑放浪은 광대하게 쓸어버리는[浩蕩] 것이다. 모두 많은 선비들이 욕심으로 흘러서 되돌아가는 것을 잊는 것을 탄식한 까닭에 호탕하게 읊은 것이다. 독서는 한갓 능히 서경을 읽을 뿐이며, 주역을 배우는 것[學易]은 그 말단만을 취하여 학습하는 것으로 특히 선천의 이미 지나간 사건을 탄식한 말이다.

窮理謂格物致知이요 修身은 謂誠意正心이니

---

136 필사본에는 '謂'字가 없다.

137 『孟子』「梁惠王章句(下)」, "從流下而忘反謂之流, 從流上而忘反謂之連."

심 탄 후 인   유 수 능 호 학 이 소 기 본 호
深嘆後人이有誰能好學而溯其本乎리요

개 삼 절 위 편 오 부 자   수 불 언 무 극
盖三絶韋編吾夫子는雖不言无極이나

유 의 어 차 이 존   성 가 견 의
有意於此而存을誠可見矣라

＊궁리窮理는 격물치지를 일컫는 것이요, 수신修身은 성의정심을 뜻한다.
후인 중의 누가 능히 학문을 좋아하여 그 근본으로 거슬러 올라갈 것인
가를 깊이 탄식한 것이다. 대개 가죽끈이 세 번 끊어질 정도로 주역을 읽
은 우리 공부자[三絶韋編吾夫子]는 비록 무극을 말하지 않았으나, 이에
뜻을 두고 있었다는 것을 진실로 볼 수 있을 것이다.

고 육 십 노 부   불 승 희 광   발 차 십 소 가
故六十老夫가不勝喜狂하여發此十笑歌하니

차   발 용 구 지 리 영 탄 조 화 지 실   기 하 무 위 지 추 용
此는發用九之理咏嘆造化之實하여起下无位之推用이라

＊그러므로 예순 늙은이가 기뻐서 미치는 것을 이기지 못하여 이 십소가
十笑歌[138]를 부른 것이다. 이는 9를 쓰는 이치를 드러내어 조화造化의 실질
을 탄식하여 노래하고, 아랫 글의 무위无位의 작용을 추론하여 일으키고 있
다.

삼 백 육 십 당 기 일   대 일 원 삼 백 수
三百六十當朞日을大一元三百數는

구 구 중   배 열   무 무 위 육 십 수   일 육 궁   분 장
九九中에排列하고无无位六十數는一六宮에分張하야

---

138 웃음 笑 자가 열 번 나오므로 '십소가'라는 호칭이 생겼다.

단 오　귀 공　　　오 십 오 점 소 소
單五를歸空하면五十五點昭昭하고

십 오　귀 공　　　사 십 오 점 반 반
十五를歸空하면四十五點斑斑하다

아 마 도 정 리 현 현 진 경　　지 재 차 궁 중
我摩道正理玄玄眞經이只在此宮中이니

성 의 정 심　　　종 시 무 태
誠意正心하야終始无怠하면

정 령 아 화 화 옹　　필 친 시 교　　　　　시 비 시 호 오 호
丁寧我化化翁이必親施敎하시리니是非是好吾好아

원문 360일이 1년에 해당하는 것을,

대일원 300수는 구구 법칙으로 배열하고,

무무위 60수는 1·6궁에 나누어 베풀어

홑 5를 귀공하면 55점이 환하게 밝고,

15를 귀공하면 45점이 분명하다.

아마도 올바른 이치의 미묘하고 미묘한 참된 경전이

오직 이 궁 속에 있을 것이니,

뜻을 정성스럽게 하고 마음을 올바르게 하여

끝이나 처음이나 게으름이 없게 하면

정녕코 우리 화화옹께서 반드시 친히 가르쳐 주실 것이니,

이것이 곧 내가 좋아하는 것을 좋아하는 것이 아닌가.

당 기　　일 세 지 성 도 야　　대 일 원　　위 대 성 수 야
當朞는一歲之成度也요大一元은謂大成數也요

구 구 중 배 열　　위 구 십 팔 십 칠 십 육 십　　합 수　　삼 백 야
九九中排列은謂九十八十七十六十을合數하면三百也라

무 무 위　위본무지무위　　이단육　　승십
无无位는 謂本无之无位이니 以單六으로 承十하면

이 성 육 십 야　 기 어 육 십　단 오　존 공
而成六十也라 其於六十에 單五를 尊空하면

하 도 수　재 자　십 오　존 공　　낙 서 수　재 자 의
河圖數가在兹요 十五를尊空하면 洛書數가在兹矣라

＊당기當碁는 1년의 도수를 이루는 것이며, 대일원大一元은 크게 이루는
수를 뜻한다. 구구법칙 가운데 배열한다는 것은 90, 80, 70, 60을 합하면
수가 300이 되는 것을 가리킨다. 없고 없는 자리[无无位]는 근본적으로
무극의 무위无位를 일컫는 것으로 6을 10으로 곱하면 60을 이룬다. 이 60
에서 5를 존공하면 하도의 수가 여기에 있으며, 15를 존공하면 낙서의 수
가 여기에 있다는 뜻이다.

아 마 도　즉 가 곡 지 시 조 리 야　마　위 점 마 야
我摩道는 卽歌曲之始條理也요 摩는 謂漸摩也라

도 필 재 아　점 마 이 진　　불 능 일 축 가 도 야
道必在我니 漸摩而進이요 不能一蹴可到也라

현 현　위 심 원 야　진 경　위 진 개 천 지 경 야
玄玄은 謂深遠也요 眞經은 謂眞箇天之經也며

궁 중　위 일 육 궁 야
宮中은 謂一六宮也라

개 일 육 지 승 십 이 무 무 위 육 십 수　분 장 어 차
蓋一六之乘十而无无位六十數를 分張於此하여

십 오 귀 공　　도 서 지 수　역 소 소 반 반 의
十五歸空하면 圖書之數가 亦昭昭斑斑矣라

연 즉 천 리 지 심 원 진 경　불 외 호 차 궁 이 극 찬 미 지 야
然則天理之深遠眞經이 不外乎此宮而極讚美之也라

＊아마도我摩道는 곧 가곡을 조리 있게 시작하는 것이요, 마摩는 점점 갈
고 닦는 것을 뜻한다. 도는 반드시 나에게 있는 것이므로 점점 갈고 닦아

앞으로 나아가는 것이지, 한 번에 뛰어서 도달하는 것이 아니다. 현현玄玄은 깊고 먼 것[深遠]을 뜻하며, 진경眞經이란 진실로 하늘의 경전을 말하는 것이다. 궁중宮中은 1·6궁을 가리키는 것으로 1과 6에 10을 곱하면 무무위无无位 60수가 되는데 여기에 나누고 베풀어 15를 귀공하면 역시 하도낙서의 수가 환하게 밝고 분명하게 된다. 그러므로 천리天理의 심원한 참된 경전이 이 궁을 벗어나지 않는 것을 극도로 찬미한 것이다.

무 태 위 무 식 야　　화 옹　　불 시 범 위 야　　즉 재 아 지 화 신
无怠謂无息也요化翁은不是泛謂也니卽在我之化神이요

화 화 자　　접 소 불 이 야　　정 녕　　위 결 연 지 사
化化者는接續不已也라丁寧은謂決然之辭이요

필 친 시 교　　위 자 도 자 성　　　역 자 천 우 지 지 의
必親施敎는謂自道自成이며亦自天佑之之意라

시 비 시 호 오 호　　역 가 곡 종 조 리 지 사
是非是好吾好는亦歌曲終條理之辭니

시 비 시　　위 시 기 비 시 리 야
是非是는謂是豈非是理也라

호 오 호　　위 호 오 지 호 이 인 막 지 찰 야
好吾好는謂好吾之好而人莫之察也라

＊게으름 피우지 않는 것[无怠]은 쉬지 않는다는 뜻이다. 화옹은 가볍게 얘기할 수 있는 것이 아니라 곧 내 안에 존재하는 조화의 신[化神]이며, 변화를 조화시킨다[化化]는 것은 끊이지 않게 이어지는 것이며, 정녕丁寧은 결단코 그렇다[決然]는 뜻이다. 반드시 친히 가르쳐 주신다[必親施敎]는 것은 스스로의 도에 근거하여 저절로 이룬다는 뜻으로 또한 하늘로부터 도움이 있음을 가리킨다. 이것이 내가 좋아하는 것을 좋아하는 것이 아닌가[是非是好吾好]라는 말도 역시 가곡을 조리 있게 끝맺는다는 뜻이다. 이것이 곧 아닌가[是非是]라는 말은 이것이 어찌 이 이치가 아닌가

라는 뜻이며, 내가 좋아하는 것을 좋아한다[好吾好]는 말은 내가 좋아하는 것을 다른 사람들이 살피지 못한 것을 뜻한다.

개 인 능 격 치 차 리 이 성 기 의 정 기 심　건 건 불 식
蓋人能格致此理而誠其意正其心하여乾乾不息하면

결 연 아 화 이 우 화 지 신 옹　필 약 친 시 교 화
決然我化而又化之神翁이必若親施教化하시리니

무 소 용 력 이 자 도 자 성 의
无所用力而自道自成矣라

시 기 비 시 리 이 역 비 오 지 호 막 호 야
是豈非是理而亦非吾之好莫好也리요

＊ 대개 사람이 능히 이러한 이치를 하나도 빠짐없이 궁구하고[格致], 그 뜻을 정성스럽게 하고 마음을 올바르게 가져 잠시도 쉬지 않고 노력하면 결단코 내가 나를 변화시키고 또한 조화의 신옹[神翁]께서 반드시 친히 베풀어 교화하는 것과 같으니, 힘을 쏟을 필요 없이 원래의 도는 스스로 이루어진다는 것이다. 이것이 바로 어찌 이 이치가 아니며, 또한 내가 좋아하는 것을 좋아하는 것이 아니겠는가!

우　안 역 계 왈 언 부 진 의　입 상 이 진 의
愚가按易繫曰言不盡意니立象以盡意이어늘

주 부 자 석 지 왈 언 지 소 전 자　천　이 상 지 소 시 자　심
朱夫子釋之曰言之所傳者는淺이나而象之所示者는深이라

성 현　기 기 재
聖賢이豈欺哉리요

＊ 어리석은 내가 살피건대 『주역』 「계사전」은 "말은 뜻을 다하지 못하니, 상을 세워 그 뜻을 다한다[言不盡意, 立象以盡意]"[139]고 했는데, 주자께서는 "말이 전하는 것은 얕으나, 상象이 보여주는 것은 깊다"고 해석했다.

---

139 『周易』 「繫辭傳」 上, 12장에 나온다.

성현이 어찌 속이겠는가.

_{개 상 지 본 막 여 도 서　간 지 여 괘 위　개 기 용 야}
蓋象之本莫如圖書니干支與卦位는皆其用也라

_{도 서 지 본　막 여 십 오}
圖書之本은莫如十五이니

_{성 명 지 원　재 차 이 구 팔 칠 육 일 이 삼 사　개 기 용 야}
性命之原이在此而九八七六一二三四는皆其用也라

_{선 후 천 지 리　역 유 차 의}
先后天之理가亦由此矣라

＊ 대개 상상의 근본이 하도낙서 같은 것이 없는데, 간지干支와 괘위卦位는
모두 그 작용이다. 하도낙서의 근본은 10과 5인데, 성명性命의 근원이 여기
에 있다. 9, 8, 7, 6, 1, 2, 3, 4는 모두 그 작용이다. 선후천의 이치 또한 이에
연유하고 있다.

_{연 상 천 지 재　무 성 무 취 연 후　지 의}
然上天之載는无聲无臭然後에至矣리니

_{필 욕 궁 기 원　추 이 진 수 지 시}
必欲窮其原하고推而盡數之始하여

_{지 어 무 상 수 지 가 명 연 후　내 각 도 지 무 형 이 지 묘 처 야}
至於无象數之可名然後에야乃覺道之无形而至妙處也라

_{고 어 차　지 기 상 수 용 구 용 육 지 조 화 이 음 영 지 간}
故於此에指其象數用九用六之造化而吟詠之間에

_{특 찬 무 무 위 지 실 리 무 궁 야}
特讚无无位之實理无窮也라

＊그러나 상천上天이 하는 일은 소리도 없고 냄새가 없은 뒤에 지극할 수
있으므로 반드시 그 근원을 궁구하고, 수數의 유래를 추론하여 상수로
이름 붙일 수 없는 지극한 경계에 이른 뒤에야 비로소 도의 무형无形을 깨
닫고 오묘한 경지에 도달할 수 있다. 그러므로 여기서는 상수에서 9와 6

의 조화造化를 지적하여 읊고 노래하는 사이에 특별히 무무위无无位의 실제 이치가 무궁함을 찬양한 것이다.

十五歌

要旨 건괘는 9를 사용하고[乾元用九] 곤괘는 6을 사용한다[坤元用六]는 주역의 세계상을 뒤엎고 새로운 체용론 정립의 당위성을 노래하였다. 선천과 후천의 교체는 작용과 본체의 극적인 역전현상과 다르지 않다. 성리학에서 말하는 작용은 변화의 세상을 이해하는 열쇠요, 본체는 불변의 존재라고 규정했던 것을 김일부는 선후천의 교체는 작용이 본체가 되고 본체가 작용이 되는 조화를 통해 가능하다는 것을 수리철학으로 설명하였다.

> 수 화 기 제 혜   화 수 미 제
> 水火旣濟兮여火水未濟로다
>
> 기 제 미 제 혜   천 지 삼 원
> 旣濟未濟兮여天地三元이로다
>
> 미 제 기 제 혜   지 천 오 원
> 未濟旣濟兮여地天五元이로다
>
> 천 지 지 천 혜   삼 원 오 원
> 天地地天兮여三元五元이로다
>
> 삼 원 오 원 혜   상 원 원 원
> 三元五元兮여上元元元이로다
>
> 상 원 원 원 혜   십 오 일 언
> 上元元元兮여十五一言이로다
>
> 십 오 일 언 혜   금 화 이 역
> 十五一言兮여金火而易이로다
>
> 금 화 이 역 혜   만 력 이 도
> 金火而易兮여萬曆而圖로다
>
> 만 력 이 도 혜   함 혜 항 혜
> 萬曆而圖兮여咸兮恒兮로다
>
> 함 혜 항 혜 혜   십 혜 오 혜
> 咸兮恒兮兮여十兮五兮로다

원문 십오가 一

수화가 기제됨이여! 화수는 미제로다.

기제가 미제됨이여! 천지는 삼원일세.

미제가 기제됨이여! 지천이 오원일세.

천지가 지천됨이여! 삼원이 오원되네.

삼원이 오원됨이여! 상원의 원원일세.

상원의 원원이여! 십오가 일언일세.

십오가 일언이니 금화가 바뀌도다.

금화가 바뀜이여! 만세책력 그려내네.

만세책력 그려냄이여! 함괘가 항괘일세.

함괘가 항괘됨이여! 열과 다섯이로다.

수 화 교 역 위 기 제　　천 지 교 이 위 태
水火交易爲旣濟이요天地交而爲泰니

묘 궁　용 사 이 위 오 원
卯宮이用事而爲五元이라

십 오 일　화 이 성 상 원 원 원
十五一이化而成上元元元이며

금 화 역 위 이 성 만 세 지 력
金火易位而成萬歲之曆이라

택 산　감 이 사 해 통　뇌 풍　순 이 만 물　수
澤山이感而四海通하고雷風이順而萬物이遂하고

천 지 정 위　인 물 성 성　수 개 만 세 태 평
天地正位하고人物成性하여遂開萬歲太平하니

십 혜 오 혜 지 공 용　저 의
十兮五兮之功用이著矣니라

＊수화水火가 교역하면 기제旣濟이고, 천지가 교류하면 태泰가 된다. 묘궁
卯宮이 일을 시작하면 5원이 되고, 10과 5와 1이 조화하여 상원원원上元元

元을 이룬다. 금화가 서로 위치를 바꾸어 만세의 책력(캘린더)을 이루므로 연못과 산[澤山]이 감응하여 사해四海가 통하고, 우레와 바람[雷風]이 순응하여 만물이 이루어지고, 하늘과 땅이 올바르게 자리 잡으며[天地正位],[140] 인간과 만물의 본성이 완전히 갖추어져 마침내 만세토록 태평한 시대가 열리므로 10과 5의 공용功用이 드러난다는 것이다.

우 안 십 오 자 개 권 제 일 의 야
愚가按十五者는開卷弟一義也니

고 종 지 이 십 오 가
故終之以十五歌라

기 가 야 포 함 도 체 무 궁 지 의
其歌也에包含道體無窮之意와

차 승 지 이 구 구 음 자
且承之而九九吟者인데

구 즉 낙 서 십 즉 하 도
九則洛書요十則河圖라

구 여 십 호 위 체 용 성 선 후 천
九與十은互爲體用하여成先后天이라

오 자 거 도 서 지 중 앙
五者는居圖書之中央하여

불 역 기 소 이 지 지 덕 곤 지 성 실 위 만 물 지 모 언
不易其所而地之德과坤之性이實爲萬物之母焉이라

＊생각컨대, 십오十五는 책머리를 열자마자 나오는 가장 으뜸가는 뜻이기 때문에 '십오가十五歌'로 끝맺은 것이다. 그 노래는 도체道體의 무궁한 뜻을 포함하고 또한 '구구음九九吟'을 이어받았는데, 9는 낙서요 10은 하도

---

140 『周易』「說卦傳」3장에 나오는 '天地定位'와 정역사상에서 말하는 '天地正位'는 다르다. 전자가 하늘땅이 열리는 순서와 과정을 밝힌 명제라면, 후자는 앞으로 선천이 후천으로 뒤바뀌는 결과로 인해 天地가 地天으로 성립되는 원리를 뜻한다. 그만큼 정역사상은 선후천 관이 밑받침되어 있음을 알 수 있다.

이다. 9와 10이 서로 체용體用을 이루어 선후천을 이룬다. 5는 하도낙서의
중앙에 위치하여 그 자리를 바꾸지 않는다. 땅의 덕과 곤의 본성[地之德,
坤之性]은 실로 만물의 어머니[母]인 것이다.

혹 의 지 왈 역 경
或疑之曰易經에

단 언 괘 지 용 구 용 육 이 불 언 간 지 지 용
但言卦之用九用六而不言干支之用인데

차 경 지 선 언 간 지 이 차 급 괘 설　하 야
此經之先言干支而次及卦說하니何也오

왈 간 지 여 괘 위 개 본 도 서 이 간 지 자　음 양 지 본
曰干支與卦位皆本圖書而干支者는陰陽之本이요

팔 괘 자　강 유 지 본
八卦者는剛柔之本이라

개 역 경　이 강 유 입 본 이 구 육 지 용
蓋易經은以剛柔立本而九六之用으로

질 위 소 장　교 인 관 상 취 용 언
迭爲消長하니敎人觀象取用焉이요

금 지 역　이 음 양 위 원 이 십 일　성 성 명
今之易은以陰陽爲原而十一로成性命하고

오 육　성 운 기　이 시 성 명 기 수 지 성 도
五六으로成運氣하여以示性命氣數之成度하나니

실 천 명 지 역　비 일 부 부 자 지 사 지 야
實天命之易이요非一夫夫子之私智也니라

*혹자는 의심해서 말하기를 "『역경』에서 괘의 용구용육用九用六은 말하
고 간지의 작용을 말하지 않았는데, 이 경經(正易)은 먼저 간지를 말하고
다음에 괘를 설명한 것은 무엇인가?"라고 했다. 대답하기를 "간지와 괘위
卦位는 모두 하도낙서에 근거한 것인데, 간지는 음양의 근본이요 8괘는 강
유의 근본이다. 대개 『역경』은 강유로 근본을 세우고, 9와 6의 작용이 교

대로 줄어들고 자라나는 것으로 사람들이 상象을 관찰하여 쓰임(의 방법)을 취하는 가르침으로 삼았다. 지금의 역(정역)은 음양으로 근원을 삼고, 10과 1[十一]로 성명性命을 이루고, 5와 6이 운기運氣를 이루어 성명性命과 기수氣數가 도수를 완성하는 것을 보였으니, 실로 천명의 역[天命之易]이지 일부선생님의 사사로운 지혜가 아니다."

정 역 주 의
正易註義 上 終[141]

---

141 필사본에서는 여기에서 처음으로 '正易大經 上終'이 등장한다.
『정역대경』(필사본)과 『정역주의』(하상역본)는 여기까지를 「십오일언」으로 구성하였다.

정 역 주 의
正易註義 下[142]

上元丑會干支圖 ¹⁴³
<small>상 원 축 회 간 지 도</small>

要旨 '상원축회간지도'는 후천에 쓰일 새로운 6갑의 조직도 구성을 밝힌 이론이다. 선천에는 天干이 甲에서 시작했던 것이 후천은 己로 시작한다는 것이다. 천간이 바뀌면 地支 역시 바뀌는데, 선천에는 甲이 앞서가면 地支로는 子가 따라갔다. 후천에는 地支가 앞서가고 天干이 뒤따르는 체계로 구성된다. 선천의 하늘 중심의 사유에서 후천은 땅 중심의 사유로 바뀌기 때문에 김일부의 『정역』은 일종의 혁명사상이다. 선천이 子에서 시작하여 亥로 끝나던 것이 후천은 終始原理에 의해 굽혔던 둘째손가락을 다시 펴면서 亥子하면 모두 펴진다. 그 상태에서 만물이 새로워지는 탄생을 알리는 丑부터 다시 꼽는 것이 곧 地支 중심의 6갑 조직이다. 천간의 己와 지지의 丑을 결합하여 己丑이 후천 6갑 조직의 출발점임을 설명하고 있다.

<small>상 수야 원 시야 상원 위수시야 축 지야</small>
上은首也요元은始也니上元은謂首始也라丑은地也요

<small>회 합야 축회자 개위지벽지회야</small>
會는合也니丑會者는盖謂地闢之會也라

<small>간 간야 지 지야 천지간 여목지간</small>
干은幹也요支는枝也라天之干은如木之幹이요

<small>지지지 여목지지이위천간만지 유시이달야</small>
地之支는如木之枝而謂千幹萬枝가由是而達也라

<small>십우천지성고 간자 일십야 지자 십우야</small>
十又天之性故로干字는一十也라支字는十又也라

<small>선성조자지의 취기본연지리 가견의</small>
先聖造字之義에取其本然之理를可見矣라

* 상上은 머리요 원元은 시작으로 상원上元은 가장 으뜸으로 시작한다는

---

143 『정역대경』과 『정역주의』는 "上元丑會干支圖"부터 「십일일언」을 시작한다.

뜻이다. 축丑은 땅[地]을, 회會는 합하다[合]는 뜻으로 축회丑會는 땅이 열리는 때[地闢之會]를 가리킨다. 간干은 줄기이며, 지支는 가지이다. 하늘의 줄기[天之干]는 나무의 줄기와 같으며, 땅의 가지[地之支]는 나무의 가지처럼 수많은 줄기와 가지가 이로 말미암아 자라는 것을 일컫는다. 십十은 하늘의 본성으로 간干이란 글자는 일一과 십十의 합성어다. 지支는 열 십十과 또 우又 자의 합성어다. 앞 성인이 글자를 만든 뜻에서 본연의 이치를 취한 것을 볼 수 있다.

기축궁   경인신묘임진계사갑오을미병신정유무술
己丑宮은庚寅辛卯壬辰癸巳甲午乙未丙申丁酉戊戌이니라

기해궁   경자신축임인계묘갑진을사병오정미무신
己亥宮은庚子辛丑壬寅癸卯甲辰乙巳丙午丁未戊申이니라

기유궁   경술신해임자계축갑인을묘병진정사무오
己酉宮은庚戌辛亥壬子癸丑甲寅乙卯丙辰丁巳戊午니라

기미궁   경신신유임술계해갑자을축병인정묘무진
己未宮은庚申辛酉壬戌癸亥甲子乙丑丙寅丁卯戊辰이니라

기사궁   경오신미임신계유갑술을해병자정축무인
己巳宮은庚午辛未壬申癸酉甲戌乙亥丙子丁丑戊寅이니라

기묘궁   경진신사임오계미갑신을유병술정해무자
己卯宮은庚辰辛巳壬午癸未甲申乙酉丙戌丁亥戊子니라

원문

기축궁은 경인, 신묘, 임진, 계사, 갑오, 을미, 병신, 정유, 무술이다.
기해궁은 경자, 신축, 임인, 계묘, 갑진, 을사, 병오, 정미, 무신이다.
기유궁은 경술, 신해, 임자, 계축, 갑인, 을묘, 병진, 정사, 무오이다.
기미궁은 경신, 신유, 임술, 계해, 갑자, 을축, 병인, 정묘, 무진이다.
기사궁은 경오, 신미, 임신, 계유, 갑술, 을해, 병자, 정축, 무인이다.

正易
정역

기묘궁은 경진, 신사, 임오, 계미, 갑신, 을유, 병술, 정해, 무자이다.

후 천　실 을 축 회 이 이 기 축 기 두 자
后天은實乙丑會而以己丑起頭者는

기 십 축 십　이 십 성 성 고 야
己十丑十으로以十成性故也라

재 선 천 즉 실 임 자 회 이 이 갑 자 기 두 상 사 야
在先天則實壬子會而以甲子起頭相似也라

개 임 일 자 일　위 태 극 수 이 선 천 용 구 지 도
盖壬一子一은爲太極數而先天用九之道이니

불 용 태 극 수 고　이 갑 자 기 원
不用太極數故로[144]以甲子起元이라

＊후천은 실제로 축회丑會인데, 기축己丑을 머리로 일으킨[起頭] 것은 기己도 10이고 축丑도 10으로 10이 (만물의) 본성을 이루기 때문이다. 선천은 실제로 임자회壬子會이지만 갑자甲子로 기두한 것과 유사하다. 대개 임壬도 1이고 자子도 1인 태극수太極數인데, 선천은 9를 사용하는 시대로서 태극을 쓰지 않기 때문에 갑자를 으뜸으로 일으킨 것이다.

---

144 필사본에서는 '태극' 다음에 '數'字가 있다.

二十八宿運氣圖

이 십 팔 수 운 기 도

要旨 선후천변화는 태양계에 안에서 발생하는 소규모의 사건이 아니라 적어도 북극성과 북두칠성을 둘러싼 28수로 확대된다는 것이 정역사상의 입론근거라 할 수 있다. 지지가 바뀜에 따라 선천에 角宿에서 출발했던 것 또한 거꾸로 軫宿로 바뀌고, 더욱이 5행의 구조와 함께 朔望의 기준점도 새롭게 정립되는 이치를 입체적으로 밝히고 있다.

천 무 형 체　　이 이십 팔 수　위 형 체 야
天은無形軆이나以二十八宿로爲形軆也라

재 선 천　기 어 각 항　　역 천 이 운 행
在先天은起於角亢하여逆天而運行하고

후 천 즉 기 어 진 익　　순 천 이 운 행 야
后天則起於軫翼하여順天而運行也하니라

＊하늘은 형체가 없으나 28수宿로 형체를 삼는다. 선천은 각항角亢에서 일어나 하늘을 거스르며[逆] 운행하지만, 후천은 진익軫翼에서 일어나 하늘을 순행[順]하며 운행한다.

계 미	진	계 축
癸未	軫	癸丑
갑 신	익	갑 인
甲申	翼	甲寅
을 유	장	을 묘
乙酉	張	乙卯
병 술	성	병 진
丙戌	星	丙辰
정 해	류	정 사
丁亥	柳	丁巳

오 戊午	귀 鬼	무자 戊子
미 己未	정 井	기축 己丑
신 庚申	삼 參	경인 庚寅
유 辛酉	자 觜	신묘 辛卯
술 壬戌	필 畢	임진 壬辰
해 癸亥	묘 昴	계사 癸巳
자 甲子	위 胃	갑오 甲午
축 乙丑	루 婁	을미 乙未
인 丙寅	규 奎	병신 丙申
묘 丁卯	벽 壁	정유 丁酉
진 戊辰	실 室	무술 戊戌
사 己巳	위 危	기해 己亥
오 庚午	허 虛	경자 庚子
미 辛未	녀 女	신축 辛丑
신 壬申	우 牛	임인 壬寅

계묘 癸卯	두 斗		계유 癸酉
갑진 甲辰	기 箕		갑술 甲戌
을사 乙巳	미 尾		을해 乙亥
병오 丙午	심 心		병자 丙子
정미 丁未	방 房		정축 丁丑
무신 戊申	저 氐		무인 戊寅
기유 己酉			기묘 己卯
경술 庚戌			경진 庚辰
신해 辛亥	항 亢		신사 辛巳
임자 壬子	각 角		임오 壬午

亢角二宿尊空詩
_{항 각 이 수 존 공 시}

要旨 별자리 이동은 태양계의 변화와 직결되고, 태양계의 시스템이 바뀌면 年月日時도 반드시 바뀌게 마련이다. 음력은 보통 한달이 28일인데, 이것이 정상궤도로 전환되면 한달은 30일이 되기 때문에 28수의 구성도 바뀌는 이치를 시로 읊었다.

_{존 공 위 존 기 위 이 공 야}
尊空은 謂尊其位而空也라

_{기 유 경 술 토 왕 십 팔 수 야}
己酉庚戌은 土旺十八數也요

_{기 묘 경 진 천 지 이 종 수 야 특 존 기 수 이 공 기 위 야}
己卯庚辰은 天地二終數也일새 特尊其數而空其位也라

* 존공尊空은 그 위치를 존귀하게 여겨 비워두는 것을 뜻한다. 기유己酉, 경술庚戌은 토土 기운이 왕성한 18수數이다. 기묘己卯, 경진庚辰은 천지가 둘로 마치는 수이다. 특별히 그 수를 존귀하게 여겨 비워두는 것이다.

_{하 물 능 청 각 신 명 저 불 항 실 장 삼 십 육}
何物이能聽角고神明氐不亢을室張三十六은

_{막 막 막 무 량}
莫莫莫无量을

원문 무슨 물건이 능히 뿔소리를 잘 듣는고.

신명인지라, 저에서 항으로 나아가지 못하는구나.

실부터 장까지 36도는

아득하고 아득하여 무량하도다.

용　양물야　양지덕　칭용언
龍은陽物也니陽之德은稱龍焉이라

양지실　재항이각우용지위병고
陽之失은在亢而角又龍之威柄故로

촉처　무암석지강
觸處는无巖石之剛이라

재선천　기어각항즉개양항지상
在先天은起於角亢則盖陽亢之象이니

이선천기질지성　다항　시야
而先天氣質之性의多亢이是也니라

＊용은 양물陽物로 양의 덕을 용龍이라 칭한다. 양의 과실은 지나침[失]
에 있으나, 뿔[角]은 용의 위엄과 권세인 까닭에 접촉하는 곳은 암석보다
더 강하다. 선천에서는 각항角亢에서 일어나므로 대개 양이 지나친[亢] 양상
으로서 선천에서 기질지성氣質之性이 많이 지나친 것[亢]이 바로 그것이다.

저　즉저야　용지신명　재각고
氏는卽底也라龍之神明이在角故로

능청기각이저어무신무인
能聽其角而氏於戊申戊寅일새

공어기유경술　기묘경진　차궁지공　비특수존야
空於己酉庚戌과己卯庚辰이니此宮之空은非特數尊也요

역위일월출입문고　존기위야
亦爲日月出入門故로尊其位也라

＊저氏는 곧 낮추어 숙이다[底]는 뜻이다. 용의 신명神明은 뿔[角]에 있기
때문에 뿔로 능히 들을 수 있으나, 무신戊申과 무인戊寅에서 낮추므로[氏]
기유己酉경술庚戌과 기묘己卯경진庚辰을 비워두는 것이다. 이 두 궁을 비
우는 것은 수가 특별히 존귀해서가 아니며, 역시 일월이 출입하는 문이기
때문에 그 자리(위치)를 존귀하게 여긴 것이다.

차 각 장 어 월 종　　시 위 무 각 지 상 고　왈 신 명 저 불 항 야
且角藏於月終이니是爲無角之象故로曰神明氏不亢也라

개 건 지 용 구　전 군 룡　무 수　길　과 연 의
蓋乾之用九는見群龍하되无首하면吉이果然矣로다

＊또한 각角은 달이 마치는 곳에서 감추어지는 것이 뿔 없는 모양이기 때
문에 '신명이 저에서 나아가지 않음[神明氏不亢]'이라고 말했던 것이다.
대개 건괘에서 "9수를 쓰는 것은 뭇 용을 보되 머리가 없으면 길할 것이
다[用九, 見群龍, 无首, 吉]"라고 말한 것이 과연 그러하다.

실　즉 처 야　여 가 군 가 유 실 인 야
室은卽妻也요如家君之有室人也라

무 술 궁　기 사 궁 지 실 야　무 진 궁　기 해 궁 지 실 야
戊戌宮은己巳宮之室也요戊辰宮은己亥宮之室也니

차 양 궁　적 당 어 일 월 지 십 육 일
此兩宮은的當於一月之十六日하여

순 승 선 천 영 허 지 정 이 계 해 계 사
順承先天盈虛之政而癸亥癸巳는

위 일 시 지 기 두 즉 자 차 지 피 위 삼 십 육 도 고
爲日時之起頭則自此至彼爲三十六度故로

위 실 장 삼 십 육 야
謂室張三十六也라

＊실室은 곧 아내[妻]로서 가정에서 남편에게 아내가 있는 것과 같다. 무
술궁은 기사궁의 아내이며, 무진궁은 기해궁의 아내이다. 이 두 궁은 한
달의 16일에 해당하고, 선천에서 영허盈虛하는 정사를 순응하여 계승하
고, 계해癸亥와 계사癸巳는 하루[日時]가 시작하는[起頭] 것이므로 여기서
부터 저기까지가 36도인 까닭에 '실에서 장까지는 36이다[室張三十六]'라
고 한 것이다.

막 막 막　위 광 막 무 제 야
莫莫莫은謂廣漠無際也라

개 용 지 덕　정 중　　자 비 이 겸 퇴
盖龍之德이正中으로自卑而謙退하니라

태 음 지 덕　유 순　　거 후 이 당 위 고
太陰之德은柔順으로居后而當位故로

극 찬 기 공 덕 지 광 막 무 제 이 불 가 량 야
極讚其功德之廣漠無際而不可量也라

＊'막막막莫莫莫'은 아주 넓고 넓어 경계가 없는 것을 말한다. 대개 용龍의
덕은 정중正中으로 스스로 낮추어 겸손하게 물러나는 것이다. 태음은 유
순한 덕으로 (태양보다) 뒤에 거처하는 것을 마땅한 자리로 삼기 때문에
그 공덕이 경계가 없이 넓고 넓어 헤아릴 수 없음을 극찬한 것이다.

> 무 공　평 위 산　　문 덕　양 심 탕
> 武功은平胃散이요文德은養心湯을
>
> 정 명 금 화 리　　율 려 조 음 양
> 正明金火理하니律呂調陰陽을

원문 무공은 뱃속을 평안하게 하는 가루약이요,

문덕은 마음을 기르는 탕약이로다.

금화의 이치를 올바르게 밝히니,

율려가 음양을 조절하는구나.

위 자　곡 부 야　천 여 인　무 이 리 야
胃者는穀腑也라天與人이無二理也니

위 자 지 의　전 여 월　합 체 야
胃字之義는田與月로合體也라[145]

---

[145] 필사본은 방점을 찍지 않고, '田與月合體也'로 표현했다.

전 자 토 야 월 자 진 야 이 류 상 합 자 야
田者는土也요月者는辰也니以類相合者也라

개 위 지 수 곡 양 정 여 토 지 수 물 성 형 야
盖胃之受穀養精은如土之受物成形也라

무 공 위 위 평 야 위 허 즉 기 흠 위 실 즉 기 양
武功은謂胃平也라胃虛則氣欠하고[146]胃實則氣養하니

위 지 성 필 수 곡 충 실 연 후 전 체 지 기 가 보 야
胃之性은必受穀充實然後에全體之氣를可保也라

＊오장육부의 하나인 위胃는 곡물을 저장하는 장부[穀腑]이다. 하늘과
인간에게 두 개의 이치가 없다. 위胃는 밭 전田과 육달 월月의 몸체를 합한
것이다. 밭[田]은 토土이며, 월月은 별 진辰으로 같은 종류를 서로 합한 것이
다. 대개 위는 곡물을 받아서 정기를 기르는데, 마치 흙[土]이 물건을
받아서 형체를 이루는 것과 같다. 무공武功은 위가 평안해지는 것을 가리
킨다. 위가 비면 기氣가 부족해지고, 위가 충실하면 기氣가 길러진다. 대개
위의 본성은 반드시 곡기를 받아 충실해진 뒤에야 전체의 기를 보전할 수
있는 것이다.

개 갑 자 목 지 기 오 자 화 지 신 야
盖甲者는[147]木之氣요午者는火之神也요

자 자 수 지 정 야 범 목 지 실 통 위 지 곡 야
子者는水之精也니凡木之實은統謂之穀也라

위 수 갑 목 지 정 연 후 능 양 자 오 지 정 신 고 위 성
胃受甲木之精然後에能養子午之精神故로胃星은

정 당 어 갑 오 갑 자 즉 진 가 위 평 위 이 신 무 지 공 성 의
正當於甲午甲子則眞可謂平胃而神武之功이成矣라[148]

즉 맹 자 소 위 천 지 고 야 성 신 지 원 야
卽孟子所謂天之高也와星辰之遠也이나

---

146 필사본은 '虛胃'라고 기록했으나, '胃虛'로 고치는 교정표시가 있다.
147 필사본에는 '盖' 자가 없다.
148 필사본에는 '謂胃平'으로 기록하고 있다.

구 구 기 고　개 좌 이 가 추 야
苟求其故면皆坐而可推也니라

역 유 위 선 언 천 자　이 인 험 자 야
亦猶謂善言天者는以人驗者也라

＊대개 갑甲은 목의 기[木之氣]이며, 오午는 화의 신[火之神]이며, 자子는 수水의 정수[水之精]이다. 무릇 목의 본질을 통괄하는 것을 곡穀이라 한다. 위는 갑목甲木의 정수를 받아들인 뒤에야 능히 자오子午의 정신精神을 기를 수 있기 때문에 위수胃宿(胃星)가 갑오, 갑자에 똑바로 자리잡으면 진실로 위가 평안하여 신령스런 무공이 이루어질 수 있다는 것이다. 그래서 맹자孟子가 이른바 "하늘이 높고 별들이 멀리 있으나 진실로 궁극적 이유를 추구한다면 앉아서도 헤아릴 수 있다"[149]고 한 것은 역시 하늘을 잘 말하는 자는 사람을 징험한 것이라 할 수 있다.

심 자　형 지 주　신 지 군　화 지 장 야
心者는形之主요神之君이며火之臟也니

천 여 인　즉 일 리 야
天與人이則一理也라

개 심 지 위 자　전 체 원 환 이 상 천
蓋心之爲字는全體圓環而象天하고

사 획　방 정 이 상 지　기 중　지 허 이 유 구 중 리 지 상 언
四劃은方正而象地하며其中은至虛而有具衆理之象焉이라

＊마음은 형체의 주인으로 신의 군주이며 불을 저장하는 곳간이다. 하늘과 사람은 하나의 이치이다. 대개 마음이라는 글자는 전체가 둥그런 하늘을 형상한 것이며, 네 개의 획은 방정方正한 땅을 형상한 것이며, 그 중앙은 지극히 허虛하여 모든 이치를 갖추고 있는 형상이다.

---

149 『孟子』「離婁章句(下)」, "天之高也, 星辰之遠也, 苟求其故, 千歲之日至, 可坐而致也."

문덕 위리득어심야 심허즉신명 심폐즉정암
文德은 謂理得於心也라 心虛則神明하고[150] 心蔽則精暗하니

심지리 소폐허중연후 전일지성 가복야
心之理는 消蔽虛中然後에 專一之性을 可復也라

＊문덕文德은 이치를 마음에서 터득한 것을 뜻한다. 마음을 비우면 신神이 밝아지고 마음이 가리워지면 정精이 어두워진다. 마음의 이치는 가리워진 것이 사라지고 중심이 비워진 뒤에야 한결같은 하나의 본성[專一之性]을 회복할 수 있다.

개 병 자 양 화 야 오 자 강 화 야
盖丙者는 陽火也요 午者는 剛火也라

태양 득병이오포언 자오 원불상리지물야
太陽은 得丙而午胞焉하니라 子午는 元不相離之物也니

장 병 화 지 기 연 후 능 교 자 오 복 구 고
藏丙火之氣然後能交子午復姤故로[151]

심 성 정 당 어 병 오 병 자 즉 시 내 복 초 지 도 야
心星은 正當於丙午丙子則是乃復初之道也라

특 가 이 용 약 방 문 찬 송 자 심 위 구 속 장 부 고 야
特假以用藥方文讚頌者는 心胃俱屬臟腑故也라

＊대개 병丙이란 양화陽火이며, 화火는 강화剛火이다. 태양은 병丙을 얻어 오午에서 포포한다. 자오子午는 원래부터 서로 떨어질 수 없는 관계이기 때문에 병화丙火의 기를 저장한 뒤에야 능히 자오子午가 교류하여 복구復姤[152]가 되므로 심수心宿(心星)는 병오丙午와 병자丙子에서 똑바로 자리 잡으면 곧 시초로 회복하는 원리[復初之道]가 되는 것이다. 특별히 약방문藥方文을 빌려서 찬송한 것은 심心과 위胃가 모두 장부에 속하기 때문

---

150 필사본은 '心則虛'로 되어 있는데 '心虛則'으로 고치는 교정표시가 있다.

151 필사본은 '心臟丙火之氣然後, 能交子午復姤故'로 띄어쓰기를 했는데, 하상역본은 마음 心을 누락한 것으로 보인다.

152 地雷復卦와 天風姤卦를 뜻한다.

이다.

어 오 행　　위 우 속 금　　심 즉 속 화　　정 명 차 금 화 지 리
於五行으로胃又屬金하고心則屬火하니正明此金火之理이요

음 양 득 율 려 지 조 이 평 위 양 심 야
陰陽得律呂之調而平胃養心也라[153]

차 소 이 영 탄 무 공 문 덕 지 겸 비 야
此所以詠歎武功文德之兼備也니라

＊5행으로 위는 금金에 속하고 심은 화에 속하는데, 이것은 금화金火 원리를 올바르게 밝힌 것이요, 음양이 율려의 조절을 얻어서 위가 평안해지고 마음이 길러지는 것이다. 이는 무공武功과 문덕文德을 겸비함을 찬양하여 노래한 것이다.

---

153 필사본에는 '陰陽, 得律'로 방점이 찍혀 있다.

十干十二支圖 [154]
<small>십 간 십 이 지 도</small>

甲八　癸六　壬一　辛九　庚四　己十

　　　戊五　丁二　丙七　乙三

午七　巳二　辰五　卯八　寅三　丑十

子一　亥六　戌五　酉四　申九　未八

---

154 돈암서원에서 출간한 『정역』원본에는 '十干原度數'란 소제목과 함께 둥근 형태로 된 도표가 있다. 그러나 필사본과 하상역본에는 '十干原度數'의 그림 도표가 없고, '十干十二支圖'라는 소제목 아래에 十干과 十二支의 구조를 객관화한 것이 있다. 『정역』원본에 나타난 '十干原度數'의 발상은 아마도 李相龍의『正易原義』(1913년 大宗敎에서 河相易의 이름으로 발간) 부록에 있는 '十干原度數'(8쪽)에서 힌트를 얻은 것으로 짐작된다.

金火正易圖

己天戊地,坎日离月,壬癸丙,丁交中成質,位成十二,黑白

分列,乾北**中**南,兌西艮東,巳亥寅申,正位以應,内方外圓,

三十六宮。

기는 하늘이고 무는 땅이요, 감은 태양이고 리는 달과 짝하고, 임계와 병
정은 (우주의) 핵심을 정점으로 교합하여 본질을 이루어 12방향으로 자
리잡고 흑백으로 나뉜다. 건과 곤은 각각 북쪽과 남쪽, 태와 간은 각각 서
쪽과 동쪽으로, 사해와 인신이 정위正位에서 감응하여 내방외원内方外圓
의 36궁을 형성한다.[155]

---

[155] 돈암서원본은 "정역시"와 "포도시"와 "금화정역도"를 1885년 乙酉에 집필한 것으로 구
성하였다.

布圖詩
포　도　시

要旨 정역사상의 본질과 근원에 해당하는 金火正易圖를 세상에 알리는 시이다. 눈에 보이지 않는 생명의 시원처와 귀결처의 존재를 깨닫고, 우주 운행의 목적과 인간 삶의 목적이 동일하다는 것을 밝히고 있다.

만 고 문 장 일 월 명　　일 장 도 화 뇌 풍 생
萬古文章日月明하니**一張圖畫雷風生**이라

정 관 우 주 무 중 벽　　수 식 천 공 대 인 성
靜觀宇宙无中碧하니**誰識天工代人成**가[156]

원문 포도시 ─

　　만고의 문장이 해와 달처럼 밝으니,

　　한 장의 그림이 뇌풍을 낳게 했네.

　　고요히 우주의 무중벽을 바라보노니,

　　천공이 사람을 대신해서 이룰 줄을 누가 알았으랴.

천 지　이 일 월　성 문 장　　이 뇌 풍　　행 정 령 야
天地는**以日月**로**成文章**하고**以雷風**으로**行政令也**라

천 무 체 고　　위 지 무 중 벽 야　차 언 천 공　　인 기 대 지
天无軆故로**謂之无中碧也**라**此言天工**을**人其代之**하여

능 성 일 장 도 화 이 통 관 우 주 무 궁 지 화
能成一張圖畫而洞觀宇宙无窮之化와

---

156 『정역』 원문의 이 부분이 돈암서원본과 차이가 있다.
필사본과 하상역본 : 誰識天工代人成/돈암서원본 : 誰識天工待人成
돈암서원본의 기다릴 '대待'는 현재의 어떤 특정한 인물 혹은 앞으로 하늘의 공능[天工]을 이룰 수 있는 누군가가 새롭게 태어나기를 학수고대한다는 뜻이다. 만일 특정한 인물로 해석할 경우는 이 세상을 구제하는 구세주를 가리킬 터이다. 한편 대신 '대代'는 천지인 삼재 중의 하나인 사람이 하늘의 일을 대신하여 완수한다는 뜻으로 인간의 존엄성과 위대성을 강조하는 의미로 보아야 할 것이다.

일 월 항 구 지 도　뇌 풍 불 패 지 의 야
日月恒久之道와 雷風不悖之義也니라

＊천지는 일월로서 문장文章을 이루고, 뇌풍으로 정령政令을 행사한다. 하늘은 일정한 실체가 없기 때문에 무중벽无中碧이라 부른다. 이것은 천공天工을 인간이 대신하여[157] 능히 한 장의 도서圖書(하도낙서)로 만들어 일월이 항구불변하고 뇌풍이 서로 어긋나지 않는 우주의 무궁한 변화를 통관한 것이다.[158]

---

157 『書經』「虞書」"皐陶謨", "天工을 人其代之하나니이다."
158 돈암서원본은 "정역시"와 "포도시"와 "금화정역도"를 1885년 乙酉에 집필한 것으로 구성하였다.

先后天正閏度數 ¹⁵⁹
선 후 천 정 윤 도 수

要旨 天圓地方을 근거로 선후천으로 나누고, 더 나아가 선후천을 통합한 原天의 세계가 존재함을 밝히고 있다.

先天은 體方用圓하니 二十七朔而閏이니라
선 천 체 방 용 원 이 십 칠 삭 이 윤

원문 선후천정윤도수 — 선천은 방을 본체로 하고 원을 작용으로 삼으니, 27삭만에 윤달이 든다.

耦數爲體요奇數爲用이니謂之體方用圓이라
우 수 위 체 기 수 위 용 위 지 체 방 용 원

奇行无定故로三歲而置閏이라
기 행 무 정 고 삼 세 이 치 윤

＊짝수가 본체이고 홀수는 작용이므로 '체방용원體方用圓'이라 한다. 홀수의 운행은 일정한 실체가 없는 까닭에 3년에 윤달을 두는 것이다.

后天은 體圓用方하니 三百六旬而正이니라
후 천 체 원 용 방 삼 백 육 순 이 정

원문 후천은 원을 본체로 하고 방을 작용으로 삼으니, 360일이 올바른 1년(돌)이 된다.

奇數는爲體요耦數爲用이니謂之體圓用方이라
기 수 위 체 우 수 위 용 위 지 체 원 용 방

---

159 필사본에서는 이 내용에 대한 제목인 「선후천정윤도수」가 없다.

우 행 필 립 고　일 기 이 득 정
耦行必立故로一朞而得正이라

* 홀수가 본체이고 짝수는 작용이므로 '체원용방體圓用方'이라 한다. 짝수
의 운행은 반드시 정립되는 까닭에 1년의 올바름[正]을 얻는다.

원 천　무 량
原天은 无量이니라

원문 원래의 하늘은 무량하다.

조 화　위 지 원 천　　화 신　위 지 무 량
造化를謂之原天이요化神을謂之无量이라

* 조화造化를 일컬어 원천原天이라 하고, 조화의 신[化神]은 무량无量하다
고 한다.

先后天周回度數
_{선 후 천 주 회 도 수}

要旨 김일부는 지구의 하루 공전 주기를 중심으로 선천과 후천이 어떻게 다르며, 이러한 객관적 사실을 바탕으로 지금은 118,643년이 지났음을 계산하였다. 또한 스승인 淵潭先生과의 만남을 통해 새로운 선후천관을 정립하는 과정을 짤막한 시로 술회하였다.

> 선 천   이 백 일 십 육 만 리
> **先天**은 二百一十六萬里니라
>
> 후 천   삼 백 이 십 사 만 리
> **后天**은 三百二十四萬里니라
>
> 선 후 천 합 계 수   오 백 사 십 만 리
> **先后天合計數**는 五百四十萬里니라

원문 선후천주회도수 — 선천은 216만리이다. 후천은 324만리이다. 선후천을 합한 수는 540만리이다.

천 유 출 지 삼 십 육 도
天有出地三十六度하니

도   이 육 승 지   위 이 백 일 십 육 만 리
度를以六乘之하면爲二百一十六萬里이요

천 유 입 지 삼 십 육 도
天有入地三十六度하니

도   이 구 승 지   위 삼 백 이 십 사 만 리
度를以九乘之하면爲三百二十四萬里라

개 수 토 기 평   육 합 득 성 도 고
盖水土旣平하면六合得成度故로

선 후 천 합 계 수   위 육 구 오 십 사
先后天合計數는爲六九五十四라

＊하늘이 땅에서 나온 각도가 36도인데, 그 度度를 6으로 곱하면 216만리

가 된다. 하늘이 땅으로 들어간 각도가 36도인데, 그 度度를 9로 곱하면

324만리이다. 대개 수토水土[160]가 이미 음양의 균등을 이루면[水土旣平]

상하사방의 도수가 완성되기 때문에 선후천의 합계수는 6 × 9 = 54가

되는 것이다.

반 고 오 화 원 년 임 인
盤古五化元年壬寅으로

지 대 청 광 서 십 년 갑 신　십 일 만 팔 천 육 백 사 십 삼 년
至大淸光緒十年甲申이十一萬八千六百四十三年이니라[161]

원문 반고 오화五化 원년인 임인으로부터 청나라 광서 10년 갑신까지

118,643년이다.

반 고　위 무 술 궁　　오 화　위 오 도 이 화 화 자　지 형 화 야
盤古는謂戊戌宮이요五化는謂五度而化化者로指形化也라

임　왕 야　인　인 야　인 득 임 이 왕　　인 유 인 이 생 언
壬은王也요寅은人也니寅得壬而旺하니人由寅而生焉이라

＊반고盤古는 무술궁戊戌宮이며, 오화五化는 5도度를 지나 창조적 조화[化

化]가 일어나 형체로 변화되는 것을 가리킨다. 임壬은 왕王이고 인寅은 인

人이다. 인寅이 임壬을 얻으면 왕성하게 되어 사람이 인寅에 연유하여 생겨

난다는 것이다.

---

160 1水로 시작하는 太極과 10土를 상징하는 無極이 왼손 엄지손가락에서 하나로 만나는
형상, 즉 선천 9수의 세상이 후천 10수의 세상으로 바뀌는 것을 手指象數라는 형식에 빌려
설명한 것이다.
161 필사본에서는 '至淸'으로 되어 있다.

개 무 술　형 화 지 주 이 오 도 이 지 임 인
蓋戊戌은 形化之主而五度而至壬寅하면

기 왕 이 화 인 고　이 임 인　입 기 원 야
氣旺而化人故로 以壬寅으로 立紀元也라

시 기 년 조 소 이 연　　한 미 문 어 사 설 이 무 리 가 거 고
是其年條所以然이건만 恨未聞於師說而无理可據故로

고 궐 지　이 사 후 지
姑闕之하니 以俟後知라

* 대개 무술은 형체로 변화시키는 주인공으로서 5도를 지나 임인壬寅에 이르면 기氣가 왕성하여 사람으로 변화되기 때문에 임인을 기원紀元으로 세운 것이다. 이것이 곧 햇수[年條]를 밝힌 이유인데, 스승의 설명을 듣지 못한 것이 한스러우나 무리하게 의탁했기 때문에 마지못해 빠뜨린 것이다. 후학의 지혜를 기다릴 뿐이다.

우　안 간 지 위 서 글 지 조　천 하　무 리 외 지 물
愚가 按干支爲書契之祖요 天下는 无理外之物이니

인 기 서 이 추 기 리 즉 간 지 병 자　인 거 내
因其書而推其理則干之丙字는 人居內하고

지 지 인 자　인 유 하
支之寅字는 人由下하니

개 태 양 지 화 어 병 인　생 어 임 인　시 개 자 연 지 리 야
蓋太陽之化於丙寅하여 生於壬寅하니 是皆自然之理也라

* 내가 살피건대, 간지干支는 글자의 시초로서 천하의 사물은 이치를 벗어나는 것이 없다. 글에 근거해서 이치를 추론하면 천간[干]의 병丙이라는 글자는 사람이 그 안에 있으며[人居內], 지지[支]의 인寅은 사람이 아래에서 비롯되었는데[人由下], 대개 태양이 병인丙寅에서 조화를 이루어 임인壬寅에서 생겨나는 것은 모두 자연의 이치이다.

차 천 자 지 리　　천 일 지 일　　이 획　　합 위 인 이 성 자
且天字之理는 天一地一의 二劃과 合爲人而成字이니

천 필 불 이 어 인 야
天必不二於人也라

유 형 화 하 양 계 즉 강 충 지 인 야
由形化下陽界則降衷之人也며

사 형 신 귀 음 계 즉 본 연 지 천 야　　인 역 불 이 어 천 야
捨形身歸陰界則本然之天也니 人亦不二於天也라

인 지 차 리 즉 기 가 자 사 이 이 어 천 호
人知此理則豈可自私而二於天乎리요

기 혹 순 인 욕 이 불 복 어 천 자　　불 가 위 지 인 의　　　애 재
其或循人欲而不復於天者는 不可謂之人矣리니 哀哉라

＊또한 천天이라는 글자의 이치도 천일지일天一地一의 두 획이 합해서 사람 인人 자가 만들어지는 것이다. 따라서 하늘[天]은 사람[人]과 둘이 아니다. 형체로 변하는 것으로 말미암아 양계陽界로 내려오면 사람이 되는 것이고, 형신形身을 버리고 음계陰界로 돌아가는 것이 본연의 하늘이므로 사람 역시 하늘과 둘이 아닌 것이다. 사람이 이 이치를 알면 어찌 스스로 사사롭게 하늘과 둘이 되겠는가. 혹시 인욕人欲을 좇아 하늘로 돌아가지 않는 자는 사람이라고 할 수 없으므로 애석하도다.

여 년 삼 십 육　　시 종 연 담 이 선 생　　　　관 전 주 휘 운 규
余年三十六에 始從蓮潭李先生（貫 全州 諱 雲圭）하니

선 생　　사 호 이 자 왈 관 벽　　　　　사 시 일 절 왈
先生이 賜號二字曰觀碧이라 하시고 賜詩一絶曰

관 담　　막 여 수　　호 덕　　의 행 인
觀淡은 莫如水요 好德은 宜行仁을

영 동 천 심 월　　　권 군 심 차 진
影動天心月하니 勸君尋此眞하소

원문 내 나이 서른 여섯에 비로소 연담 이선생을 따르니, 선생이 호 두 글자를 내려 '관벽'이라 하시고 시 한 수를 주셨다.

맑음을 보는 것은 물 같은 것이 없고,

덕을 좋아함은 인을 행하는 것이 마땅하다.

달빛이 천심월에서 움직이니,

그대에게 권하건대 이 진리를 찾아 보시게.

淡은謂潔精也라[162]天下之物은莫非道之著而水爲之精이니

非水之精이면物無所始故로易繫曰精氣爲物이라

盖水之源은靜深无窮하니卽道之體也요

接續不已는卽道之用也요周流无滯는卽知之事也니

故孟子曰觀瀾은必有術이라

＊담淡은 깨끗하고 정결하다[潔精]는 뜻이다. 천하의 사물은 '도'의 드러남이 아닌 것이 없으므로 물[水]은 (만물을 형성시키는) 정기[精]가 된다. 물의 정기가 아니면 만물은 시작함이 없는 까닭에 『주역』「계사전」은 "정과 기가 사물이 된다[精氣爲物]"[163]고 했던 것이다. 대개 물의 근원은 고요하면서 심원하고 무궁하므로 도의 본체이며, 계속 교차하여 그치지 않는 것은 도의 작용이며, 두루두루 흘러서 막히지 않음은 앎의 일이다[知之事也]. 그래서 맹자는 "물결을 보는 것에는 반드시 방법이 있다[觀

---

162 필사본에서는 '謂精潔'로 되어 있는데, '謂潔精'으로 수정하는 교정 표시가 있다.

163 『周易』「繫辭傳」上, 4장에 나온다.

瀾]"¹⁶⁴고 하였다.

덕 자　도 지 득 어 심 야
德者는道之得於心也라

개 도 본 고 유 이 득 어 심 즉 지 도 응 언
盖道本固有而得於心則至道凝焉하고

부 득 어 심 즉 도 비 재 아 지 물 고　　부 자 왈 지 덕 자　선 의
不得於心則道非在我之物故로夫子曰知德者는鮮矣라

＊덕德은 마음으로 도를 터득한 것이다. 대개 도는 본래부터 고유固有한 것으로 마음으로 얻으면 지극한 도가 엉기어 굳어진다. 마음으로 얻지 못하면 도는 나에게 있는 물건이 아니므로 공자께서는 "덕을 아는 자가 드물다[知德者鮮矣]"¹⁶⁵라고 말했던 것이다.

인 자　천 지 생 물 지 심　　복 재 만 물 이 혼 연 무 해 자 야
仁者는天地生物之心이니覆載萬物而渾然无害者也라

언 인 능 체 천 생 물 지 심 이 위 심 즉 위 지 호 덕 행 인 야
言人能體天生物之心而爲心則謂之好德行仁也요

불 능 체 천 생 의 이 류 어 인 욕 즉 반 해 어 물 이 덕 비 기 유 야
不能體天生意而流於人欲則反害於物而德非其有也라¹⁶⁶

고　맹 자 왈 군 자 지 이 어 인 자　이 기 존 심 야
故로孟子曰君子之異於人者는以其存心也라

이 인 존 심 즉 애　　이 예 존 심 즉 경
以仁存心則愛요以禮存心則敬이니

존 심 자　위 호 덕 야　애 경 자　위 행 인 야
存心者를謂好德也요愛敬者를謂行仁也라

---

164 『孟子』「盡心章句(上)」, "물을 보는데 방법이 있다. 반드시 그 물결을 관찰해야 한다[觀水有術, 必觀其瀾.]"

165 『論語』「衛靈公」, "공자가 말씀하시기를 '자로야, 덕을 아는 자가 드물구나!'라고 하셨다.[子曰 由, 知德者鮮矣!]"

166 필사본에서는 '德非其也有'로 되어있는데, '有也'로 수정하는 교정표시가 있다.

* 인仁이란 천지가 사물을 낳는 마음으로서 만물을 위에서 덮고 아래에서 실어 혼연일체가 되어 해로움이 없는 것이다. 사람이 능히 사물을 낳는 하늘의 마음을 체득하여 자신의 마음으로 삼는 것을 '덕을 좋아하고 인을 행하는 것[好德行仁]'이라 하며, 하늘이 만물을 낳는 뜻을 체득할 수 없고 인욕人欲으로 흐르면 도리어 사물에 해가 되어 덕은 그에게 있지 않은 것이다. 그러므로 맹자가 "군자가 보통사람과 다른 것은 마음을 보존하는 것에 있다"[167]라고 말했던 것이다. 어짊[仁]을 마음에 두는 것이 사랑[愛]이요, 예禮에 마음을 두는 것이 공경[敬]이므로 '마음을 보존하는 것이 곧 덕을 좋아하는 것[存心者, 謂好德也]'이라 하고, 사랑하고 공경하는 것을 곧 인의 실천이라 한다.

영 동 위 현 기 지 동 야 천 심 월 즉 성 지 복 야
影動은 謂玄機之動也요 天心月은 卽誠之復也라

천 이 자 위 심 고 복 지 단 왈 복 기 견 천 지 지 심
天以子爲心故로 復之彖曰復에 其見天地之心인저라 하니라[168]

개 월 복 우 자 당 천 지 심 고 위 천 심 월 야
盖月復于子하여 當天之心故로 謂天心月也라

* 달빛이 움직인다[影動]는 것은 (새로운 천지를 만들려는 창조적 변화의) 현묘한 기틀이 움직이는 것이다. 천심월天心月은 곧 하늘의 성실성이 회복하는 것[誠之復]이다. 하늘은 자子를 마음으로 삼기 때문에 복괘復卦 단전彖傳은 "회복하는 곳에서 천지의 마음을 볼 수 있다[復, 其見天地之心]"라고 했다. 대개 달은 자子에서 회복하여 하늘의 마음[天之心]에 닿기 때문에 천심월天心月이라 부르는 것이다.

---

167 『孟子』 「離婁章句(下)」, "君子所以異於人者, 以其存心也, 君子以仁存心, 以禮存心. 仁者愛人, 有禮者敬人."
168 필사본은 '復之彖, 曰復, 其見天地之心'으로 기록하고 있다.

蓋李先生이分明見此玄機之動이나不敢先時而開하니라

단 락 기 장 연 지 사   은 근 권 계 문 제 자
但樂其將然之事하고懇懇勸戒門弟子하여¹⁶⁹

사 지 심 차 천 심 월 지 진 리 야
使之尋此天心月之眞理也라

일 부 부 자 지 연 원   개 유 전 수 지 본 여
一夫夫子之淵源이蓋有傳授之本歟인저

＊ 대개 이선생[170]은 분명히 이 현묘한 기틀이 움직이는 것을 보았음에도 감히 시간에 앞서 먼저 드러내고자 하지 않았다. 단지 장래의 일을 즐겨 은근히 문하의 제자들에게 경계의 마음으로 권고하여 이 천심월의 진리를 찾도록 한 것이다. 일부선생님의 연원에 모두 전수의 근본이 있음이로다.

立道詩
입 도 시

要旨 전통 유학과 차별화된 선후천 전환의 원리에 대한 깨달음을 읊은 시로서 유형과 무형의 세계를 꿰뚫은 경지를 얘기하고 있다. 有와 无는 부정과 긍정의 일방적 논리만이 아니라, 유무를 동시에 설명할 수 있는 논리를 개발했음을 알리는 선언문이라 할 수 있다.

> 정 관 만 변 일 창 공　　육 구 지 년 시 견 공
> 靜觀萬變一蒼空하니六九之年始見工을
>
> 묘 묘 현 현 현 묘 리　　무 무 유 유 유 무 중
> 妙妙玄玄玄妙理는[172]无无有有有无中을

원문 입도시 —

　　고요히 만갈래로 변하는 창공을 바라보노니,

　　육구년에 처음으로 천공을 깨달았노라.

　　묘묘하고 현현한 현묘한 이치는

　　없고 없고 있고 있는 유무 속에 있음을.

천　일 도 기 지 적 이 현 원 허 공 고　위 지 창 공
天은一道氣之積而玄遠虛空故로謂之蒼空이라

현 원 자　유 구 무 강 지 실
玄遠者는悠久无强之實이요

허 공 자　고 명 광 대 지 본
虛空者는高明光大之本으로

구 시 실 덕 고　대 도 립　도 기 립 고　만 변　생 언
具是實德故로大道立하고道旣立故로萬變이生焉하나라

---

171 필사본에서는 '裡'로 되어 있는데, 하상역본은 '理'로 수정하였다.

육 구 견 공　위 부 자 년 오 십 사 이 견 할 연 처 야
六九見工은 謂夫子年五十四而見豁然處也요

묘 묘　위 황 홀　　안 자 소 위 첨 지 재 전　　홀 연 재 후
妙妙는 謂怳惚으로 顔子所謂瞻之在前이나 忽然在後요

현 현　위 요 요　자 사 소 위 시 지 불 견　　청 지 불 문
玄玄은 謂窈窅니 子思所謂視之不見하고 聽之不聞이라

언 도 체 지 미　지 신 지 묘　황 홀 난 상　요 요 불 측 야
言道體之微는 至神之妙하고 怳惚難狀하여 窈窅不測也라

＊하늘[天]은 하나의 도기道氣가 쌓여 이루어진 검고 멀고도 먼 허공虛空인 까닭에 창공蒼空이라 한다. 검고도 멀고 멀다[玄遠]란 아득히 멀고 아주 오래되어 강력한 실체가 없음이요, 허공이란 높고 밝으며 넓고도 큰 근본으로 실질의 덕을 갖추었기 때문에 대도大道가 세워지며, 도가 이미 확립된 까닭에 온갖 변화가 생겨나는 것이다. '육구년에 처음으로 천공을 보았다[六九見工]'는 말은 선생님이 나이 54세 때에 활연관통한 것을 뜻한다. 묘묘妙妙는 황홀의 뜻으로서 안연顔淵(顔子)의 이른바 "바라볼 때는 앞에 있더니 홀연히 뒤에 있도다!"[172]라는 말과 같다. 현현玄玄은 그윽하고 깊고 먼 모양[窈窅]으로 자사子思의 이른바 "보아도 보이지 않고, 들어도 들리지 않는다[視之不見, 聽之不聞]"는 뜻이다. 도체道體의 미묘함은 지극히 신령스럽고 오묘하여 그 황홀함을 표현하기 어렵고, 그윽하고 깊어서 헤아릴 수 없음을 말한 것이다.

무 무　위 무 사 무 위　유 유　위 유 물 유 칙
無無는 謂無思無爲요 有有는 謂有物有則이라[173]

언 적 연 부 동 지 체　　입 어 지 무 지 중 이 급 기 감 야
言寂然不動之體로 立於至無之中而及其感也에[174]

---

172 『論語』「子罕」, "顔淵喟然歎曰 仰之彌高, 鑽之彌堅; 瞻之在前, 忽然在後."
173 필사본은 '无无, 謂无思无爲, 有有, 謂有物有則'로 표현하고 있다.
174 필사본은 '言寂然不動之體, 立於至无之中而及其感也'로 표현하고 있다.

수 통 천 하 지 유 지 고 야
遂通天下至有之故也라

＊없고 없음[無無]이란 일체의 사특한 생각이 없고 인위적인 행위가 없는
것[無思無爲]이며, 있고 있음[有有]은 사물이 있으면 그에 합당한 법칙이
있다[有物有則]는 뜻으로 적연부동寂然不動의 본체를 말한다. '지극한 없
음의 중[至無之中]'이 확립되어 느낌의 경지에 미치면 마침내 천하의 '지
극한 있음의 원인[至有之故]'을 통할 수 있는 것이다.

우   위 차 시   부 자 지 덕   합 호 창 공 이 만 변   출 언
愚는 謂此詩에 夫子之德이 合乎蒼空而萬變이 出焉하고[175]

성 립 호 무 물 지 중 이 도 행 호 유 물 지 칙
誠立乎无物之中而道行乎有物之則하여

성 인 지 능 사   필 의
聖人之能事를 畢矣라

＊어리석은 나는 이 시에서 선생님의 덕이 창공蒼空과 하나되어 온갖 변
화가 나오며, 사물이 없는 가운데서도 (하늘에 대한) 정성을 확립하고, 진
리[道]를 사물의 법칙이 통용되는 세계에 실천하여 성인만이 능히 할 수
있는 일을 끝맺었다고 본다.

---

175 필사본은 '合乎蒼空, 萬變出焉.'으로 표현하고 있다.

无位詩

要旨 '무위시'는 유불선 삼교의 핵심을 통합한 깨달음의 시다. 진리란 원래 유불선 삼교의 내용을 갖추고 있는데, 역사와 문명은 시간의 흐름에 따라 각각 달리 나타날 뿐이며, 정역사상은 시간이 많이 흐른 뒤에 세상에 널리 알려질 것을 암시하였다.

도 내 분 삼 리 자 연　　사 유 사 불 우 사 선
道乃分三理自然이니**斯儒斯佛又斯仙**을[176]

수 식 일 부 진 도 차　　무 인 즉 수 유 인 전
誰識一夫眞蹈此요**无人則守有人傳**을

원문 무위시 ―

진리가 셋으로 나뉨은 이치의 자연스러움이니,

이것이 유와 불과 선이 되는구나.

일부가 참으로 이 셋을 밟았음을 누가 알리오.

사람이 없으면 지키고, 있으면 전하리라.

도 수 일 본　　기 적　혹 이　　학 욕 개 선　　기 문　각 수
道雖一本이나**其跡**은**或異**요**學欲皆善**이나**其門**은**各殊**라

개 도 본 무 위 고　　수 기 인 지 탁 적 이 유 이
蓋道本無位故로**隨其人之托跡而有異**하고

인 기 인 지 소 견 이 혹 수　　왈 유 왈 불 왈 선
因其人之所見而或殊하니**曰儒曰佛曰仙**이라

＊진리[道]가 비록 하나의 근본이지만 그 자취는 혹 다르다. 배우고자 하는 것은 모두 선善이지만 들어가는 문은 각각 다르다. 대개 도는 본래 일

---

176 돈암서원본은 '佛'字를 '仸'로 표현하였다.

정한 위치가 없기 때문에 사람의 자취에 의거하여 따르기 때문에 다름이 있으며, 사람의 소견으로 인해 혹시 다를 수 있으므로 유儒와 불佛과 선仙이라 한다.

유 자 수 인 야 위 도 유 어 인 이 행 인 야
儒者는需人也요謂道는由於人而行仁也라

불 자 불 인 야 위 도 불 재 인 이 재 공 야
佛者는弗人也요謂道는不在人而在空也라

선 자 산 인 야 위 도 돈 어 인 이 유 무 야
仙者는山人也요謂道는遯於人而遊無也라

＊유儒는 반드시 필요한 사람[需人]이라는 뜻이며, 그 도道는 사람다움에 근거해서 인仁을 실천하는 것[由於人而行仁]에 있다. 불佛은 불인弗人으로 그 도道는 사람에 있지 않고 공空에 있음을 말한다. 선仙은 산에 사는 사람[山人]이라는 뜻으로 그 도道는 인간세상을 피해 숨어서 무無의 경계에서 노니는 것을 말한다.

유   주 정 이 관 통
儒는主精而貫通이요

불   주 신 이 돈 오
佛은主神而頓悟이요

선   주 기 이 수 련
仙은主氣而修練이니

차 정 기 신 삼 자   개 근 어 심 성 고
此精氣神三者가皆根於心性故로

유 왈 존 심 양 성   석 왈 명 심 견 성   선 왈 수 심 연 성
儒曰存心養性이요釋曰明心見性이요仙曰修心鍊性이니

비 여 공 입 일 실 이 혹 호 혹 유 자 야
比如共入一室而或戶或牖者也라

＊유儒는 정精을 주장하여 관통貫通하는 것이 목적이고, 불佛은 신神을

주장하여 돈오頓悟가 목적이고, 선仙은 기氣를 주장하여 수련修鍊을 목적으로 삼는다. 이 정기신精氣神 삼자는 모두 심성心性에 뿌리를 둔 까닭에 유교는 '마음을 보존하여 본성을 기르는 것[存心養性]'이라 하고, 불교는 '마음을 밝혀서 본성을 깨닫는 것[明心見性]'이라 하고, 선도는 '마음을 닦고 본성을 단련하는 것[修心練性]'이라 한다. 예를 들어서 똑같이 한 방에 들어가는 곳이 문 또는 들창문이냐는 것과 비슷하다.

연 혹 유 탁 명 어 유 이 불 견 유 지 진
然或有托名於儒而不見儒之眞하고

욕 오 불 성 이 미 문 불 지 진　　장 화 신 선 이 미 득 선 지 진
欲悟佛性而未聞佛之眞하며將化神仙而未得仙之眞하니

소 위 도 자　분 삼 이 불 견 기 일 야
所謂道者를分三而不見其一也니라[177]

＊그러나 혹시 유교의 이름을 빌렸으나 유교의 진리를 알지 못하고, 불성佛性을 깨우치고자 했으나 불교의 진리를 듣지 못하며, 장차 신선神仙으로 변화하고자 했으나 선도의 진리를 얻지 못하므로 이른바 진리[道]가 셋으로 나뉘지만 하나도 알지 못한 것이다.

고 자　유 지 학　정 의 입 신　　이 용 안 신 고
古者에儒之學은精義立神하여利用安身故로

유 정 유 일　　윤 집 궐 중
惟精惟一하여允執厥中이니

차 즉 수 인 지 진 이 소 위 수 자
此則需人之眞而所謂需者는

여 운 지 수 우 이 보 시　　욕 사 천 하
如雲之需雨而普施이니欲使天下로

막 불 몽 기 택 이 자 장 야
莫不蒙其澤而滋長也니라

---

177 필사본은 '所謂道者分三, 不見其一也,'로 표현하였다.

* 옛날의 유학儒學은 "천지의 이치를 정밀히 살펴서 신묘한 경지에 들어가고, 사물을 활용하여 몸을 편안히 하는 것"[178]이므로 "오로지 정신을 집중하여 하나로 모으고, 진실로 그 중中을 잡으라"[179]는 것이다. 이것은 (사회에서) 반드시 필요한 사람의 진리로서 소위 수需는 구름이 비를 기다려 널리 베푸는 것처럼 천하가 비의 혜택을 입어 자라지 않음이 없는 것과 같다.

불 지 학 　지 신　 무 신 고　적 이 멸
佛之學은 至神하여 无神故로 寂而滅이요

지 명　　무 색 고　수 렴 청 시
至明하여 無色故로 收斂聽視하여

영 로 형 신　필 화 법 신
寧勞形身하고 必化法身이나

반 화 법 신　유 어 허 공　환 허 합 진
反化法身하여 遊於虛空으로 還虛合眞하며

사 리 교 광　광 류 억 천　물 무 도 명
舍利交光하여 光流億千하니 物无逃命이라

차 즉 불 인 지 진 이 소 위 불 자
此則弗人之眞而所謂弗者는

불 이 문 부 동 장　통 억 만 고 금 보 조 불 기 지 불
弗貳門弗動場으로 通億萬古今普照弗己之弗이니

절 위 중 생 자 비　취 피 정 토 진 경 이 원 공 락 야
切爲衆生慈悲하여 就彼淨土眞境而願共樂也라

* 불학佛學은 지극히 신묘하여 신이 없는[至神无神] 적멸寂滅의 학문이며, 지극히 밝아서 색이 없기 때문에[至明无色] 보고 듣는 것을 수렴하여, 형체와 몸의 노고를 평안하게 하고[寧勞形身], 반드시 법신法身으로

---

178 『周易』「繫辭傳」下 5장, "精義入神, 以致用也. 利用安身. 以崇德也."

179 『書經』「虞書」"大禹謨", "人心有危, 道心有微, 惟精惟一, 允執闕中."

변화 되고자 하지만, 도리어 법신을 변화시켜 허공虛空의 경계에서 노닐며, 텅빔으로 돌아가 진리와 합하여[還虛合眞] 사리舍利가 서로 빛나고 빛의 광명이 억천년을 흘러도 사물은 천명을 도망가지 못한다. 이것이 곧 불인佛人의 진리로서 소위 불佛은 불이문佛貳門과 부동장佛動場으로 수많은 고금을 통틀어 불기지불佛己之佛을 밝게 비추는 것이다. 중생들의 자비를 위하여 피안의 정토진경淨土眞境으로 나아가 즐거움을 함께 누리기를 간절히 원하는 바이다.

선 지 학　　진 기　　불 멸 고　　명 욕 상 고
仙之學은眞氣가不滅故로命欲常固하고

지 명　　무 식 고　　포 신 묵 좌
至命은无息故로抱神黙坐하여

기 불 방 어 신 이 반 주 어 신　　신 필 잠 어 심 이 환 의 어 성
氣不放於身而反住於神하면神必潛於心而還倚於性하니

성 구 련 이 환 허　　허 지 무 이 합 도　　명 기 영 고
性久鍊而還虛하여虛至無而合道하면命基永固하니라

차 즉 산 인 지 진 이 소 위 산 자　　천 산　　유 가 돈
此則山人之眞而所謂山者는天山의有嘉遯이니

불 필 수 형 이 사　　산 고 어 지　　불 욕 하 지 이 유
不必隨形而死하고山高於地하니不欲下地而遊이라

도 인 창 생　　제 지 수 역　　등 피 삼 청 별 계 이 공 유 야
導引蒼生과躋之壽域으로登彼三淸別界而共遊也니라

＊선학仙學은 진기眞氣가 소멸되지 않기 때문에 항상 명命을 지키려 하고, 하늘의 지극한 명령[至命]은 쉼이 없기 때문에 신성을 포용하여 말없이 앉아서[抱神黙坐]하여 기氣를 몸 밖으로 방출하지 않고 반대로 신神에 머물게 하면 신은 반드시 마음속에 깃들어 (그것을) 돌이켜 본성[性]에 의지하게 된다. 본성을 오랫동안 수련하면 허虛로 돌아가고, 허虛가 극도의 무無가 되어 도道와 합해지면 명의 바탕이 영원히 굳어지는 것이다[命基

永固]. 이것이 바로 산인山人의 진리로서 이른바 천산天山을 뜻하는 산에는 아주 숨기 좋은 장소가 있는데, 반드시 형체를 따르지 않고도 죽음에 이르는 곳이다. 산은 땅보다 높으므로 아래로 내려오지 않고도 노닐 수 있다. 창생蒼生들을 장수長壽의 영역으로 건너게 하여 삼청三淸의 별세계로 올라가서 함께 노닐 수 있도록 이끌었던 것이다.

昔에 尹眞人曰禪宗之敎는 幻性命以超大覺하여 其義高하며

仙家之敎는 逆性命以還造化하니[180] 其旨切하며

儒家之敎는 順性命以參造化하니[181] 其道公이라

其論三敎之說이 善矣라

釋曰空中歸一이요仙曰守中抱一이요儒曰執中一貫이라

蓋中者는一之藏也요一者는中之用也일새

＊옛날 윤진인尹眞人이 "선종禪宗의 가르침은 성명性命을 변화시켜 큰 깨달음을 초월한 뜻이 높으며, 선가仙家의 가르침은 성명을 거슬러서 조화造化로 환원시킨 뜻이 간절하며, 유가儒家의 가르침은 성명에 순응하여 조화造化에 참여시킨 도가 공정하다"고 말했다. 3교의 가르침에 대한 설명이 매우 좋다. 불교는 '공중귀일空中歸一'이요, 선가는 '수중포일守中抱一'이요, 유가는 '집중일관執中一貫'이라 하는데, 대개 중中이란 궁극적 일자가 감추어진 것[一之藏]이요, 궁극적 일자[一]는 중中의 작용이다.

---

180 필사본에는 '逆性命, 以還造化.'로 표현하고 있다.

181 필사본에는 '順性命, 以參造化.'로 표현하고 있다.

차 소 위 무 극 이 태 극 야   실 위 성 명 지 호 체 야
此所謂无極而太極也요實爲性命之互體也라

도 무 이 치 이 시 즉 각 이 고   분 이 위 삼 자   선 천 지 시 야
道无二致而時則各異故로分而爲三者는先天之時也라

개 이 생 어 동 야   합 이 위 일 자   후 천 지 시 야
盖異生於同也나合而爲一者는后天之時也니

개 수 귀 어 일 야
盖殊歸於一也라

＊ 이것이 이른바 '무극이면서 태극[無極而太極]'이며, 실로 성명이 서로
본체되는 것[性命之互體]을 뜻한다. 도는 두 개의 이치가 없으나, 시간
[時]에 따라 각각 다르게 나타나기 때문에 나뉘어 셋으로 된 것은 선천의
시간대[先天之時]이다. 대개 다름[異＝ 특수성]은 동일성[同]에서 생겨나
지만, (이 둘이) 합하여 하나가 되는 것은 후천의 시간대[后天之時]이므
로 대개 특별하게 다른 것은 하나[一]로 돌아온다.

연 즉 불 비 불 인 야   즉 고 명 지 인 야
然則佛非弗人也요卽高明之人也며

선 비 산 인 야   즉 고 상 지 인 야
仙非山人也요則高尚之人也라

고 명   수 시 이 불 항   고 상   인 시 이 강 지
高明은隨時而不亢이요高尚은因時而降志이니

동 귀 어 도 이 수 인 지 진
同歸於道而需人之眞이

시 내 합 만 화 합 만 명 합 만 심 지 인 천 세 계 야
是乃合萬化合萬明合萬心之人天世界也라

＊ 그런데 불佛은 불인弗人이 아니라 고상高尚한 사람이요, 선仙은 산 사람
[山人]이 아니라 고상한 사람이다. 높고 밝음[高明]은 시간의 법칙을 따
르고 어기지 않는 것[隨時而不亢]이요, 고상高尚은 시간의 법칙으로 인해
(하늘이) 뜻을 내리는 것[因時而降志]이다. 모두가 함께 도에 돌아가는

곳은 (역사에서) 반드시 필요한 사람의 진리가 되어 수많은 변화와 합하고, 온갖 밝음과 합하여 수많은 마음과 합하는 인천人天 세계이다.

연 즉 사 리 비 별 광 야   즉 오 지 성 령 야
然則舍利非別光也요¹⁸²卽吾之性靈也며

정 토 삼 청   비 별 세 계 야   즉 금 지 세 계 야
淨土三淸은非別世界也요卽今之世界也라

역 계 왈 천 하 지 동   정 부 일 야
易繫曰天下之動은¹⁸³貞夫一也라

＊ 그러므로 사리舍利는 별개의 광명이 아니라 나의 본성이 영험한 것[性靈]이며, 정토삼청淨土三淸도 별개의 세계가 아니라 지금의 이 세상인 것이다. 『주역』「계사전」상편 1장에 "천하의 움직임은 무릇 하나에서 올바르게 이루어진다[天下之動, 貞夫一者也]"는 말이 그것이다.

진 도 차   위 진 실 궁 행
眞蹈此는謂眞實躬行이니

언 능 진 지 실 천 어 사 문 이 유 수 지 지 호
言能眞知實踐於斯文而有誰知之乎리요

약 무 인 지 즉 독 선 고 수
若无人知則獨善固守하고

유 인 능 지 즉 전 지 이 겸 선 천 하 야
有人能之則傳知而兼善天下也라

＊ '참으로 이것을 밟았다[眞蹈此]'는 것은 진실로 실천궁행한 것으로 능히 유학儒學(斯文)의 참된 앎을 실천한다는 것인데, 이를 누가 알았겠는가라 말한 것이다. 만약 이를 아는 사람이 없으면 홀로 잘 지키고, 이를 잘 할 수 있는 사람이 있으면 전수하여 천하가 선善하도록 할 것이다.

---

182 필사본은 '非別光'인데, 하상역본은 '非別光也'로 수정하였다.

183 필사본은 '易繫, 曰天下之動,'으로 기록한다.

혹 왈 유 불 선　　각 입 문 호 수 천 재
或曰儒佛仙이各立門戶數千載하여

질 위 소 장 지 도 이 약 능 합 지 즉 선 막 선 의
迭爲消長之道而若能合之則善莫善矣리니

구 선 불 이 화 유 호　　　원 유 입 어 선 불 야
驅仙佛而化儒乎잇가援儒入於仙佛耶잇가[184]

＊어떤 사람이 다음과 같이 말했다. "유불선이 각각 문호를 세운 것이 수
천 년이다. 서로가 교대로 자라나고 줄어드는 것이 순리인데, 만일 (삼자
를) 통합하면 얼마나 좋겠는가? 선불仙佛을 몰아서 유학화할 것인가? 유
학을 취하여 선불仙佛에 넣을 것인가?"

왈 도　　일 진 이 이　　분 지 자　　일 시 지 자 연 야
曰道는一眞而已라分之者는一時之自然也니

합 지 자　　천 시 지 자 연 야
合之者는天時之自然也라

수 능 이 력　　　구 지 원 지 호
誰能以力으로驅之援之乎리요[185]

＊대답하기를 "도는 하나의 참[眞]이 있을 뿐이다. 그것이 (셋으로) 나뉜
것은 일시적인 자연스러움[一時之自然]이요, 하나로 합하는 것은 하늘이
내린 시간의 자연스러움[天時之自然]이다. 누가 능히 힘으로 몰거나 취할
수 있으리오."

예 운　　왈 대 도 지 운 행 야　　부 독 노 오 노 이 이 급 인 지 노
禮運에曰大道之運行也에不獨老吾老而以及人之老하며

부 독 유 오 유 이 이 급 인 지 유　　　강 신 수 목
不獨幼吾幼而以及人之幼하여講信修睦하고[186]

---

184 필사본은 '援儒入仙佛耶'로 되어 있다.

185 하사역본은 방점이 있는데, 필사본은 없다.

186 필사본은 '脩', 하상역본은 '修'로 되어 있다.

외 호 불 폐　　　부 천 하 여 시 즉 도 지 일 치 야　　미 야
外戶不閉라 하니 夫天下如是則道之一致耶잇가 未耶잇가

*『예기禮記』「예운편禮運篇」에 다음과 같은 말이 있다. "대도가 행해지자
(사람들이) 홀로 자신의 어버이만 어버이로 여기지 않고 다른 사람의 어
버이에게도 미쳤으며, 홀로 자신의 어린이만 어린이로 여기지 않고 다른
사람의 어린이에게도 미치게 하여 신뢰를 강습하고 화목을 닦으며, 바깥
지게문을 닫지 않았다." 대저 천하가 이같이 된다면 도道가 하나로 통일
된 것인가 또는 아닌 것인가?

어 차 어 피　　불 필 도 학 자 시 이 이
於此於彼에 不必徒學自恃而已라

학 이 지 어 진 즉 공 입 일 실 이 회 동 일 좌
學而至於眞則共入一室而會同一座하여

초 무 피 차 지 별 이 진 시 무 극 지 락 지 지 야
初無彼此之別而眞是无極至樂之地也니

시 운 낙 토 낙 토　　원 득 기 소
詩云樂土樂土여 爰得其所라 하니라

* 여기저기서 한갓 배우지만 말고 스스로를 믿어야 할 것이다. 배움이 참
됨[眞]의 경지에 이르면 한 방에 함께 들어가 한 곳에서 회동會同하여 처
음부터 피차의 구별마저 없어지는 진실로 무극无極의 지극히 즐거운 세
상이 될 것이다.『시경』에서는 이를 "행복의 땅이여! 행복의 땅이여! 나 그
곳에서 살아가리[樂土樂土, 爰得其所]"[187]라고 읊었던 것이다.

---

187 이는『詩經』「國風」"魏風"의 "큰 쥐[碩鼠]"라는 시에 나온다. 원문은 "樂土樂土, 爰
得我所"이다. 큰 쥐는 백성을 쥐어짜는 탐관오리를 상징한다. "詩經에 실려 있는 '큰 쥐'라
는 작품은 인류가 남긴 가장 오래된 저항시 가운데 하나다. '맹세코 너를 떠나 저 유토피아
로 가리라[逝將去女, 適彼樂土.]'에서 낙토란 두 글자에 사람들의 피와 땀과 눈물이 배어 있
다."(이는 한겨레신문, 2013년 2월 11일,「이상수의 고전중독」에서 인용한 것임.) 즉 樂土는 고
대인이 꿈꾼 낙원의 명칭이다. 힘들여 가꾼 곡식을 마구 먹어치우는 쥐를 피해 행복의 나라
로 가겠다는 뜻이 담겨 있다. 이 시를 다음과 같이 意譯하는 경우도 있어 소개한다. "살 만한
곳 어디메냐. 나 거기 가서 살리라.[樂土樂土, 爰得我所]"

<ruby>正<rt>정</rt></ruby><ruby>易<rt>역</rt></ruby><ruby>詩<rt>시</rt></ruby>

要旨 역학의 주제는 천지 자체이며, 천지론의 주제는 閏易과 正易에 있으며, 또한 윤역과 정역을 하나로 통합한 原易을 발견하고 인류역사는 윤역 세상에서 정역 세상으로 진입할 것을 예고하였다.

天_천地_지之_지數_수는 數_수日_일月_월이니 日_일月_월이 不_부正_정이면 易_역匪_비易_역이라

易_역爲_위正_정易_역이라사 易_역爲_위易_역이니 原_원易_역이 何_하常_상用_용閏_윤易_역가

원문 정역시 ─

> 하늘과 땅의 수는 해와 달이 수놓으니,
>
> 일월이 올바르지 않으면 역은 역이 아니다.
>
> 역은 정역이어야 역이 역 되나니,
>
> 원역이 어찌 항상 윤역을 쓸 것인가.

天_천地_지之_지初_초에 何_하嘗_상有_유數_수리요

以_이日_일月_월로 始_시起_기하니 其_기體_체則_즉易_역이요 其_기用_용則_즉陰_음陽_양이요

陰_음陽_양은 乃_내日_일月_월之_지本_본也_야라

＊ 천지가 처음으로 열리던 태초에 어찌 수數가 있었겠는가. 일월이 최초의 시간을 일으키므로 그 본체는 역易이요, 그 작용은 음양이며, 음양은 일월의 근본이다.

수 이 일 월　지 어 천 지 지 시 즉 위 지 정 역
數以日月을至於天地之始則謂之正易이니

당 천 심 당 황 심　시 야
當天心當皇心이是也니라

수 지 일 월　교 계 일 월 지 정 즉 위 지 윤 역
數之日月은較計日月之政則謂之閏易이라

음 력 지 삭 허　양 력 지 기 영　시 야
陰曆之朔虛와陽曆之氣盈이是也니라

연 즉 일 월 정 명 지 원 역　기 용 윤 역 재
然則日月貞明之原易이豈用閏易哉리요

＊ 일월의 운행을 근거로 수數를 셈하여 천지의 시초까지 닿은 것을 정역
正易이라 한다. 천심天心과 황심皇心에 닿는다는 말이 바로 그것이다. 일월
로 수를 셈한 것을 일월의 정사政事에 비교하여 계산한 것이 윤역閏易인
데, 음력의 삭허朔虛와 양력의 기영氣盈이 바로 그것이다. 그러므로 일월이
올바르게 밝히는 원역[日月貞明之原易]이 어찌 윤역만을 쓸 것인가!

세 갑 신 월 병 자 일 무 진 이 십 팔　서 정
歲甲申月丙子日戊辰二十八에書正하노라

원문 1884년(갑신) 11월(병자) 28일(무진)에 바로 잡는다.[188]

---

188 돈암서원본은 "立道詩", "无位詩"는 甲申年(1884)에, 그리고 "正易詩", "布圖詩", "金火
正易圖"까지가 乙酉年(1885)에 집필한 「十五一言」으로 되어 있다. 하지만 필사본과 하상역
본은 "金火正易圖", "布圖詩", "立道詩", "无位詩", "正易詩" 등이 甲申年(1884)에 씌여진 것
까지를 「十五一言」으로 편집하고 있어 돈암서원본과는 집필시간과 편집구성 순서에서 차이
가 있다.

十一一言

<ruby>十<rt>십</rt></ruby><ruby>一<rt>일</rt></ruby><ruby>一<rt>일</rt></ruby><ruby>言<rt>언</rt></ruby>

要旨 '십오일언'이 『주역』의 상경이라면, '십일일언'은 『주역』의 하경에 해당한다. 전자가 무극과 황극의 일치를 겨냥했다면, 후자는 무극과 태극의 일치를 겨냥한다. 한마디로 전자와 후자는 무극과 황극과 태극의 일치를 목적으로 삼는다. 특히 '십일일언'은 선천의 정사가 地支의 子에서 시작했다면, 후천의 정사는 丑에서 시작한다고 밝혀 하늘의 원리가 땅에서 이루어지는 원리와 그 과정을 설명하였다.

此는指性命에合其數而言也라

命无體故로强名曰十이요性无位故로强言曰一이라

* 이것은 성명性命에다 수數를 결합한 것을 지적하여 말하였다. 천명은 실체가 없으므로 억지로 이름 붙여서 '10[十]'이라 하고, 본성은 일정한 자리가 없기 때문에 억지로 이름 붙여서 '1[一]'이라 한다.

盖十一合體하면卽居中之土而元不可分이니命所以立也라

十一分體하면其始也는一点水요其終也는一丸土라

卽流行之命而無不各正焉이니性所以成也라

一言은亦謙辭也라

* 10과 1의 본체를 합하면 중中에 위치하는 토土가 되어 원래부터 나눌 수 없는 것이니, 명命이 확립되는 이유이다. 10과 1의 본체를 나누면 그 시초는 하나의 점에 불과한 수水요, 그 종점은 하나의 둥근 토土이다. 즉 널

正易
정역

256

리 퍼진 천명[流行之命]이 각각 올바르게 되지 않음이 없는 것은 본성이
확립되는 이유다. '일언一言'이란 역시 겸손의 말이다.

십 토 육 수　　불 역 지 지
十土六水는 **不易之地**니라

원문 10토와 6수는 바뀌지 않는 땅이다.

차　　지 기 수 상 변 이 언
此는 **指氣數常變而言**이라

천 행 유 오 이 불 역 자 유 이　　왈 수 토
天行有五而不易者有二니 **曰水土**요

변 역 자 유 삼　　왈 금 목 화
變易者有三이니 **曰金木火**라

재 수　　　중 재 불 역 지 상 고
在數에[189] **重在不易之常故**로

특 거 이 이 불 언 삼　　연 변 역　재 기 중 의
特擧二而不言三이나 **然變易**은 **在其中矣**라

＊이것은 기수氣數의 항상성과 변화성[常變]을 가리켜서 말한 것이다. 하
늘의 운행은 다섯인데, 바뀌지 않는 둘은 수水와 토土이며, 변역하는 셋은
금金과 목木과 화火이다. 수의 논리에서 중요한 것은 불변의 항상상이 있기
때문에 특별히 둘은 언급하고 셋을 말하지 않았으나, 변역은 그 가운데에
있는 것이다.

---

189 필사본에서는 '在氣數'로 '氣'字가 있다. 이것은 다음 페이지에 있는 "一水五土"의 주석
을 '在氣數'로 표현하고 있는 까닭에 하상역본에서는 누락된 것으로 보여진다.

一水五土는不易之天이니라

원문 1수와 5토는 바뀌지 않는 하늘이다.

재 성 명 즉 불 구 어 수 고　　십 위 천 야
在性命則不拘於數故로十爲天也라

수 개 기 유 이 불 능 위　　재 기 수 즉 유 불 역 지 상 고
數皆其有而不能違하고在氣數則有不易之常故로

우 개 위 지　기 개 위 천　　상 고 어 상 하 편 즉 가 지 야
偶皆爲地요奇皆爲天이니詳考於上下篇則可知也라

안 상 편　상 명 음 양 조 화 고　　천 간 위 주
按上篇은詳明陰陽造化故로天干爲主요

하 편　상 언 강 유 성 도 고　　지 지 위 주 야
下篇은詳言剛柔成度故로地支爲主也라

＊성명性命은 수數에 구속받지 않기 때문에 10은 하늘이 된다. 수數는 모두 있음[有]의 질서를 어길 수 없으며, 기수氣數에는 불변의 항상성[常]이 있기 때문에 짝수가 땅이고 홀수는 하늘이 되는 것이므로 상하편을 상세히 살피면 알 수 있다. 상편을 살펴보면 음양의 조화造化를 상세하게 밝힌 것으로 천간天干이 위주이고, 하편은 강유가 도수를 완성하는 것[剛柔成度]을 상세하게 설명하기 때문에 지지地支가 위주의 논리이다.

천 정　개 자　　지 정　벽 축
天政은開子하고地政은闢丑이니라

원문 하늘의 정사는 자에서 열리고, 땅의 정사는 축에서 열린다.

차　지강유이언
此는指剛柔而言이라

자 위 일 수 이 천 정 시 개　갑 자 기 두　시 야
子爲一水而天政始開하니甲子起頭가是也요

축 위 십 토 이 지 정　대 벽　기 축 기 두　시 야
丑爲十土而地政이大闢하니己丑起頭가是也니라

＊ 이는 강유剛柔를 지적하여 말한 것이다. 자子는 1수[一水]로서 하늘의
정사[天政]를 처음으로 여는데, 갑자를 시간의 으뜸으로 세우는 것[甲子
起頭]이 바로 그것이다. 축丑은 10토[十土]로서 땅의 정사를 크게(장엄하
게) 여는데, 기축己丑을 시간의 으뜸으로 세우는 것[己丑起頭]이 바로 그
것이다.

축 운　오 육　자 운　일 팔
丑運은五六이요子運은一八이니라

원문 축운은 오육이요, 자운은 일팔이다.

천 지 지 정　이 일 월
天地之政은以一月로

정 영 허 소 식 이 축 운　오 육 이 성 삼 십
定盈虛消息而丑運은五六而成三十이요

자 운 일 팔 이 성 십 오 야
子運一八而成十五也라

＊ 천지의 정사는 한달[一月]로 영허소식盈虛消息을 정하는데, 축운丑運은
5와 6으로 30을 이루고, 자운子運은 1과 8로 15를 이루는 것이다.[190]

---

190 후천의 丑運은 5 × 6 = 30의 이치이고, 선천의 子運은 8일 상현달에서 7일을 더 가면
15일 보름이 된다는 뜻이다.

> 일팔 복상월영생수 오육 황중월체성수
> 一八은復上月影生數요五六은皇中月體成數니라

원문 일팔은 복상월의 그림자가 생기는 수이며, 오육은 황중월의 본체를 이루는 수다.

> 일자 일야 일위영수고 불용야
> 一者는日也니一爲影數故로不用也요

> 팔자 십오지중 즉복지상이현지중야
> 八者는十五之中이니卽復之上而弦之中也라

> 월만즉반휴고 특언일팔지정 당어천심야
> 月滿則反虧故로特言一八之政이當於天心也라

> 오자 황야 오위본체지수이부동야
> 五者는皇也니五爲本體之數而不動也요

> 육자 십일지중 즉황지중이체지성야
> 六者는十一之中이니卽皇之中而體之成也라

> 월생즉귀체고 상언오육지정 당어황심야
> 月生則歸體故로詳言五六之政이當於皇心也라

＊1은 태양[日]이다. 1은 복상월의 그림자가 생기는 수이므로 셈으로 쓰지 않는다. 8은 15의 중심[中]으로 달빛이 커지면서 상현달에 적중하는 것이다. 달이 차면 반대로 이지러지기 때문에 특별히 1과 8의 정사를 언급하여 천심天心에 닿는 것을 말하였다. 5는 임금을 뜻하는 황皇이다. 5는 부동不動의 본체의 수다. 6은 11의 중中이며, 곧 황皇의 중中으로 본체가 이루어지는 것을 뜻한다. 달이 생겨나면 본체로 돌아가기 때문에 5와 6의 정사가 황심皇心에 닿는 것을 상세히 밝힌 것이다.

> 개복상월 음휵양야 주영허지기 행유색지정
> 盖復上月은陰畜陽也니主盈虛之氣하여行有色之政이요

팔 위 복 지 중 이 팔 득 칠 즉 복 지 성 야　유 기 성 즉 필 손 고
八爲復之中而八得七則復之成也라有旣成則必損故로

소 축 지 상 육　왈 월 기 망　　군 자 정 흉
小畜之上六에日月旣望이니君子征凶이라

＊대개 복상월復上月은 음이 양을 쌓는 것으로 채우고 비우는 기를 주장
하고[主盈虛之氣], 유색有色의 정사를 실행한다. 8은 복復의 중심으로 8이
7을 얻으면 복復이 이루어진다는 뜻이다. 유有가 이미 이루어지면 반드시
줄어들기 때문에 소축괘小畜卦 상효는 "월기망[191]이므로 군자가 나아가면
흉할 것이다[月幾望, 君子征, 凶]"라고 했던 것이다.

황 중 월　양 휵 음 야
皇中月은陽畜陰也니

주 소 장 지 리　　행 무 색 지 정
主消長之理하여行无色之政이요

오 위 황 지 체 이 오 승 육 즉 황 지 성 야
五爲皇之體而五乘六則皇之成也라

무 기 극 즉 필 복 고　대 축 지 상 구　왈 하 천 지 구
无旣極則必復故로大畜之上九에日何天之衢라

개 회 자 지 의　위 매 일　가 견 의
盖晦字之義는爲每日에可見矣라

＊황중월皇中月은 양이 음을 쌓는 것으로 줄어들고 늘어나는 이치를 주
관하여[主消長之理], 무색无色의 정사를 실행한다. 5는 황황의 본체로서 5
에 6을 곱하면 황황이 이루어지는 것이다. 무无가 이미 극도에 이르면 반
드시 회복[復]하기 때문에 대축괘大畜卦 상효에 "어느 하늘의 거리인가[何
天之衢]"라고 말했던 것이다. 대개 어두울, 그믐 회晦 자는 매양 또는 늘
매每와 해 일日이 결합된 매일每日에서 볼 수 있다.

---

191 月幾望은 달이 보름에 가까운 14일이며, 望은 15일 보름을 가리킨다.

九七五三一은奇니라

원문 9, 7, 5, 3, 1은 홀수이다.

기 자   양 지 원 야   기 수 유 오
奇者는陽之圓也요其數有五라¹⁹²

태 양 지 수 왈 구   기 자 의   수 합 구
太陽之數曰九는其字義가數合九라

소 양 지 수 왈 칠   기 자 의   일 배 칠
少陽之數曰七은其字義가一倍七이라

입 천 지 수 왈 오   기 자 의   다 사 오
立天之數曰五는其字義가多四五라

소 양 지 위 왈 삼   목 지 성 왈 곡 직 고   기 자 의   직 삼
少陽之位曰三은木之性曰曲直故로其字義가直三이라

태 양 지 위 왈 일   기 자 의   단 일 야
太陽之位曰一은其字義가單一也라

수 필 도 치 자   이 견 운 행 순 역 지 의 야
數必倒置者는以見運行順逆之意也라

＊홀수[奇]는 양의 둥근 모습으로 그 수는 다섯이다. 태양太陽의 수 '구九'
의 글자 뜻은 양수(1, 3, 5)를 합한 것[數合九]이다. 소양少陽의 수 '칠七'의
글자는 1에 7을 곱한다[一倍七]는 뜻이다. 하늘의 수를 세운 것을 '오五'
라 부르는 것은 4보다 많다[多四五] 뜻이다.¹⁹³ 소양少陽의 자리[位]를 '삼
三'이라 하는 것은 목木이 굽고도 곧게 뻗어나가는[曲直]의 본성 때문에

---

192 '位'와 '數'에 대해서는 朱子의 하도낙서 상수론에서 位와 數는 서로의 집이라는 '互藏
其宅論'이 있다. 太陽數 9의 집[位]는 1이고, 少陽數 7의 집은 3이고, 少陰數 8의 집은 2이고,
太陰數 6의 집은 4라는 것이다. 이때 자리[位]는 공간이고, 數는 시간의 마디를 규정한다. 한
마디로 하도낙서의 구조에 나타난 '자리'와 '수'는 시공의 율동상을 포착하여 세상의 변화
를 읽어낼 수 있는 일종의 자연의 프로그램이라고 할 수 있다.

193 이상용선생은 '4를 건너면 5가 있다[經四有五]'로 풀이했다.

글자 뜻이 3으로 곧게 뻗는다[直三]는 것이다. 태양太陽의 자리를 '일一'이라 하는 것은 그 글자 뜻이 건괘의 홀수인 단일[單一]을 나타내는 것[一, 乾之奇數曰單一]이다. 숫자는 반드시 거꾸로 셈하는 것[倒置]에서 순역順逆으로 운행하는 뜻을 볼 수 있다.

이 사 육 팔 십　 우
二四六八十은偶니라

원문 2, 4, 6, 8, 10은 짝수이다.

우 자　 음 지 방 야　 기 수　 역 유 오
偶者는陰之方也요其數는亦有五라

소 음 지 위 왈 이　 기 자 의　 우 이
少陰之位曰二는其字義가偶二라

태 음 지 위 왈 사　 금 지 성 왈 종 혁 고　 기 자 의　 혁 사
太陰之位曰四니金之性曰從革故로其字義가革四라

태 음 지 수 왈 육　 기 자 의　 여 사 육
太陰之數曰六은其字義가餘四六이라

소 음 지 수 왈 팔　 기 자 의 여 우 팔
少陰之數曰八은其字義餘偶八이라[194]

입 지 지 수 왈 십　 기 자 의　 연 수 십
立地之數曰十은其字義가衍數十이라

차 기 우　 유 체 용 이 분 위 수 야
此奇偶는由體用而分位數也라

해 자 지 의　 상 문 어 이 사 문 십 청 이 기 리 심 명 고
解字之義는嘗聞於李斯文十淸而其理甚明故로

취 이 기 지
取而記之니라

---

194 필사본은 '少陰之數'에서 '之'자가 빠져 있다.

＊짝수는 음의 방정함[方]으로 그 수 역시 다섯이다. 소음少陰의 자리를 '이二'라 하는 것은 둘(음양)로써 짝하라[坤之雙數曰偶二]는 뜻이다. 태음 太陰의 자리를 '사四'라 하는 것은 금金의 본성을 (서경 홍범에서) '따르고 바뀐다[從革]'고 말했기 때문에 그 글자는 4에서 바뀐다[革四] 뜻이다. 태음太陰의 수를 '육六'이라 하는 것은 글자 뜻이 4의 나머지가 여섯[餘四 六][195] 이라는 것이다. 소음少陰 수를 '팔八'이라는 하는 것은 글자 뜻이 짝 의 나머지가 여덟[餘偶八][196] 이라는 것이다. 땅의 수를 세운 것을 '십十'이 라 하는 것은 수를 불리면 열이 된다[衍數十]는 뜻이다.[197] 이러한 홀수와 짝수는 체용體用으로 말미암아 자리와 수[位數]가 나뉜 것이다.

글자의 뜻에 대한 해석은 일찍이 십청十淸 이사문李斯文[198]에게 들은 것인 데, 그 이치가 매우 분명하므로 취하여 썼다.

기 우 지 수   이 오   선 오   천 도   후 오   지 덕
奇偶之數는二五니先五는天道요后五는地德이니라

원문 홀수와 짝수의 수는 다섯이 둘인데, 앞의 다섯은 천도요 뒤의 다섯 은 지덕이다.

기 우 지 수   상 간 이 성 언
奇偶之數는相間而成焉이라

일 이 삼 사 오   즉 선 오 이 천 도 야
一二三四五는卽先五而天道也요

---

195 이상용선생은 '6의 앞에 4가 있다[當六前有四]고 풀이했다.

196 이상용선생은 '8로 나아가는 앞에 2가 있다[八進有二]'로 풀이했다.

197 이상용선생은 "수를 크게 불리어 합하여 10이 되는 것을 '연수십'이라 부른다[大衍數合 十曰衍數十]"고 풀이했다.

198 李象龍(1850~1899)은 충청도 청양 출신으로 호는 十淸이다. 그는 김일부선생의 생존시 에 이미 『正易原義』라는 해설서를 펴냈고, 또한 「十淸七記」를 지었다.

육 칠 팔 구 십　즉 후 오 이 지 덕 야
六七八九十은卽后五而地德也라

차　기 우 합 체 용 이 운 용 야
此는奇偶合軆用而運用也라

＊홀수와 짝수는 서로 간격을 두고 이루어진다. 1, 2, 3, 4, 5는 앞의 다섯
으로 천도天道이다. 6, 7, 8, 9, 10은 뒤의 다섯으로 지덕地德이다. 이것은 홀
수와 짝수가 체용軆用과 결합하여 운용된다는 것이다.

일 삼 오 차　도 천　　제 칠 구 차　수 지　삼 천 양 지
一三五次는度天이요第七九次는數地니三天兩地니라

원문 1, 3, 5의 차례는 하늘을 재는 법도요, 7, 9의 차례는 땅의 법도를 세
는 수이다. 셋(1, 3, 5)은 하늘이고 둘(7, 9)은 땅이다.

오 기 수　분 언 즉 일 삼 오　재 천 지 도
五奇數를分言則一三五는在天之度요

칠 구　재 지 지 수　즉 삼 천 양 지 야
七九는在地之數이니卽三天兩地也라

강 유 지 도　기 수 위 주 고
剛柔之道는奇數爲主故로

특 언 용 기 이 우 수 지 삼 지 양 천　역 재 기 중 의
特言用奇而偶數之三地兩天이亦在其中矣라

＊다섯 개의 홀수를 나누어 말하면 1, 3, 5는 하늘의 질서를 나눈 법도[在
天之度]이고, 7과 9는 땅에 있는 수이므로 삼천양지三天兩地이다. 강유剛
柔의 도는 홀수 위주의 논리이기 때문에 특별히 홀수의 쓰임을 말한 것이
나, 짝수의 삼지양천三地兩天도 역시 그 가운데에 있는 것이다.

天地地天하니后天先天이니라

원문 천지가 지천이 되니 후천이요 선천이다.

기 불 교 즉 천 지　　기 상 교 즉 지 천
氣不交則天地요氣相交則地天이니

용 어 후 즉 후 천　　　용 어 선 즉 선 천
用於后則后天이요用於先則先天이라

연 천 지 지 천　　후 천 선 천　　호 위 체 용 야
然天地地天과后天先天이互爲體用也라

＊기氣가 교류하지 않는 것은 천지天地이며, 기가 서로 교류하는 것은 지
천地天이다. 뒤에 쓰이면 후천이요, 앞에 쓰이면 선천이다. 그러므로 천지
와 지천, 후천과 선천은 서로 체용이 되는 것이다.

선 천 지 역　　교 역 지 역
先天之易은交易之易이니라

원문 선천의 역은 교역의 역이요,

음 양 상 교　　위 지 교 역 지 역
陰陽相交를謂之交易之易이라

＊음양이 서로 교류하는 것을 교역의 역이라 한다.

후 천 지 역　　변 역 지 역
后天之易은變易之易이니라

원문 후천의 역은 변역의 역이다.

음 변 이 위 양　　양 화 이 위 음　　위 지 변 역 지 역
陰變而爲陽과陽化而爲陰을謂之變易之易이라

＊음이 변하여 양이 되고, 양이 화하여 음이 되는 것을 변역의 역이라 한다.

역 역 구 궁　　　역 역 팔 괘
易易九宮하고易易八卦니라

원문 역이 구궁으로 바뀌고, 역이 팔괘로 바뀐다.

역 역 구 궁　위 문 왕 지 역　　역 주 구 궁 야
易易九宮은謂文王之易이니易主九宮也요

역 역 팔 괘　위 일 부 지 역　　역 주 하 도 이 성 팔 괘 야
易易八卦는謂一夫之易이니易主河圖而成八卦也라[199]

＊ 역이 9궁宮으로 바뀌는 것은 문왕역文王易이며, 역은 9궁을 주장한다.

역이 팔괘로 바뀌는 것은 일부一夫의 역이요, 역이 하도河圖를 주장하여

팔괘를 이룬다는 뜻이다.

---

199 필사본에서 '圖成而'로 표현했는데, '圖而成'으로 바꾸는 교정표시가 있다.

卦之离乾은數之三一이니東北正位니라

卦之坎坤은數之六八이니北東維位니라

卦之兌艮은數之二七이니西南互位니라

卦之震巽은數之十五니五行之宗이요

六宗之長이니中位正易이니라

干之庚申은數之九四니南西交位니라

원문 복희괘의 리와 건은 수로는 3과 1이니 동과 북에 정위하고, 감과 곤은 수로는 6과 8이니 북과 동에 유위하고, 태와 간은 수로는 2와 7이니 서쪽에서 남이 호위하고, 진과 손은 수로는 10과 5니 오행의 근본이요 육종의 어른이니 중위에서 정역이 된다. 천간의 경과 신은 수로는 9와 4니, 남쪽에서 서가 자리를 바꾼다.

此는卦氣之不逃數意也라

河圖爲數之全故로通先后卦皆本於此라

盖三一은東北正位之數而离乾이得之요

六八은北東維位之數而坎坤이得之요

二七은西南互位之數而兌艮得之요

십 오 중 위 정 역 지 수 이 진 손 득 지 고
十五는中位正易之數而震巽이得之故로

십 오 위 오 행 지 종 진 손 위 육 종 지 장
十五爲五行之宗이요震巽은爲六宗之長이니

거 괘 방 원 지 중 이 기 천 지 지 의 야
居卦方圓之中而起天地之意也라

* 이것은 괘기卦氣가 수數의 뜻에서 벗어나지 않는다는 것이다. 하도河圖
는 수가 완전히 갖추어져 있기 때문에 선천과 후천의 괘를 통틀어 모두
여기에 근거하고 있다. 대개 3과 1은 동과 북의 정위正位의 수로 리괘와 건
괘가 얻은 것이요, 6과 8은 북과 동의 유위維位의 수로 감괘와 곤괘가 얻
은 것이요, 2와 7은 서와 남이 서로 자리를 바꾼 수로 태괘와 간괘가 얻은
것이요, 10과 5는 (우주의) 중심으로 자리잡혀 올바르게 바뀌는[中位之
正易] 수로 진괘와 손괘를 얻은 까닭에 10과 5는 오행의 근본이며, 진괘와
손괘는 육종六宗의 으뜸으로 괘가 방원方圓의 중심에 위치하여 천지를 일
으킨다는 뜻이다.

연 부 왈 십 진 이 위 지 사 진 자 재 선 천 십 미 성 성 고
然不曰十震而謂之四震者는在先天에十未成性故로

진 퇴 사 위 이 기 실 십 진 야
震退四位而其實은十震也라

사 구 서 남 교 위 지 수 이 간 지 경 신 용 지 자
四九는西南交位之數而干之庚辛用之者는

괘 위 불 과 일 팔 고 공 수 귀 어 천 간
卦位不過一八故로空數하여歸於天干이니

개 괘 기 여 간 지 지 덕 호 상 배 합 고 야
蓋卦氣與干支之德을互相配合故也라

* 그러나 10진震이라 하지 않고 4진震이라 부르는 것은 선천에서는 10의
본질이 완성되지 않기 때문에 진震이 4의 위치로 물러났으나, 실제로는 10

진震이라는 것이다. 4와 9는 서남西南이 서로 위치를 바꾼 수인데, 천간의 경庚과 신辛을 사용하는 것은 괘의 위치가 1부터 8까지에 불과하므로 수數를 비워두어 천간에 귀결시킨 것이니, 이는 괘기卦氣와 간지干支의 덕이 서로 배합되기 때문이다.

洛書九宮生成數
낙 서 구 궁 생 성 수

要旨 낙서의 구조를 바탕으로 오행의 생성을 설명한다. 오행론의 입장에서 낙서의 기원과 우주의 생성을 들여다보는 전통의 관점을 뒤집어엎고, 하도낙서를 시간론의 관점에서 분석한 일종의 혁명적 사유라 할 수 있다.

義易은成兩儀之卦이나周易은成四象之卦하여
희 역　성양의지괘　　주 역　성사상지괘

配於九數故로稱以九宮이라
배 어 구 수 고　칭 이 구 궁

＊ 복희역은 양의괘兩儀卦를 이루지만, 주역周易은 4상괘四象卦를 이루어 9수에 배합하므로 9궁九宮이란 칭한다.

天一生壬水하고地一成子水니라
천 일 생 임 수　　지 일 성 자 수

天三生甲木하고地三成寅木이니라
천 삼 생 갑 목　　지 삼 성 인 목

天七生丙火하고地七成午火니라
천 칠 생 병 화　　지 칠 성 오 화

天五生戊土하고地五成辰土하니戌五는空이니라
천 오 생 무 토　　지 오 성 진 토　술 오　공

天九生庚金하고地九成申金이니라
천 구 생 경 금　　지 구 성 신 금

원문 천일은 임수를 낳고, 지일은 자수를 이룬다.

천삼은 갑목을 낳고, 지삼은 인목을 이룬다.

천칠은 병화를 낳고, 지칠은 오화를 이룬다.

천오는 무토를 낳고, 지오는 진토를 이루므로 술오는 공이다.

천구는 경금을 낳고, 지구는 신금을 이룬다.

차　지천지합덕　　강유득기수이성도야
此는指天地合德하여剛柔得奇數而成度也라

임자성이위오자지원　　갑인성이위오인지원
壬子成而爲五子之元이요甲寅成而爲五寅之元이요

병오성이위오오지원　　무진성이위오진지원
丙午成而爲五午之元이요戊辰成而爲五辰之元이요

경신성이위오신지원
庚申成而爲五申之元이나

유술궁　위양지모고　존이공지어본수지외
惟戌宮은爲陽之母故로尊以空之於本數之外하여

제양수휵언　개서지주구　양이차야
諸陽受畜焉이니蓋書之主九가良以此也요

기지삼천양지　인이정야　괘지건생삼남　소유기야
奇之三天兩地가因以定也요卦之乾生三男이所由起也라

＊이것은 천지가 합덕하여 하늘과 땅이 덕을 합하여 강유剛柔가 홀수를 얻어 도수를 이루는 것을 가리킨다. 임자壬子는 다섯 자子의 으뜸이요, 갑인甲寅은 다섯 인寅의 으뜸이요, 병오丙午는 다섯 오午의 으뜸이요, 무진戊辰은 다섯 진辰의 으뜸이요, 경신庚申은 다섯 신申의 으뜸이다. 오로지 술궁戌宮만이 양의 모체인 까닭에 존귀하게 여겨 본수本數의 바깥에 비워두며, 다른 많은 양들이 길러주는 것을 받는다. 낙서洛書가 9를 주장하는 것은 진실로 이 까닭이다. 홀수의 삼천양지三天兩地가 이로 인해 정해지며, 괘에서 건乾이 3남三男을 낳는 것도 여기서 일어나는 것이다.

三五錯綜三元數

要旨 '삼오착종오원수'는 『天機大要』에 참고하여 선천의 책력을 만드는 방법을 설명하고 있다. 천간지지의 출발점인 甲子에서 丙寅까지의 도수가 3이기 때문에 '삼원수'라고 부른다.

갑 기 야 반　생 갑 자　병 인 두
甲己夜半에**生甲子**하니**丙寅頭**니라

을 경 야 반　생 병 자　무 인 두
乙庚夜半에**生丙子**하니**戊寅頭**니라

병 신 야 반　생 무 자　경 인 두
丙辛夜半에**生戊子**하니**庚寅頭**니라

정 임 야 반　생 경 자　임 인 두
丁壬夜半에**生庚子**하니**壬寅頭**니라

무 계 야 반　생 임 자　갑 인 두
戊癸夜半에**生壬子**하니**甲寅頭**니라

원문 삼오착종의 오원수 ―

갑기 사이의 야반에 갑자가 생기니 병인으로 머리한다.

을경 사이의 야반에 병자가 생기니 무인으로 머리한다.

병신 사이의 야반에 무자가 생기니 경인으로 머리한다.

정임 사이의 야반에 경자가 생기니 임인으로 머리한다.

무계 사이의 야반에 임자가 생기니 갑인으로 머리한다.

삼 오 이 변　착 종 기 수
三五以變하여**錯綜其數**하니

이 생 년 월 일 시 지 두 이 갑 여 기　합 위 오 원
以生年月日時之頭而甲與己가**合爲五元**이요

자 축 인　위 삼 원　　연 기 실　삼 팔　위 삼 오
子丑寅은爲三元이라然其實은三八이爲三五요

기 차　일 육　위 삼 오　우 기 차　구 사 위 삼 오
其次의一六도爲三五요又其次의九四爲三五요

우 기 차　칠 이　위 삼 오
又其次의七二도爲三五요

기 종　십 오　위 삼 오 이 오 여 십　존 이 공 지
其終의十五도爲三五而五與十을尊而空之니

기 용 역 이 주 팔 칠 자　태 음 지 용 야
其用逆而主八七者는太陰之用也라

＊3과 5가 변하여 그 수를 착종錯綜하므로 연월일시의 머리가 생겨서 갑甲과 기己가 합하면 5원元이 되고,[200] 자축인子丑寅은 3원元이 된다.[201] 그러나 사실은 3과 8은 3과 5요, 그 다음 1과 6도 3과 5이며, 또 다음의 9와 4역시 3과 5이며, 그 다음의 7과 2도 역시 3과 5요, 마지막의 10과 5도 3과 5이지만 5와 10을 존공尊空시킨다. 그 작용이 거스러서 8과 7을 주장하는 것은 태음太陰의 작용인 것이다.

---

200 선천의 甲年과 甲日, 己年과 己日의 夜半에 각각 甲子月과 甲子時가 생긴다는 뜻이다.

201 甲子에서 丙寅까지가 3도이므로 이것을 일컬어 三元頭라 한다. 이런 논리에 따라서 丙子에서 戊寅, 戊子에서 庚寅, 庚子에서 壬寅, 壬子에서 甲寅도 마찬가지이다.

河圖八卦生成數
하 도 팔 괘 생 성 수

要旨 이는 후천 책력의 구성원리를 가리킨다. '하도구궁' 이론에서 율려가 후천을 이끌어가는 핵심축으로 자리잡고 있음을 발견할 수 있다.

팔 괘 자 팔 수 이 기 본 출 어 하 도 지 십 수
八卦者는**八數而其本出於河圖之十數**하니

괘 기 필 합 어 차 연 후 성 도 고 어 차 칭 팔 괘
卦氣必合於此然後에**成度故**로**於此稱八卦**니라

＊8수로 이루어진 팔괘의 근본은 하도의 10에서 나온 것으로 괘기卦氣가 이것과 반드시 결합한 뒤에야 도수度數를 완성하기 때문에 팔괘라 부르는 것이다.

지 십 생 기 토   천 십 성 축 토
地十生己土하고**天十成丑土**니라

지 사 생 신 금   천 사 성 유 금
地四生辛金하고**天四成酉金**이니라

지 육 생 계 수   천 육 성 해 수
地六生癸水하고**天六成亥水**니라

지 팔 생 을 목   천 팔 성 미 목   묘 팔   공
地八生乙木하고**天八成未木**하니**卯八**은**空**이니라

지 이 생 정 화   천 이 성 사 화
地二生丁火하고**天二成巳火**니라

원문 지십은 기토를 낳고, 천십은 축토를 이룬다.

지사는 신금을 낳고, 천사는 유금을 이룬다.

지육은 계수를 낳고, 천육은 해수를 이룬다.

지팔은 을목을 낳고, 천팔은 미목을 이루므로 묘팔은 공이다.

지이는 정화를 낳고, 천이는 사화를 이룬다.

차　　지지천합도　　　유강득우수이성체야
此는指地天合道하여柔剛得偶數而成體也라

기축　성이위오　축지원　　신유성이위오유지원
己丑이成而爲五니丑之元이요辛酉成而爲五酉之元이요

계해성이위오해지원　　을미성이위오미지원
癸亥成而爲五亥之元이요乙未成而爲五未之元이요

정사성이위오사지원　　유묘궁위음지부고
丁巳成而爲五巳之元이나惟卯宮爲陰之父故로

존이공지어본수지외　　제음수제언
尊而空之於本數之外하여諸陰受制焉이라

＊이것은 땅과 하늘이 도를 합하여 유강柔剛이 짝수를 얻어 본체를 이루는 것을 가리킨다. 기축己丑이 이루어져 다섯 축丑의 으뜸이 되며, 신유辛酉가 이루어져 다섯 유酉의 으뜸이 되며, 계해癸亥가 이루어져 다섯 해亥의 으뜸이 되며, 을미乙未가 이루어져 다섯 미未의 으뜸이 되며, 정사丁巳가 이루어져 다섯 사巳의 으뜸이 되지만 오직 묘궁卯宮만은 음의 아버지인 까닭에 존귀하여 본수本數 바깥으로 비워[尊空] 다른 모든 음들이 제재를 받는다는 것이다.

개도지주십　　형저어차이우지삼지양천　이시이성
蓋圖之主十은形著於此而偶之三地兩天을以是而成하니

괘지곤잉삼녀　유자이생야
卦之坤孕三女가由茲而生也라

＊대개 하도河圖가 10을 주장하는 것은 여기서부터 형태가 드러나 짝수가 되므로 삼지양천三地兩天이 이로 말미암아 이루어지며, 괘에서 곤坤이 3녀三女를 잉태하여 이로 인해 낳는 것이다.

^우 ^안^천^지^지^수 ^재^어^인^지^십^지
愚가按天地之數는在於人之十指이니

^육^기^지^운 ^십^이^궁^여^구^궁 ^개^재^수^장^지^간
六氣之運과十二宮與九宮이皆在手掌之間이라

^추^지 ^가^견^천^지^무^궁^지^변^화
推之하면可見天地无窮之變化하니

^공^부^자^지^기^장 ^과^연^의
孔夫子指其掌이果然矣라

＊생각컨대, 천지지수天地之數는 사람의 손가락 열 개에 있는데, 6기의 운 [六氣之運]과 12궁宮 및 9궁宮은 모두 손바닥 사이에 있다. 이를 추론하면 천지의 무궁한 변화를 알 수 있다. 공자께서 손바닥을 가리킨 것은 과연 그러하다.

<ruby>九<rt>구</rt></ruby><ruby>二<rt>이</rt></ruby><ruby>錯<rt>착</rt></ruby><ruby>綜<rt>종</rt></ruby><ruby>五<rt>오</rt></ruby><ruby>元<rt>원</rt></ruby><ruby>數<rt>수</rt></ruby>

要旨 이는 『天機大要』에 나오지 않는 후천 책력의 구성원리를 말하고 있다. 선천에는 寅月歲首였지만, 후천에 卯月歲首를 쓰는 이치를 밝히고 있다.

기 갑 야 반　생 계 해　　정 묘 두
己甲夜半에生癸亥하니丁卯頭니라

경 을 야 반　생 을 해　　기 묘 두
庚乙夜半에生乙亥하니己卯頭니라

신 병 야 반　생 정 해　　신 묘 두
辛丙夜半에生丁亥하니辛卯頭니라

임 정 야 반　생 기 해　　계 묘 두
壬丁夜半에生己亥하니癸卯頭니라

계 무 야 반　생 신 해　　을 묘 두
癸戊夜半에生辛亥하니乙卯頭니라

원문 구이착종의 오원수 ─

기갑 사이의 야반에 계해가 생기니 정묘로 머리한다.

경을 사이의 야반에 을해가 생기니 기묘로 머리한다.

신병 사이의 야반에 정해가 생기니 신묘로 머리한다.

임정 사이의 야반에 기해가 생기니 계묘로 머리한다.

계무 사이의 야반에 신해가 생기니 을묘로 머리한다.

구 이 착 종　합 삼 오 지 변　　기 갑 역 위
九二錯綜은合三五之變이니己甲易位하여

이 생 오 원 지 기 두 이 기 수　　기 어 구
以生五元之起頭而其數는起於九하여

착 종 즉 구 생 일 삼 오   십 생 이 사
錯綜則九生一三五하고十生二四하여

서 지 체 립 도 지 수 시   삼 천 양 지 지 소 유 생 야
書之體立圖之數始가三天兩地之所由生也라

＊구이착종九二錯綜은 3과 5를 합한 변화이므로 기己와 갑甲이 자리를 바
꾸어 5원元의 기두起頭를 생기게 하지만 그 수는 9에서 시작하여 착종錯
綜하면 9는 1과 3과 5를 낳고, 10은 2와 4를 낳으므로 낙서의 본체가 확립
되고 하도의 수가 비롯되어 삼천양지三天兩地가 이로 말미암아 생기는 것
이다.

기 어 육   착 종 즉 육 생 팔 십   오 생 칠 구
起於六하여錯綜則六生八十하고五生七九하여

서 지 수 성 이 도 지 체 종   삼 지 양 천 소 유 정 야
書之數成而圖之體가終하니三地兩天이所由定也라

＊6에서 시작하여 착종하면 6은 8과 10을 낳고, 5는 7과 9를 낳아 낙서의
수가 이루어지고 하도의 본체가 마치게 되는 것이다. 삼지양천三地兩天이
이로 말미암아 정해진다.

어 시   십 오 정 위   구 육   용 사   건 곤 감 리 지 덕
於是에十五定位하고九六이用事하니乾坤坎离之德과

천 지 일 월 지 도   구 소 이 육 장   육 소 이 구 장
天地日月之道가九消而六長하고六消而九長하여

호 용 십 오   변 화 불 궁 의
互用十五하니變化不窮矣니라

＊여기서 바로 10과 5의 자리가 정해지고[定位], 9와 6이 작용의 일[用事]
을 하는 것이다. 건곤감리乾坤坎離의 덕과 천지일월天地日月의 도는 9가 줄
어들면 6은 자라나며, 6이 줄어들면 9가 자라나는 것은 10과 5가 서로의
작용이 되어 변화를 헤아일 수 없는 것이다.

十一歸體詩

십 일 귀 체 시

要旨 무극과 태극이 하나되는 시간대에 이르면 금화교역이 이루어진다는 내용이다. 그것은 율려도수의 작동에 의해 가능하다는 사실을 밝히고, 또한 선천의 中이 5였다면, 후천의 中은 5와 6이라는 것을 천명하여 새로운 時中觀을 수립하였다.

화 입 금 향 금 입 화 금 입 화 향 화 입 금 화 금 금 화 원 천 도

火入金鄕金入火요金入火鄕火入金을火金金火原天道라

수 견 용 화 세 월 급

誰遣龍華歲月今고

원문 십일귀체시 —

　　화가 금의 고향으로 들어가니 금이 화로 들어가고,

　　금이 화의 고향으로 들어가니 화가 금으로 드는구나.

　　화금이 금화되는 것은 본래 하늘의 길이로다.

　　누가 용화세월을 이제야 보냈는고.

십 일 구 이 호 위 변 화 이 구 이 착 종 지 수 칠 변 위 구

十一九二는互爲變化而九二錯綜之數는七變爲九하고

구 화 위 칠 즉 시 화 입 금 금 입 화 야

九化爲七則是가火入金金入火也라

＊10과 1 그리고 9와 2는 서로가 변화하며, 구이착종九二錯綜의 수는 7이 9로 변하고 9가 7로 변하는 것으로 이것이 곧 화가 금으로 들어가고 금이 화로 들어간다는 뜻이다.

십 일 귀 체 지 수　기 경　거 이
十一歸體之數는己庚이居二하고

무 정　거 구 즉 시　금 입 화 화 입 금 야
戊丁은居九則是가金入火火入金也라

기 타 신 정 정 계　경 정 정 무
其他辛丁丁癸와庚丁丁戊는

기 변　불 일 이 개 금 화 지 변 화 야
其變이不一而皆金火之變化也라

＊십일귀체十一歸體의 수는 기己와 경庚이 2에 위치하고, 무戊와 정丁은 9
에 위치하는 것이 곧 금이 화로 들어가고 화가 금에 들어온다는 것이다.
기타의 신정辛丁과 정계丁癸, 경정庚丁과 정무丁戊 등의 변화는 하나가 아니
라 모두 금화의 변화인 것이다.

개 원 천 화 옹　화 신 금 성 고　기 도 유 행　　기 용 무 량 야
盖原天化翁이火神金性故로其道流行하고其用无量也라

수　　설 문 지 사
誰는設問之辭라

＊원래의 하늘의 조화옹[原天化翁]은 불의 신이고 금의 본성[火神金性]
인 까닭에 그 도는 유행하고 쓰임은 무량한 것이다. 누구[誰]는 물음을
던지는 말이다.

용　양 물 야　화　광 화 야
龍은陽物也요華는光華也니

위 용 화 자　양 덕　적 중　　광 화 발 외 야
謂龍華者는陽德이積中하여光華發外也라

개 언 이 수 지 공　강 차 지 양 광 화 지 신 성
盖言伊誰之功이降此至陽光華之神聖이니

여 금 세 월　반 기 비 이 회 기 태 야
如今歲月이反其否而回其泰耶인저[202]

---

[202] 필사본은 '回泰其'라고 기록했으나, '回其泰'로 수정한 교정표시가 있다.

성인지우환사세　기지의
聖人之憂患斯世가其至矣로다

* '용'은 순수 양을 대표하는 사물[陽物]이요, '화'는 빛이 환하게 빛난다 [光華]는 뜻이다. 용화龍華는 양의 덕이 중도[中]를 쌓아서 빛의 밝음이 밖으로 퍼지는 것을 뜻한다. 이는 '누군가의'의 공덕이 지극한 양의 빛나는 광명의 신성을 내려 보내는 것을 말함이요, '지금의 세월[今歲月]'은 마치 비否가 뒤집혀져 태泰로 회복되는 것과 같다. 이는 성인이 이 세상을 근심 걱정하는 것이 지극함이로다.

정령　기경임갑병　　여율　무정을계신
政令은己庚壬甲丙이요呂律은戊丁乙癸辛을

지십위천천오지　　묘혜귀축술의신
地十爲天天五地요[201]卯兮歸丑戌依申을

원문 정령은 기, 경, 임, 갑, 병이요,

여율은 무, 정, 을, 계, 신일세.

땅의 10은 하늘이 되고 하늘의 5는 땅이요,

묘에 축이 돌아오니 술은 신에 의지하는구나.

기무자　천지지주재이기위경임갑병지부
己戊者는天地之主宰而己爲庚壬甲丙之父로

거양위이행정언
居陽位而行政焉이요

무위을정계신지모　습음위이조여율언
戊爲乙丁癸辛之母로襲陰位而調呂律焉이라

기본지수이거천위　　통어선후천
己本地數而居天位하여統御先后天하고

---

203 필사본은 '地十爲天五地'로 '天'字가 빠져 있다.

무 실 천 수 이 거 지 위　능 행 양 성 지 도

戊實天數而居地位하여**能行養成之道**하니

＊ 기己와 무戊가 천지를 주재하지만 기는 경庚, 임壬, 갑甲, 병丙의 아버지로 양의 자리에 존재하면서 정사를 행한다[行政焉]. 무戊는 을乙, 정丁, 계癸, 신辛의 어머니로 음의 자리를 이어받아 여율呂律을 조절한다. 기己는 본래 땅의 수이지만 하늘의 자리에 있으면서 선후천을 통어하고, 무戊는 실제로 하늘의 수이지만 땅의 자리에 존재하면서 능히 길러서 완성하는 도를 행한다는 것이다.

개 십 위 천 오 위 지 자　천 지 지 변 화 야

盖十爲天五爲地者는**天地之變化也**요

여 위 양 율 위 음 자　음 양 지 변 화 야

呂爲陽律爲陰者는**陰陽之變化也**요

묘 귀 축 술 의 신 자　존 이 불 항 야

卯歸丑戌依申者는**尊而不亢也**라

＊ 대개 10이 하늘의 5가 되고, 5가 땅이 되는 것[十爲天五爲地]은 천지의 변화이다. 여가 양이 되고 율이 음이 되는 것[呂爲陽律爲陰]은 음양의 변화다. 묘卯에 축丑이 돌아오고 술戌이 신申에 의지하는 것은 존귀해서 저항하지 않는다는 뜻이다.

축 해 유 미 사 묘　후 천 지 육 기 이 사 해 위 이 오 지 중 고

丑亥酉未巳卯는**后天之六氣而巳亥爲二五之中故**로[204]

도 필 귀 중 이 용 사 해　묘 반 귀 축　차 종 시 상 자 지 도 야

道必貴中而用巳亥라**卯反歸丑**은**此終始相資之道也**니라

＊ '축해유미사묘丑亥酉未巳卯'는 후천의 6기인데, 사巳와 해亥가 2와 5의 중中이기 때문에 도는 반드시 중中을 존귀하게 여기므로 사巳와 해亥를 쓰

---

204 필사본에는 '后天之六氣' 다음에 '而巳亥'가 없다.

는 것이다. 묘卯가 되돌아 축丑으로 돌아오는 것은 끝나는 곳에서 새롭게 시작한다[終始]는 것이 곧 서로의 근거이기 때문이다.

자 인 진 오 신 술   선 천 지 육 기 이 인 신   역 위 이 오 지 중 고
子寅辰午申戌은 先天之六氣而寅申이 亦爲二五之中 故로

역 귀 용 중 이 술 반 의 신   차   자 모 상 의 지 리 야
亦貴用中而戌反依申이라 此는 子母相依之理也니

＊ '자인진오신술子寅辰午申戌'은 선천의 6기인데, 인寅과 신申 역시 2와 5의 중中이기 때문에 또한 중도[中]를 귀중하게 쓰는 것이다. 술戌이 도리어 신申에 의지하는 것은 곧 자식과 어미가 서로 의지하는 이치인 것이다.

육 기 배 오 운 이 무 과 차   천 지 합 괘 덕 이 용 중 정
六氣配五運而无過差는 天地合卦德而用中正이니

상 망 세 이 하 어 천   하 득 의 이 존 장 상
上忘勢而下於賤하고 [205]下得義而尊長上하니라

대 재   후 천 지 시 야   인 당 지 기 의 이 행 기 도 야
大哉라 后天之時也여 人當知其義而行其道也니라

＊6기와 5운이 배합하여 차이가 나지 않는 것은 천지가 괘덕卦德과 결합하여 중정中正을 쓰기 때문이다. 윗사람은 세력을 잊고 낮은 곳으로 내려와야 하고, 아랫사람은 의리를 터득하여 위로 웃어른을 높여야 할 것이다. 위대하도다! 후천의 시간이여! 사람은 마땅히 그 뜻을 알아서 그 도를 실천해야 할 것이다.

---

205 필사본은 '賤於'라고 기록했으나, '於賤'로 수정하는 교정표시가 있다.

<ruby>十<rt>십</rt></ruby>은 <ruby>十<rt>십</rt></ruby><ruby>九<rt>구</rt></ruby><ruby>之<rt>지</rt></ruby><ruby>中<rt>중</rt></ruby>이니라

<ruby>九<rt>구</rt></ruby>는 <ruby>十<rt>십</rt></ruby><ruby>七<rt>칠</rt></ruby><ruby>之<rt>지</rt></ruby><ruby>中<rt>중</rt></ruby>이니라

<ruby>八<rt>팔</rt></ruby>은 <ruby>十<rt>십</rt></ruby><ruby>五<rt>오</rt></ruby><ruby>之<rt>지</rt></ruby><ruby>中<rt>중</rt></ruby>이니라

<ruby>七<rt>칠</rt></ruby>은 <ruby>十<rt>십</rt></ruby><ruby>三<rt>삼</rt></ruby><ruby>之<rt>지</rt></ruby><ruby>中<rt>중</rt></ruby>이니라

<ruby>六<rt>육</rt></ruby>은 <ruby>十<rt>십</rt></ruby><ruby>一<rt>일</rt></ruby><ruby>之<rt>지</rt></ruby><ruby>中<rt>중</rt></ruby>이니라

<ruby>五<rt>오</rt></ruby>는 <ruby>一<rt>일</rt></ruby><ruby>九<rt>구</rt></ruby><ruby>之<rt>지</rt></ruby><ruby>中<rt>중</rt></ruby>이니라

<ruby>四<rt>사</rt></ruby>는 <ruby>一<rt>일</rt></ruby><ruby>七<rt>칠</rt></ruby><ruby>之<rt>지</rt></ruby><ruby>中<rt>중</rt></ruby>이니라

<ruby>三<rt>삼</rt></ruby>은 <ruby>一<rt>일</rt></ruby><ruby>五<rt>오</rt></ruby><ruby>之<rt>지</rt></ruby><ruby>中<rt>중</rt></ruby>이니라

<ruby>二<rt>이</rt></ruby>는 <ruby>一<rt>일</rt></ruby><ruby>三<rt>삼</rt></ruby><ruby>之<rt>지</rt></ruby><ruby>中<rt>중</rt></ruby>이니라

<ruby>一<rt>일</rt></ruby>은 <ruby>一<rt>일</rt></ruby><ruby>一<rt>일</rt></ruby><ruby>之<rt>지</rt></ruby><ruby>中<rt>중</rt></ruby>이니라

<ruby>中<rt>중</rt></ruby>은 <ruby>十<rt>십</rt></ruby><ruby>十<rt>십</rt></ruby><ruby>一<rt>일</rt></ruby><ruby>一<rt>일</rt></ruby><ruby>之<rt>지</rt></ruby><ruby>空<rt>공</rt></ruby>이니라

<ruby>堯<rt>요</rt></ruby><ruby>舜<rt>순</rt></ruby><ruby>之<rt>지</rt></ruby><ruby>厥<rt>궐</rt></ruby><ruby>中<rt>중</rt></ruby><ruby>之<rt>지</rt></ruby><ruby>中<rt>중</rt></ruby>이니라

<ruby>孔<rt>공</rt></ruby><ruby>子<rt>자</rt></ruby><ruby>之<rt>지</rt></ruby><ruby>時<rt>시</rt></ruby><ruby>中<rt>중</rt></ruby><ruby>之<rt>지</rt></ruby><ruby>中<rt>중</rt></ruby>이니라

<ruby>一<rt>일</rt></ruby><ruby>夫<rt>부</rt></ruby><ruby>所<rt>소</rt></ruby><ruby>謂<rt>위</rt></ruby><ruby>包<rt>포</rt></ruby><ruby>五<rt>오</rt></ruby><ruby>含<rt>함</rt></ruby><ruby>六<rt>육</rt></ruby> <ruby>十<rt>십</rt></ruby><ruby>退<rt>퇴</rt></ruby><ruby>一<rt>일</rt></ruby><ruby>進<rt>진</rt></ruby><ruby>之<rt>지</rt></ruby><ruby>位<rt>위</rt></ruby>니라

<ruby>小<rt>소</rt></ruby><ruby>子<rt>자</rt></ruby>아 <ruby>明<rt>명</rt></ruby><ruby>聽<rt>청</rt></ruby><ruby>吾<rt>오</rt></ruby><ruby>一<rt>일</rt></ruby><ruby>言<rt>언</rt></ruby>하라 <ruby>小<rt>소</rt></ruby><ruby>子<rt>자</rt></ruby>아

원문 10은 19의 중이요, 9는 17의 중이요, 8은 15의 중이요, 7은 13의 중이요, 6은 11의 중이요, 5는 9의 중이요, 4는 7의 중이요, 3은 5의 중이요, 2는 1과 3의 중이요, 1은 1과 1의 중이다. 중은 10과 10, 1과 1의 공이다. 요순의 궐중의 중이요, 공자의 시중의 중이요, 일부의 이른바 포오함육, 십퇴일진의 자리이다. 소자들아. 나의 한마디 말을 밝게 들어보라. 소자들아!

도 자   중 이 이
道者는中而已라

초 연 공 중   무 소 의 착 어 물 자   도 지 체 야
超然空中에無所依着於物者는道之體也요

무 시 불 연   무 물 불 유   수 시 이 합 의
無時不然하여無物不有하고隨時而合義하여

인 물 이 득 당 자   도 지 용 야
因物而得當者는道之用也니

＊도道는 중中일 따름이다. 초연하게 공중空中에 사물에 의지하되 고착됨이 없는 것이 도의 본체이다. 그렇지 아니한 때(시간)가 없기 때문에 있지 아니하는 사물이 없으며, 때의 적절성에 따라 의리에 부합하고 사물로 인해 정당성을 얻는 것은 도의 작용이다.

고   중 무 정 체   궁 천 지 긍 고 금   무 불 가 위 지 시
故로中無定體이나窮天地亘古今하니無不可爲之時요

무 불 가 용 지 물   소 위 중 자   과 하 여 재
無不可用之物이니所謂中者는果何如哉아

＊그러므로 중中은 일정한 실체가 없으나, 천지를 관통하고 과거와 현재를 통틀어 때(시간)가 그렇게 하지 않은 것이 없으며, 사용하지 못하는 사물이 없으므로 소위 중中이란 과연 무엇인가?

개 수 자   기 지 분 한 이 자 차 지 피
蓋數者는氣之分限而自此至彼로

각 유 자 연 지 중   조 물 지 종 시
各有自然之中에造物之終始이니

막 도 호 수 리 이 무 소 왕 이 부 중 야
莫逃乎數理而無所往而不中也라

지 약 대 중   하 의 어 수 호
至若大中이면何依於數乎리요

수 불 가 이 지 명 고   소 위 십 십 지 공   일 일 지 중
數不可以指名故로所謂十十之空과一一之中이

진 개 시 중   비 위 공 공 무 용 지 물 야
眞箇是中이니非謂空空無用之物也라

＊대개 수數란 기氣가 여기서 저기로 나뉘는 경계점으로 각각 자연스런
가운데 만물이 빚어지는 종시終始이므로 수의 이치에서 벗어날 수 없고,
어디를 가더라도 중中에 부합하지 않는 것이 없다. 만약 지극히 위대한 중
[大中]에 이른다면 어찌 수에 의지할 것인가. 수는 이름 붙여 지적하는 것
이 불가능하기 때문에 소위 '십십지공十十之空, 일일지중一一之中'은 참된
중中으로서 아무것도 없는 텅빈 쓸모없는 물건이 아니라는 뜻이다.

실 지 허 지 령 지 중 적   즉 건 지 상 원 야   인 지 성 명 야
實至虛至靈之中的은卽乾之上元也요人之性命也나

구 어 심 이 혼 연 재 중   위 일 신 지 주
具於心而渾然在中에爲一身之主며

통 만 사 지 강   불 가 호 말 만 선 족 언
統萬事之綱하여不加毫末萬善足焉이라

＊진실로 지극히 허령虛靈하여 중도[中]에 들어맞는 것은 건乾의 상원上元
과 인간의 성명性命이다. 마음에 갖추어져 혼연의 상태로 그 가운데 있는
것이 몸의 주인이며, 만사를 통어하는 벼리로서 터럭만큼도 덧붙일 수 없
는 최고선[萬善]이다.

천 이 시 강 충　　요 순 이 시 전 수　　위 도 통 지 원
天以是降衷하니堯舜以是傳授하여爲道統之原하여

이 계 상 주 지 성 덕　　천 이 시 행 언
以啓商周之盛德이라天以時行焉하니

공 자 역 이 시 중 언　　발 명 중 용 지 덕
孔子亦以時中焉하여發明中庸之德하고

천 이 수 시 지　　일 부 역 이 수 교 지
天以數示之하니一夫亦以數敎之하니라

＊이를 바탕으로 하늘은 중정의 덕성을 부여했는데[降衷], 요순堯舜은 이
것으로 도통道統의 근원으로 삼아 상나라와 주나라의 성덕盛德을 열게
하였다. 하늘은 시간[時]으로 운행하는데, 공자 역시 시중時中의 정신으
로 집약하여 중용中庸의 덕을 발명하였다. 하늘은 수數로 보여주므로, 일
부一夫 역시 수數로 가르쳤던 것이다.

십 퇴 자　중 지 장 야　일 진 자　중 지 행 야
十退者는中之藏也요一進者는中之行也니

시 소 위 용 행 사 장 야
是所謂用行舍藏也라

포 오 자　오 거 오 기 지 중　　포 기 상 하 야
包五者는五居五奇之中하여包其上下也요

함 육 자　육 거 오 우 지 중　　함 기 종 시 야
舍六者는六居五偶之中하여舍其終始也니

인 수 관 리 지 교　무 이 가 의
因數觀理之敎에無以加矣라

＊'10이 물러나는 것[十退]'은 중中이 감춰지는 것이며, '1이 전진하는 것
[一進]'은 중中이 실행되는 것으로 이것이 소위 작용이 행해지면 그 집이
감춰진다[用行舍藏]는 뜻이다. '5를 포함한다[包五]'는 것은 5가 다섯 홀
수의 중심에서 상하를 포괄한다는 것이며, '6을 함유한다[舍六]'는 것은
6이 다섯 짝수의 중심에서 끝맺고 다시 시작하는 것[終始]을 품는다는

正易

정역

288

뜻이다. 수數에 의거해서 이치를 관찰하는 가르침에 덧붙일 것이 없는 것이다.

개선천지학　기수미성고　전지심법　　약언상수
蓋先天之學은氣數未成故로傳之心法하여略言象數하며

후천지학　기수성이시어인고
后天之學은氣數成而示於人故로

상명기수지분한절도　　이견성명지체용본말
詳明氣數之分限節度하여以見性命之體用本末하니

어시　천지지화　저현이무여온
於是에天地之化가著顯而無餘蘊하고

성인지교　간이이무여사야
聖人之敎는簡易而無餘事也라

＊선천의 학문은 기수氣數에 대한 논의가 성숙되지 못했기 때문에 심법으로 전수함에 상수를 간략하게 설명했다. 후천의 학문은 기수에 대한 논의가 성숙되어 사람들에게 쉽게 보여주기 때문에 기수가 나뉘는 경계와 절도를 상세히 밝혀서 성명性命의 체용과 본말을 보였던 것이다. 이에 천지의 조화가 드러나 나머지의 미지한 부분이 없었고, 성인의 가르침은 간단하고도 쉬워서[簡易] 미지한 일이 없는 것이다.

장말　우계지왈소자　명청오일언
章末에又戒之曰小子아明聽吾一言하라 하니

차　성인지우근천하　심위제경야
此는聖人之憂勤天下를深爲提警也라

＊이 장의 끝에 또 경계하여 말하기를 "소자들아. 나의 한마디 말을 밝게 들어라"고 한 것은 성인께서 천하를 걱정하고 근심하는 것으로 깊이 경각심을 높여준 것이다.

按上篇_은直擧性命之原_{하여}

以立造化之大體而詳言天與人_이稟受三元三極之道_{니라}

下篇_은卽因造化之成功_{으로}

體察性命之由而以示人與天_이[206]互用大中至正之德_{하니}

程子所謂天未始不爲人_{이요}人未始不爲天_이是也_{니라}

＊생각컨대, 상편은 직접 성명의 근원을 거론하여 조화造化의 큰 틀을 확립했으며, 그리고 하늘과 인간이 3원元, 3극極의 도를 품수稟受한 것을 자세하게 말하였다. 하편은 조화造化의 성공으로 인해 성명의 궁극적 이유를 몸소 체득하도록 하여 인간과 하늘이 서로에게 대중지정大中至正의 덕을 보여주었는데, 정자程子의 소위 "하늘이 시작하지 않았으면 인간이 될 수 없고, 인간이 시작하지 않았다면 하늘도 될 수 없다"고 말한 것이 바로 그것이다.

---

206 필사본의 '命性'을 하상역본에서는 '性命'으로 바뀌었다.

雷風正位用政數
뇌 풍 정 위 용 정 수

要旨 율려의 작동에 의해 현실적으로 물리적 변화를 가져오는 장본인이
곧 우레와 바람이며, 뇌풍이 곧 천지의 운동이라고 말한다.

뇌 풍 자　천 지 지 종 시
雷風者는天地之終始이니

시 어 율 려　　중 어 음 양　　종 어 강 유
始於律呂하고中於陰陽하고終於剛柔하니라

뇌 풍 정 위 자　　즉 강 유 정 위 야　분 이 언 지 즉 간 위 음 양
雷風正位者는卽剛柔正位也라分而言之則干爲陰陽이요

지 위 강 유　　합 이 언 지 즉 간 위 기　지 위 질
支爲剛柔이며合而言之則干爲氣요支爲質이라

질 불 변 이 기 능 변 고　어 차　거 간 지 변 화 이 총 결 지
質不變而氣能變故로於此에擧干之變化而總結之라

안 간 지 도　　가 견 의
按干支圖하면可見矣라

＊우레와 바람[雷風]은 천지를 끝맺고 다
시 새롭게 시작하는 것[終始]으로 율려律呂에서 시작하여 음양陰陽의 중
간을 거쳐 강유剛柔로 마친다. 뇌풍이 올바르게 자리잡는다[雷風正位]는
것은 곧 강유가 올바르게 자리잡는[剛柔正位]는 뜻이다. 나누어서 말하
면 천간[干]은 음양이고 지지[支]는 강유다. 합해서 말하면 천간은 기氣
요 지지는 본질[質]이다. 본질은 변하지 않으나 기氣는 변하기 때문에 여
기서는 천간의 변화를 들어서 매듭지은 것이다. 간지도干支圖를 살피면 알
수 있다.

기 위　사 금 일 수 팔 목 칠 화 지 중　　무 극
己位는四金一水八木七火之中이니无極이니라

무 극 이 태 극　　십 일
无極而太極이니十一이니라

십 일　지 덕 이 천 도
十一은地德而天道니라

천 도　원　　경 임 갑 병
天道라圓하니庚壬甲丙이니라

지 덕　　방　　이 사 육 팔
地德이라方하니二四六八이니라

원문 기위는 4금, 1수, 7화, 8목의 중이니 무극이다.

무극이되 태극이니 10이며 1이다.

10과 1은 지덕이며 천도이다.

천도는 둥그니 경, 임, 갑, 병이다.

지덕은 방정하니 2, 4, 6, 8이다.

이 기 체 이 언 즉 기 위 무 극 이 이 기 위 이 언 즉 기 거 태 극
以其體而言則己爲无極而以其位而言則己居太極이니

시 위 수 지 십 일 야
是爲數之十一也라

십 자　지 덕 야　일 자　천 도 야
十者는地德也요一者는天道也니

이 기 법 도 이 언 즉 경 임 갑 병　위 천 사 상
以其法度而言則庚壬甲丙은爲天四象이나

이 기 도　원　　이 기 위 치 이 언　　즉 이 사 육 팔
而其道는圓이요以其位置而言하면則二四六八은

위 지 사 수　　이 기 덕　방
爲地四數이나而其德은方하니

正易
정역

292

개 위 기 위 거 중 이 경 임 갑 병　용 정 야
盖謂己位居中而庚壬甲丙이用政也라

* 본체의 입장에서 말하면 기는 무극이지만, 자리[位]로 말하면 기는
태극의 자리에 있으므로 이것이 수로는 10과 1이라는 뜻이다. 10은 땅의
덕성[地德]이며, 1은 하늘의 도[天道]이다. 그것을 법도로 말하면 경庚, 임
壬, 갑甲, 병丙은 하늘의 4상象이지만 그 도道는 둥글다[圓]. 위치로 말하면
2, 4, 6, 8은 땅의 네 수[地四數]이지만 그 덕은 방정하다. 기위己位는 중심
에 존재하면서 경庚, 임壬, 갑甲, 병丙이 정사로 작용한다는 뜻이다.

무 위　이 화 삼 목 육 수 구 금 지 중　황 극
戊位는二火三木六水九金之中이니皇極이니라

황 극 이 무 극　오 십
皇極而无極이니五十이니라

오 십　천 도 이 지 수
五十은天度而地數니라

지 수　방　정 을 계 신
地數라方하니丁乙癸辛이니라

천 도　원　구 칠 오 삼
天度라圓하니九七五三이니라

원문 무위는 2화, 3목, 6수, 9금의 중이니 황극이다.

　　황극이로되 무극이니 5이며 10이다.

　　5와 10은 천도이며 지수이다.

　　지수는 방정하니 정, 을, 계, 신이다.

　　천도는 둥그니 9, 7, 5, 3이다.

무 본 황 극 지 위 이 습 무 극 지 위 고
戊本皇極之位而襲无極之位故로

왈 황 극 이 무 극　기 수 즉 오 십 야
日皇極而无極이요其數則五十也라

오 자　천 도 야　십 자　지 수 야
五者는天度也요十者는地數也니

기 법 도 즉 정 을 계 신　위 지 사 상　이 기 덕　방
其法度則丁乙癸辛은爲地四象이나而其德은方이요

기 위 치 즉 구 칠 오 삼　위 천 사 수 이 기 도 원
其位置則九七五三은爲天四數而其度圓하니

개 언 무 위 거 중 이 정 을 계 신　용 정 야
盖言戊位居中而丁乙癸辛이用政也라

*무戊는 본래 황극의 자리이지만 무극을 계승한 자리이기 때문에 '황극
이로되 무극'이라 말한 것이다. 그 수는 5와 10이다. 5는 하늘의 걸음걸이
를 나눈 것[天度]이며, 10은 땅의 수이다. 그 법도는 정丁, 을乙, 계癸, 신辛
이 땅의 4상象이지만 그 덕은 방정하다는 것이다. 위치로는 9, 7, 5, 3이 하
늘의 네 수數이지만 그 도수[度]는 둥글다[圓]. 대개 무위戊位는 중심에
존재하면서 정丁, 을乙, 계癸, 신辛이 정사로 작용한다는 뜻이다.

四正七宿用中數
<small>사 정 칠 수 용 정 수</small>

要旨 28수의 동서남북 일곱별이 시공간의 재조정 과정을 거쳐 만물의 중심에 새롭게 자리잡는 것을 얘기하고 있다. 한마디로 28수의 재조정은 태음력과 태양력이 하나로 통합되어 閏曆이라는 시간의 꼬리는 없어지고 正曆이 수립되는 것을 강조한다.

四正은 謂天之四方이라 東方蒼龍七宿와 南方朱雀七宿와
<small>사 정 위 천 지 사 방 동 방 창 룡 칠 수 남 방 주 작 칠 수</small>

西方白虎七宿와 北方玄武七宿가 環列四方行政하니
<small>서 방 백 호 칠 수 북 방 현 무 칠 수 환 열 사 방 행 정</small>

用中之道는 有二端也라
<small>용 중 지 도 유 이 단 야</small>

＊4정[四正]은 하늘의 4방이다. 동방의 창룡 일곱 별[蒼龍七宿]과 남방의 주작 일곱 별[朱雀七宿]과 서방의 백호 일곱 별[白虎七宿]과 북방의 현무 일곱 별[玄武七宿]이 둥그렇게 나열된 형식으로 정사를 행하므로 중도[中]를 사용하는 도에 두 개의 단서가 있는 것이다.

先天은 五九니 逆而用八하니 錯이라 閏中이니라
<small>선 천 오 구 역 이 용 팔 착 윤 중</small>

원문 선천은 5에서 9에 이르니 거슬러서 8을 사용하여 어긋나므로 윤역에 맞춘다.

先天은 謂太陰之政이니 五九는 謂洛書也요
<small>선 천 위 태 음 지 정 오 구 위 낙 서 야</small>

逆而用八은 謂二十八也라
<small>역 이 용 팔 위 이 십 팔 야</small>

개 태 음 지 정   오 구 위 본 고   일 구 위 시
蓋太陰之政은五九爲本故로一九爲始하여

십 구 위 중   이 십 구   위 종 이 기 용
十九爲中하고二十九로爲終而其用을

역 팔 자   합 이 십 팔 수 야
逆八者는合二十八宿也라

기 수 상 착 이 치 윤 연 후   득 중 야
其數常錯而置閏然後에得中也니라

＊선천은 태음의 정사[太陰之政]요, 5에서 9에 이른다는 것은 낙서洛書이다. '거슬러서 8을 사용한다[逆而用八]'는 것은 28을 뜻한다. 대개 태음의 정사는 5와 9가 근본인 까닭에 9가 시작이고[始], 19가 중간[中]이며, 29는 마침[終]으로서 거슬러서 8을 사용한다는 것은 28수宿에 부합시킨 것이다. 그 수數는 항상 어긋나므로 윤달을 둔 연후에야 중中을 얻을 수 있는 것이다

후 천   십 오   순 이 용 육   합   정 중
后天은十五니順而用六하니合이라正中이니라

원문 후천은 10에서 5에 이르니 순응하여 6을 쓰므로 합당하다. 올바른 중으로 맞춘다.

후 천   위 태 양 지 정   십 오   위 하 도 야
后天은謂太陽之政이니十五는謂河圖也요

순 이 용 육   위 일 육   십 육   이 십 육
順而用六은謂一六과十六과二十六이라

개 일 월 지 정   삼 십 위 정 이 선 천 위 십 오   후 천 역 십 오 야
蓋一月之政은三十爲正而先天爲十五요后天亦十五也라

무 술 무 진 정 위 어 십 육   음 덕 지 순 야
戊戌戊辰正位於十六은陰德之順也라

* 후천은 태양의 정사[太陽之政]요, 10에서 5에 이른다는 것은 하도河圖이다. '순응하여 6을 쓴다[順而用六]'는 것은 6과 16과 26을 일컫는다. 대개 한 달의 정사는 30이 올바름[正]으로 선천은 15요, 후천 역시 15이다. 무진戊辰과 무술戊戌이 16일에서 정위正位하는 것은 음덕의 순응함[陰德之順]이다.

차 저 성   위 당 어 이 십 육
且氐星이位當於二十六하여

정 지 불 항 이 각 성   여 자 오   합 어 삼 십 수   불 로 규 각
政之不亢而角星이與子午로合於三十數하며不露圭角하니

기 도 상 합   득 정 이 무 과 불 급
其度相合하고得正而無過不及이라

안 이 십 팔 수 도   가 견 의
按二十八宿圖하면可見矣리라

* 또한 저성氐星이 26일의 자리에 닿아서 (달의) 정사가 넘어서지 않으므로[不亢] 각성角星이 자오子午와 더불어 30수數에 부합하며, 규각圭角을 노출시키지 않아 그 도수가 서로 부합하고 정도[正]를 얻어 과불급이 없다. 28수 별자리 그림을 보면 알 수 있을 것이다.

오 구   태 음 지 정   일 팔 칠
五九는太陰之政이니一八七이니라

십 오   태 양 지 정   일 칠 사
十五는太陽之政이니一七四니라

원문 5에서 9는 태음의 정사이니 1, 8, 7이다. 10에서 5는 태양의 정사이니 1, 7, 4이다.

차 복거태음태양지정 총결상하경문지의
此는復擧太陰太陽之政하여總結上下經文之義하니

상견상편의
詳見上篇矣라

＊이는 다시 태음과 태양의 정사를 거론하여 상하 경문의 뜻을 결론지은
것으로 상편에 자세하게 나타나 있다.

역 삼 건곤 괘 팔 비태손익함항기제미제
易은三이니乾坤이요卦는八이니否泰損益咸恒旣濟未濟니라

원문 역은 3이니 건과 곤이다. 역은 8이니 비, 태, 손, 익, 함, 항, 기제, 미제
이다.

역삼 위역성어삼변 효본삼획고야
易三은謂易成於三變이요爻本三劃故也라

괘팔자 위육십사괘지중 소중자 유팔야
卦八者는謂六十四卦之中에所重者가有八也라

개희역 시변야 주역 재변야 정역 삼변야
盖羲易은始變也요周易은再變也요正易은三變也일새니

차 삼역지성야
此는三易之成也라

괘위극어팔팔이실천지수화산택지반역이성고
卦位極於八八而實天地水火山澤之反易而成故로

특차반류지괘팔이위중괘지대체야
特此反類之卦八而爲重卦之大體也니라

＊'역이 셋[易三]'이란 역이 세 번 변하여 이루어진다는 것이며, 효爻가 본
래 3획이기 때문이다. 괘가 8이란 64괘 중에서 소중하게 여기는 괘가 여덟
이라는 뜻이다. 대개 복희역[羲易]은 최초의 변화요, 『주역周易』은 두 번째

변화요, 정역正易은 세 번째 변화이기 때문에 이것이 곧 삼역三易이 이루어진다는 뜻이다. 괘의 위치는 8×8(64)에서 극도에 이르지만, 실제로 천지天地와 수화水火와 산택山澤이라는 반대의 것들이 바뀌어서 이루어지기 때문에 특별히 반대되는 종류[反類]의 여덟 괘가 중괘重卦의 대체大體가 되는 것이다.

오 호　기 순 기 역　　극 종 극 시　　십 역 만 력
嗚呼라旣順旣逆하여克終克始하니十易萬曆이로다²⁰⁵

원문 아아! 이미 순응하고 이미 거슬러서 능히 마치고 능히 시작하니, 10수의 역이 만세력이로다.

기　　성 야　기 순 기 역　위 피 행　순 수 즉 차 행　역 수 이 성
旣는成也요旣順旣逆은謂彼行이順數則此行은逆數而成하고

우 행　역 수 즉 좌 행　순 수 이 성
右行이逆數則左行은順數而成하니

일 순 일 역　호 위 운 용　　교 통 무 애 야
一順一逆이互爲運用하여交通无碍也라

극　능 야　극 종 극 시　위 원 시 요 종
克은能也라克終克始는謂原始要終이요

종 이 불 견 기 귀 시 이 불 견 기 단　대 의 재
終而不見其歸始而不見其端하니大矣哉라

십 지 성 력　위 만 만 세 무 량 력 야
十之成曆이爲萬萬歲无量曆也라²⁰⁸

＊ 이미 '기旣'는 완성했다는 뜻이다. '이미 순응하고 이미 거스른다[旣順旣逆]'는 것은 저것이 순수順數로 행하면 이것은 거스르는 수[逆數]로 이

---

207 필사본에는 '十曆萬曆'으로 기록 되어 있다.
208 필사본에는 '无量'을 '无量曆'字가 있다.

루고, 오른쪽으로 운행하는 것이 역수逆數라면 왼쪽으로의 운행은 순수 順數로 이루어진다는 뜻이다. 한 번은 순응하고 한 번은 거스르는 것이 서로가 운용함에 교통하여 막힘이 없다. '극克'은 능能하다는 뜻이다. '능히 마치고 능히 시작하다[克終克始]'는 것은 '처음을 근원으로 하여 마침을 살핀다[原始要終]'[209]는 뜻이다. 끝마쳐도 돌아가는 곳을 볼 수 없고, 시작해도 그 실마리를 볼 수 없는 것이다. 위대하도다! 10수(대도)가 책력册曆을 완성하는 것[210]이 만세토록 무량함이다.

---

209 『周易』「繫辭傳」下 9장에 "역의 글됨은 처음을 근원으로 하여 마침을 살피는 것을 본질로 삼는다.[易之爲書也 原始要終, 以爲質也.]"는 말이 있다.
210 360일의 캘린더가 실제로 형성되는 것을 가리킨다.

_{십 일 음}
十一吟

要旨 「십오일언」에 '十五歌'가 있는 것과 마찬가지로 「십일일언」에는 '十一吟'이 있다. 무극과 태극의 합일, 천인합일 등 금화교역을 통해 이뤄질 후천의 유토피아 세상을 노래하고 있다.

---

^{십 일 귀 체 혜　오 팔 존 공}
十一歸軆兮여五八尊空이로다

^{오 팔 존 공 혜　구 이 착 종}
五八尊空兮여九二錯綜이로다

^{구 이 착 종 혜　화 명 금 청}
九二錯綜兮여火明金淸이로다

^{화 명 금 청 혜　천 지 청 명}
火明金淸兮여天地淸明이로다

^{천 지 청 명 혜　일 월 광 화}
天地淸明兮여日月光華로다

^{일 월 광 화 혜　유 리 세 계}
日月光華兮여琉璃世界로다

^{유 리 세 계 혜　상 제 조 림}
世界世界兮여上帝照臨이로다

^{상 제 조 림 혜　우 우 이 이}
上帝照臨兮여于于而而로다

^{우 우 이 이 혜　정 정 방 방}
于于而而兮여正正方方이로다

^{정 정 방 방 혜　호 호 무 량}
正正方方兮여好好无量이로다

원문 십일음 ─

10과 1이 한몸됨이여! 5와 8이 존공되도다.

5와 8이 존공됨이여! 9와 2가 착종하는구나.

9와 2가 착종함이여! 화는 밝고 금은 맑도다.

화는 밝고 금이 맑음이여! 천지가 청명하구나.

천지가 청명함이여! 일월이 빛나도다.

일월의 빛남이여! 유리세계가 되도다.

세계 세계여! 상제께서 조림하시도다.

상제께서 조림하심이여! 기쁘고 즐겁구나.

기쁘고 즐거움이여! 정정하고 방방하구나.

정정하고 방방함이여! 좋고 좋아 무량하도다.

십 일 귀 체 이 성 성 명　　오 팔 존 공 이 양 일 시
十一歸體而成性命하고五八尊空而養日時하며

금 화 역 위 이 익 청 명　　천 지 유 시 청 명 이 생 인 물
金火易位而益淸明하니天地由是淸明而生人物이라

일 월 역 이 광 화 이 조 세 계
日月亦以光華以照世界하니

과 호 태 양 세 계 이 내 시 정 명 야
果乎太陽世界而乃是貞明也요[211]

역 여 유 리 세 계 이 무 불 보 조 의
亦如琉璃世界而無不普照矣라

＊10과 1이 한몸되어[十一歸體] 성명性命을 이루고, 5와 8이 존공尊空하여
날과 시간을 기르며[養日時], 금과 화가 자리를 바꾸어 더욱 맑고 밝아 천
지가 이로 말미암아 청명해지고 인간과 만물을 낳는다. 일월 역시 빛나는
밝음으로 세계를 비추므로 과연 태양세계가 올바르게 밝혀지고[貞明],
또한 유리세계와 같이 두루 비추지 않는 곳이 없다.

---

211 필사본은 '光乎太陽世界'로 기록하였다.

惟我化无上帝가照臨下界하사
^{유 아 화 무 상 제　조 림 하 계}

各正性命하시니乃遂生成이로다
^{각 정 성 명　　내 수 생 성}

普天之下好善之人은自明思想하여自新知覺하고
^{보 천 지 하 호 선 지 인　자 명 사 상　　자 신 지 각}

鼓舞振起하여于于而歌를而而而咏하고
^{고 무 진 기　　우 우 이 가　이 이 이 영}

正正而相勸하여方方而相規하니
^{정 정 이 상 권　　방 방 이 상 규}

好好无量我上帝之道德歟인저
^{호 호 무 량 아 상 제 지 도 덕 여}

＊오직 우리 화무상제化无上帝께서 하계下界에 조림하시어 각각 성명性命을 올바르게 하시어 마침내 (생명을) 낳아 완성하심[生成]이다. 온누리의 선을 좋아하는 사람은 스스로 밝게 생각하여 스스로 새롭게 지각知覺하고, 북치고 춤추면서 떨쳐 일어나 기쁘고 즐겁게 노래 불러야 할 것이다. 올바름으로 서로 권장하고, 올바름으로 서로 바로잡아서 좋기가 한량없는 우리 상제의 도덕이로구나!

按上篇은擧十五一言하여繼之以五頌者는
^{안 상 편　거 십 오 일 언　계 지 이 오 송 자}

先立道之大體하고後讚道之大用也요
^{선 립 도 지 대 체　　후 찬 도 지 대 용 야}

下篇은興之以三詩하여繼擧十一一言者로
^{하 편　흥 지 이 삼 시　계 거 십 일 일 언 자}

先起感發之心而後實性情之用也라
^{선 기 감 발 지 심 이 후 실 성 정 지 용 야}

＊생각컨대, 상편에서 「십오일언十五一言」을 거론하여 다섯 찬송가[五頌]로 이어받은 것은 먼저 도의 대체大體를 확립한 다음에 도의 대용大用

을 찬양하였다. 하편은 세 개의 시詩로 흥을 고취시킨 다음에 「십일일언 十一一言」로 이어받아 거론한 것은 먼저 감응의 마음을 일으킨 뒤에 성정 性情의 작용(쓰임)을 충실하게 하였다.

상 편　　언 음 양 지 공
上篇은言陰陽之功이

구 어 간 지 지 위 이 불 외 호 도 서 지 본 야
具於干支之位而不外乎圖書之本也요

하 편　　언 강 유 지 체　　입 어 괘 위 이 불 리 어 간 지 지 수 야
下篇은言剛柔之體가立於卦位而不離於干支之數也라

＊ 상편은 음양의 공능이 간지의 위치에 갖추어져 하도낙서의 근본에서 벗어나지 않았음을 말했다. 하편은 강유의 실체가 괘의 위상에 세워져 간 지의 수에서 벗어나지 않음을 얘기했다.

상 편　　결 지 이 조 화　　성 일 심 성 지 체
上篇은結之以造化하여成一心性之體하고

하 편　　결 지 이 성 정　　무 왕 부 중 지 리
下篇은結之以性情하여無往不中之理라

＊ 상편은 조화造化에 근거하여 심성心性이 하나로 이루어지는 본체로 결 론지었고, 하편은 성정性情이 어디를 가든 중도[中]에 적중하지 않는 이치 가 없는 것으로 결론지었다.

상 편　　종 지 이 십 오 가　　영 탄 대 도 원 원 지 조 시
上篇은終之以十五歌하여咏歎大道元元之造始하고

하 편　　종 지 이 십 일 음　　찬 미 상 제 소 소 호 조 림
下篇은終之以十一吟하여讚美上帝昭昭乎照臨이라

＊상편은 「십오가十五歌」로 끝맺어 대도大道의 원원元元한 조화의 시초를 찬탄하여 노래했으며, 하편은 「십일음十一吟」으로 끝맺으며 상제께서 빛

을 쏟으며 조림照臨하시는 것을 찬미하였다.

기 여 도 수 지 절 문　위 치 지 등 급　수 기 본 체 지 대 소
其餘度數之節文과位置之等級이隨其本體之大小로

각 유 자 연 지 차 서 이 상 하 상 인　고 응 조 철
各有自然之次序而上下相因하여顧應照徹하고

체 용　도 구　문 리 접 속
體用을都具하여文理接續하니

학 자　묵 식 이 체 찰 즉 자 당 득 지
學者가黙識而體察則自當得之하리니

거 이 조 저 천 하　무 난 의
擧而措諸天下에無難矣리라

＊그 나머지는 도수度數에 알맞은 글들과 위치의 등급이 본체本體의 대소
에 따라 각각 자연스럽게 조리가 있고, 상하가 서로 원인이 되어 되돌아
반응하면서 두루 비추어 체용體用이 갖추어졌기 때문에 글의 순서에 논
리가 있다. 학자는 말없이 알고 몸소 깨달으면 스스로 마땅히 터득할 것
이니, 이를 들어서 천하에 베푸는데 어려움이 없을 것이다.

을 유 세 계 미 월 을 미 일 이 십 팔　불 초 자 김 항　근 봉 서
乙酉歲癸未月乙未日二十八에 不肖子金恒은謹奉書하노라

원문 을유년 계미 6월 을미 28일에 불초자 김항은 삼가 받들어 쓰다.

혹 왈 차 경 정 신 지 적　과 안 재 호
或曰此經精神之的으로果安在乎아

왈 십 지 일 자 이 이　오 여 일　차 지
曰十之一字而已니五與一은此之라

연 즉 기 요 의　가 득 문 여
然則其要義를可得聞歟잇가

왈 십 자　이 상 언 지 즉　　수 지 구　사 방 중 앙　비 의
曰十字를以象言之則하면數之具는四方中央에備矣라

이 리 언 지 즉 수 지 공　　일 합 구 이 성 위 고
以理言之則數之空이나一合九而成位故로

십 거 무 위 이 독 존 무 대
十居无位而獨尊无對이니라

＊혹자가 "이 경전[經]의 정신적인 의미는 과연 어디에 있는가"라고 물었
다. 이에 대해 다음과 같이 대답하였다. "10[十]이라는 한 글자일 뿐이다. 5
와 1은 그 다음이다." "그러면 그것의 요점을 들을 수 있습니까?" 대답하
기를 "십十을 상象으로 말하면 수數는 4방과 중앙에 구비되어 있다. 이치
[理]로 말하면 수數는 비어 있으나[空], 1이 9와 합하면 (공간적) 위치가
성립되기 때문에 10은 일정한 자리가 없이 독존하여 상대가 없는 것이다
[无位而獨尊无對].

개 낙 서 지 허 기 수　　시 시 리 지 지 무 야
盖洛書之虛其數는示是理之至无也요

하 도 지 실 기 수　　저 시 시 상 지 대 비 야
河圖之實其數는著是象之大備也니

고 오 거 서 중 이 대 호 무 상 지 체
故五居書中而對乎无象之軆하고

십 거 도 중 이 포 호 유 상 지 위
十居圖中而包乎有象之位하니

＊대개 낙서에서 (10)수가 비어 있는 것은 이 이치가 지극한 무无임을 보
여주는 것이요, 하도에서 (10)수가 실제로 존재하는 것은 (10무극의) 상象
이 크게 구비되어 있는 것을 나타낸 것이다. 따라서 낙서의 5가 중앙에 위
치하여 상象이 없는 본체와 짝하고 있으며, 하도의 중앙에 10이 위치하여
유상有象의 위치를 포함하고 있다.

시 이 극 기 리 즉 위 무 극 지 대 도 이 무 소 불 통
是以極其理則爲无極之大道而無所不統이요

극 기 수 즉 위 대 연 지 조 종 이 무 소 불 포
極其數則爲大衍之祖宗而無所不包일새니

경 소 위 거 변 무 극   시 야
經所謂擧便无極이是也니라

＊이런 까닭에 그 이치를 극진히 추구하면 무극의 대도가 됨으로써 거느리지 못하는 것이 없으며, 그 수를 극진히 추구하면 대연大衍의 조종祖宗이 되어 포함하지 않는 것이 없다. 이 경전[正易]의 이른바 '문득 손을 들으면 무극이다[擧便无極]'라고 한 것이 바로 그것이다."

왈 연 즉 사 도 야   기 소 이 위 성 명   하 야
曰然則斯道也에其所以爲性命은何也요

왈 이 명 성 대 대 이 언 즉 무 극 이 황 극 야
曰以命性對待而言則无極而皇極也니

고 십 오   위 천 지 지 성 명 이 거 도 지 중
故十五는爲天地之性命而居圖之中은

즉 적 연 부 동 지 체 야
卽寂然不動之體也요

이 명 성 유 행 이 언 즉 무 극 이 태 극 야
以命性流行而言則无極而太極也니

고 십 일 합 천 지 지 명 성 이 거 서 지 원 시
故十一合天地之命性而居書之原始는

즉 감 이 수 통 지 묘 야
卽感而遂通之妙也라

＊"그러면 유학에서 성명性命이 되는 이유는 무엇인가?"라고 묻자 다음과 같이 대답하였다. "성명을 대대待對의 논리로 말하면 '무극이로되 황극이다[无極而皇極].' 그러므로 10과 5는 천지의 성명으로 하도의 중앙에 존재하는 적연부동寂然不動의 본체인 것이다. 성명을 유행流行의 논리로 말

하면 '무극이로되 태극이다[无極而太極].' 그러므로 10과 1이 합하여 천지의 성명이 되어 낙서의 시초[書之原始]에 자리잡는 감이수통感而遂通의 오묘함이다.

차 개 재 물 정 신 지 적 야　정 위 명 장 이 주 정
此盖在物精神之的也라精爲命藏而主靜하고

신 위 성 근 이 주 동　정 신 묘 합　위 지 심
神爲性根而主動하니精神妙合을謂之心이요

＊이것은 모두 만물에 존재하는 정신적인 것이다. 정精이란 생명에 저장되어 고요함을 주장하고[精爲命藏而主靜], 신神은 본성의 뿌리가 되어 움직임을 주장하므로[神爲性根而主動] 정과 신이 묘하게 결합한 것을 마음[精神妙合謂之心]이라 하는 것이다.

심 지 본 연　위 지 성 명 고　통 지 재 심　주 재 일 신
心之本然을謂之性命故로統之在心하고主宰一身이라

급 기 감 동 야　즉 신 지 신 이 응 사 중 절 자　성 지 진 야
及其感動也에卽神之伸而應事中節者는性之盡也요

지 기 안 정 야　즉 신 지 굴 이 교 정 잠 장 자　명 지 반 야
至其安靜也에卽神之屈而交精潛藏者는命之反也라

＊마음의 본연 상태를 가리켜 성명性命이라 한다. 마음에서부터 통제하여 몸을 주재하고, 마음으로 느껴서 움직임에 신神이 펼쳐져 만사에 감응하여 중도에 부합하는 것이 곧 본성을 다하는 것[性之盡]이며, (마음이) 안정됨에 이르러 신神이 굽혀져 정精과 교류하여 숨어서 간직하는 것이 명에 되돌아가는 것[命之反]이다.

고 심 지 리　위 지 성 명　심 지 기　위 지 정 신
故心之理를謂之性命이요心之氣를謂之精神이라 하니

합 시 리 기　　지 허 지 령　위 지 심
合是理氣하여至虛至靈을謂之心이니

시 이　천 하 지 심　개 동 이 호 선 지 정　일 야
是以로天下之心은皆同而好善之情이一也니라

＊그러므로 마음의 이치를 성명性命이라 하고, 마음의 기氣를 정신精神이
라 한다. 이 리기理氣를 합하여 지극히 허령虛靈한 것을 마음[心]이라 한
다. 따라서 천하(사람)의 마음이 모두 똑같고 선을 좋아하는 감정[情]은
하나인 것이다."

왈 연 즉 선 성 성 선 지 설　과 연 이 학 지 도　당 내 하
曰然則先聖性善之說은果然而學之道로當奈何요

왈 성 명　즉 상 제 지 임 아 야
曰性命은卽上帝之臨我也라

역 기 정 신 즉 심 로 이 원 기 도
役其精神則心勞而遠其道하고

회 기 정 신　　즉 심 정 이 합 기 덕
會其精神하면則心靜而合其德하니라

개 성 훈 지 수 방 심　무 이 심　지 기 지　안 여 지 지 류
盖聖訓之收放心과無貳心과知其止와安汝止之類는

막 비 권 권 어 후 학 이 군 경 지 진 적　개 본 어 차
莫非眷眷於後學而群經之眞的이皆本於此라

단 학 자　범 홀　　부 지 찰 이 불 능 입 야
但學者가泛忽하여不知察而不能入也라

＊"그렇다면 옛성인이 성선性善을 주장한 것은 과연 학문의 도로 합당합
니까?" 다음과 같이 대답하였다. "성명은 곧 상제께서 나에게 임어하신 것
이다. 정신을 쓰면 마음은 피로해지고 도道에서 멀어지며, 정신을 모으면
마음이 안정되어 덕과 부합하는 것이다. 대개 성인의 가르침은 잃어버린
마음을 거두어들여 두 마음이 없어야 하고, 그칠 곳을 알아야 하는 것으
로 네가 편안히 그치게 한다는 등의 말들은 후학에게 누누이 말하지 아

니한 바가 없으나, 여러 경전의 참된 것들이 모두 여기에 근거하고 있다. 다만 배우는 자가 소홀히 여겨 성찰하는 것을 몰라서 들어갈 수 없는 것이다."

왈 연 즉 학 하 이 능 변 화 기 질　이 득 차 서 공 효 야
日然則學何以能變化氣質하여而得次序功效耶잇가

왈 인 지 형 모　이 유 정 분 고　불 능 변 추 위 미
日人之形貌는已有定分故로不能變醜爲美이나

역 단 위 장　연 심 지 허 령　원 무 구 애 고
易短爲長이니然心之虛靈은元無拘碍故로[212]

가 이 변 우 위 지　변 불 초 위 현
可以變愚爲智하고變不肖爲賢이라

＊"그렇다면 학문을 어떻게 해야 능히 기질氣質을 변화시켜 순차적으로 효과를 얻을 수 있을까요?"라고 물었다. 다음과 같이 대답했다. "사람의 형모形貌는 이미 정해진 분수가 있기 때문에 추한 것을 아름다운 것으로 바꿀 수 없으나 단점을 바꾸면 장점이 될 수 있다. 그래서 마음의 허령虛靈은 원래부터 구애됨이 없기 때문에 어리석음을 바꾸어 지혜롭게 할 수 있으며, 불초자를 현명한 사람으로 변화시킬 수 있는 것이다.

소 고 지 학　부 도 박 섭 기 송 약 취 성 인 성 법
溯古之學은不徒博涉記誦略取聖人成法이니[213]

반 지 어 신　존 지 어 심
反之於身하여存之於心하고

극 기 기 질 지 성　복 어 본 연 지 성
克其氣質之性하여復於本然之性이라

수 기 형 체 지 명　안 어 분 정 지 명
修其形體之命하여安於分定之命하고

---

212 필사본에는 '不能變醜爲美, 易短爲長, 然心之虛靈, 元無拘碍故'의 내용이 없다.

213 필사본에는 '不徒博涉' 뒤, '誦略' 앞에 '記'가 누락되어 있다.

안 분 즉 신 무 분 망 지 욕　　지 본 즉 심 무 계 련 지 물
安分則身無奔忙之辱하며知本則心無係戀之物이니

근 이 이 목 비 구 지 기 욕　　사 지 백 체 지 태 만
近而耳目鼻口之嗜欲과四肢百體之怠慢이

불 능 탈 대 체 이 동 정 운 위　　개 유 순 정
不能奪大體而動靜云爲가皆由順正하나라

시　　도 심　　위 주　　인 심　　청 명 야
是는道心이爲主요人心은聽命也라

＊과거의 학문을 소급해 보면, 성인이 이루었던 법도를 대략 취해서 한갓 널리 섭렵하여 기록하고 외우는 것이 아니라, 자신을 되돌아 살펴 마음에 보존하고[存心] 기질지성氣質之性을 극복하여 본연지성本然之性으로 회복하는 것에 있다. 형체形體로 받은 명을 닦아서 이미 정해진 분수의 명에 편안하게 하며, 분수를 편안히 여기면 몸이 겨를 없이 바쁜 욕됨이 없고, 근본을 알면 마음이 사물에 이끌리는 것이 없으므로 가깝게는 이목구비의 기욕嗜慾과 사지四肢와 몸의 태만함이 대체大體(마음)를 빼앗을 수 없고, 동정動靜과 운위云爲가 모두 (하늘의 법도에) 순응하고 올바르게 되는 것이다. 이는 도심道心이 주체가 되고, 인심人心은 천명을 듣는 것이다.

외 이 전 곡 갑 병 지 리　　작 록 후 왕 지 욕
外而錢穀甲兵之利와爵祿侯王之欲을

상 후 어 재 내 지 오 성
常後於在內之五性일새

인 지 어 부 자　　의 지 어 군 신　　예 지 어 빈 주　　지 지 어 부 부
仁之於父子와義之於君臣과禮之於賓主와知之於夫婦이니라

성 인 지 어 천 도　　각 기 성 분 지 소 고 유
聖人之於天道에覺其性分之所固有하여

일 신 기 덕　　지 기 직 분 지 소 당 위　　이 진 기 력
日新其德하고知其職分之所當爲하여以盡其力하니

차 치 기 치 인 지 차 제　　성 기 성 물 지 공 효
此治己治人之次第요成己成物之功效라

이 시 조 지　　필 득 기 의 언
以時措之하면必得其宜焉이니

*밖으로는 전곡錢穀과 갑병甲兵의 이익과 작록爵祿과 후왕侯王이 되려는 욕심[214]을 항상 내 안에 있는 다섯 가지 본성[五性]보다 뒤로 해야 할 것이다. 부자父子에 대한 인仁과 군신君臣에 대한 의義와 빈주賓主에 대한 예禮와 부부夫婦에 대한 지知가 그것이다. 천도天道에 대해 성인은 본성과 분수가 원래부터 고유固有하다는 것을 깨달아 그 덕을 날마다 새롭게 하며, 직분의 당위를 알아서 온 힘을 기울였다. 이것이 곧 자신과 타인을 다스리는[治己治人]의 순서요 자신과 만물을 이루는 효과로서, 때(시간)에 따라 조치하면 반드시 마땅함을 얻을 것이다.

고　　왈 시 경 지 적　　재 어 십 자
故로曰是經之的은在於十字이니

소 위 십 자　　즉 중 자 지 의 야
所謂十字는卽中字之義也라

시 이 상 편　　거 지 이 체 십 지 도
是以上篇은擧之以體十之道요

하 편 결 지 이 용 중 지 리 야
下篇結之以用中之理也라

*그러므로 이 경전[正易]의 핵심은 십자十字에 있다. 소위 10[十]의 글자는 곧 중中 자의 뜻이다. 따라서 상편은 10을 본체로 삼는 도[體十之道]를 거론한 것이요, 하편은 중中을 사용하는 이치[用中之理]로 매듭지은 것이다.

---

214 錢穀은 재물, 甲兵은 힘, 爵祿과 侯 또는 王은 명예를 뜻한다. 이것은 仁義禮智信이 선천적인 인간의 본성이라면, 재물과 힘과 명예는 후천적으로 생기는 욕심에서 비롯된다는 것이다.

十二月二十四節氣候度數

要旨 선천에는 24절기에 따른 각각의 명칭이 존재했는데, 후천에는 閏曆이 없어지고 正曆이 들어서므로 절후의 명칭도 모두 바뀐다. '십이월이십사절기후도수'의 명칭에는 창조적 변화[化]와 만물의 궁극적 조화[和]가 결합되어 있다. 그것은 咸卦의 天下和平과 恒卦의 天下化成의 뜻이 반영되어 있다.

卯月初三日乙酉酉正一刻十一分이元和니라

　十八日庚子子正一刻十一分이中化니라

辰月初三日乙卯卯正一刻十一分이大和니라

　十八日庚午午正一刻十一分이布化니라

巳月初三日乙酉酉正一刻十一分이雷和니라

　十八日庚子子正一刻十一分이風化니라

午月初三日乙卯卯正一刻十一分이立和니라

　十八日庚午午正一刻十一分이行化니라

未月初三日乙酉酉正一刻十一分이建和니라

　十八日庚子子正一刻十一分이普化니라

신월초삼일을묘묘정일각십일분 청화
申月初三日乙卯卯正一刻十一分이清和니라

십팔일경오오정일각십일분 평화
十八日庚午午正一刻十一分이平化니라

유월초삼일을유유정일각십일분 성화
酉月初三日乙酉酉正一刻十一分이成和니라

십팔일경자자정일각십일분 입화
十八日庚子子正一刻十一分이入化니라

술월초삼일을묘묘정일각십일분 함화
戌月初三日乙卯卯正一刻十一分이咸和니라

십팔일경오오정일각십일분 형화
十八日庚午午正一刻十一分이亨化니라

해월초삼일을유유정일각십일분 정화
亥月初三日乙酉酉正一刻十一分이正和니라

십팔일경자자정일각십일분 명화
十八日庚子子正一刻十一分이明化니라

자월초삼일을묘묘정일각십일분 지화
子月初三日乙卯卯正一刻十一分이至和니라

십팔일경오오정일각십일분 정화
十八日庚午午正一刻十一分이貞化니라

축월초삼일을유유정일각십일분 태화
丑月初三日乙酉酉正一刻十一分이太和니라

십팔일경자자정일각십일분 체화
十八日庚子子正一刻十一分이軆化니라

인월초삼일을묘묘정일각십일분 인화
寅月初三日乙卯卯正一刻十一分이仁和니라

십팔일경오오정일각십일분 성화
十八日庚午午正一刻十一分이性化니라

화 자 명 지 유 행   화 자 성 지 치 화
化者命之流行이요和者性之致和라

개 성 지 덕   구 어 심 이 병 명   여 일 월   위 지 치 화
盖性之德이具於心而炳明하여如日月을謂之致和요

명 지 도 편 어 신 이 충 색 호 천 지   위 지 유 행
命之道偏於身而充塞乎天地를謂之流行이라

✽ 화化란 천명이 유행하는 것이고, 화和는 본성이 조화調和의 극치에 이
르는 것이다. 대개 본성의 덕이 마음에 갖추어져 일월처럼 밝고 밝은 것을
조화의 극치[致和]라 하고, 천명의 도가 몸에 두루 퍼지고 천지를 가득
채우는 것을 유행流行이라 한다.

앙 관 천 도   부 찰 지 리
仰觀天道하며俯察地理하고

근 취 저 신   원 취 저 물   막 비 시 명 지 대 화
近取諸身과遠取諸物이莫非是命之大化요

무 불 시 성 지 지 화   정 력 소 이 명 시 이 교 인 야
無不是性之至和일새니正曆所以明時而教人也라

✽ 우러러 하늘의 도를 살피고 굽어서는 땅의 이치를 살피며, 가깝게는 몸
에서 취하고 멀게는 만물에서 취하는 것이 모두 천명의 위대한 변화[命之
大化]가 아님이 없으며, 본성의 지극한 조화가 아님이 없다. 정력正曆이 때
(시간)를 밝혀서 사람에게 가르친 이유이다.

개 천 지 지 간   일 기 유 행 이 기 용   유 이 자
盖天地之間에一氣流行而其用이有二者이어늘

양 기 이 원   불 능 독 립 고   필 우 음 이 안
陽奇而圓으로不能獨立故로必遇陰而安하고

음 우 이 방   불 능 독 행 고   필 대 양 이 수
陰偶而方으로不能獨行故로必待陽而隨하나라

✽ 대개 천지 사이에 일기一氣가 유행하지만, 그 작용에는 둘이 있다. 양陽

은 홀수로서 둥그런 까닭에 홀로 설 수 없으므로 반드시 음陰을 만나야 안정될 수 있으며, 음陰은 짝수로서 모난 까닭에 홀로 움직일 수 없으므로 반드시 양을 기다린 뒤에 따르는 것이다.

일명지화　유율이필유려
一命之化는有律而必有呂하고

유양이필유음　　유강이필유유　시야
有陽而必有陰하고有剛而必有柔가是也라

연율려　지허이불득성기고　필대기화이화음양
然律呂는至虛而不得成氣故로必待其和而化陰陽하고

음양　지정이불능성질고　필대기화이변강유
陰陽은至精而不能成質故로必待其化而變剛柔하니

차소이삼변성역이성화기화형화지도야
此所以三變成易而性化氣化形化之道也라

소위정력자　비윤력지기일월야
所謂正曆者는非閏曆之紀日月也요

율려음양강유지입본야
律呂陰陽剛柔之立本也라

＊하나의 천명의 조화[一命之化]는 율律이 있으면 반드시 려呂가 있고, 양이 있으면 반드시 음이 있고, 강剛이 있으면 반드시 유柔가 있는 것이 바로 그것이다. 그러나 율려律呂는 지극한 허虛인 까닭에 기氣를 이루지 못하므로 반드시 조화[和]를 기다린 뒤에 음양으로 변화하고, 음양은 (천지의) 지극한 정수[至精]인 까닭에 바탕을 이룰 수 없으므로 반드시 조화[化]를 기다린 뒤에 강유로 변하는 것이다. 이것이 바로 세 번 변하여 역이 된다[三變成易]는 뜻으로 성화性化와 기화氣化와 형화形化의 도인 것이다. 소위 정역이란 윤역 세상에서 일월의 벼리가 아니라, 율려와 음양과 강유가 확립되는 근본이다.

왈 양 력 왈 음 력 운 자　시 정 기 체 이 용 각 불 란 야
曰陽曆曰陰曆云者는始正其體而用各不紊也라

급 부 예 악 명 물 도 수　개 불 외 호 차 이 질 서 유 상 의
及夫禮樂名物度數가皆不外乎此而秩序有常矣니

시 이　우 세 지 인　소 당 선 무 이 기 절 후 지 명
是以로憂世之仁이所當先務而其節侯之名하니

화 화 운 자　억 역 시 리 여
化和云者가抑亦是理歟인저

＊양력陽曆과 음력陰曆이라 부르는 것은 그 본체가 처음으로 올바르게 밝혀져 작용이 각각 문란하지 않은 것이다. 그리고 예악禮樂과 명물名物과 도수度數가 모두 여기서 벗어나지 않으면서 그 질서에 항상성이 있는 것이다. 따라서 세상을 근심하는 어진 사람[仁]은 마땅히 가장 먼저 절후節侯의 명칭을 밝히는 것에 힘썼으니, 창조적 변화[化]와 아름다운 조화[和]라 부르는 것이 바로 이 이치인 것이다.

이 일 기 언 지　월 유 십 이 자　육 률 육 려 지 성 도 야
以一朞言之하면月有十二者는六律六呂之成度也요

일 유 삼 백 육 십 자　육 육 궁 지 성 도 야
日有三百六十者는六六宮之成度也요

절 후 이 십 사 자　삼 팔 정 지 성 도 야
節侯二十四者는三八政之成度也라

이 일 월 언 지　일 지 삼 십 자　오 육 지 성 도 야
以一月言之하면日之三十者는五六之成度也요

절 지 십 오 자　삼 오 지 성 도 야
節之十五者는三五之成度也요

회 삭 현 망 자　영 허 소 식 지 품 절 야
晦朔弦望者는盈虛消息之品節也니

＊1년[一朞]으로 말하면 열 두 달은 6율6려六律六呂가 도수를 이룬 것[成度]이요, 날수가 360인 것은 육육궁六六宮이 도수를 이룬 것이요, 24절후

는 3과 8의 정사가 도수를 이룬 것이다. 한달[一月]로 말하면 30일은 5와 6
이 도수를 이룬 것이요, 15절節은 3과 5가 도수를 이룬 것이요, 회삭현망
晦朔弦望은 영허소식盈虛消息이 절도에 부합하는 것이다.

개 월 지 삼 십 자　　황 중 지 체 성 월 야
蓋月之三十者는皇中之體成月也라

축 미 진 술　　주 원 시 이 행 정
丑未辰戌은主原始而行政하고

자 오 묘 유 거 요 종 이 성 적 이 십 일 위 체
子午卯酉居要終而成績以十一爲體하고

오 육 위 용 이 무 과 차 의
五六爲用而無過差矣라

＊대개 한달이 30인 것은 황중皇中의 본체가 달을 이루는 것[皇中之體成
月]이다. 축미진술丑未辰戌은 최초의 근원을 주장하여 정사를 행하고[主
原始而行政],[215] 자오묘유子午卯酉는 끝마침을 살피는 것[居要終]으로 10
과 1이 하나의 본체가 되는 것을 업적으로 이루고, 5와 6은 작용이 되어
착오가 없는 것이다.

절 기 지 십 오 자　　천 심 지 기 영 월 야
節氣之十五者는天心之氣影月也라

월 혼　생 어 초 삼 일 고　　과 일 오 이 초 팔 일　　위 일 후
月魂이生於初三日故로過一五而初八日이爲一侯요

우 과 오 이 십 삼 일　　위 기　　우 과 오 이 십 팔 일　　위 일 절
又過五而十三日이爲氣요又過五而十八日이爲一節이라

묘 유 자 오 주 정 이 인 신 사 해 위 종　　　　이 이 삼 위 체
卯酉子午主政而寅申巳亥爲終이니以二三爲體요

칠 팔 위 용 이 상 종 시 야
七八爲用而相終始也라

---

215 『周易』「繫辭傳」下 9장에 "역의 글됨은 처음을 근원으로 하여 마침을 살피는 것을 본질
로 삼는다.[易之爲書也 原始要終, 以爲質也.]"는 말이 있다.

＊절기節氣가 15인 것은 천심天心의 기氣가 달빛으로 비추는 것이다. 달의 혼[月魂]은 초삼일에 생기기 때문에 5를 지나 초팔일에 이르러 1후候가 되며, 다시 5일이 지난 13일이 기氣가 되고, 다시 5일이 지난 18일에 이르러 1절節이 되는 것이다. 묘유자오卯酉子午는 정사를 주장하고 인신사해寅申巳亥에서 마치기[終] 때문에 2와 3은 본체요, 7과 8은 작용으로서 서로 종시終始가 되는 것이다.

기 소 이 연 자 　 천 이 육 십 일 도
其所以然者는天以六十一度로

위 체 이 일 위 천 고 　 존 기 일 이 육 십 　 위 용
爲體而一爲天故로尊其一而六十이爲用이요

지 이 삼 십 이 도 　 위 체 이 이 위 지 고
地以三十二度로爲體而二爲地故로

존 기 이 이 삼 십 　 위 용
尊其二而三十이爲用이라

일 이 삼 십 육 도 　 위 체 이 칠 위 일 복 고
日以三十六度가爲體而七爲日復故로

존 기 칠 이 이 십 구 　 위 용
尊其七而二十九로爲用이요

월 위 삼 십 도 　 위 체 이 오 위 월 본 고
月爲三十度로爲體而五爲月本故로

존 기 오 이 이 십 오 위 용
尊其五而二十五爲用이라

연 즉 육 십 삼 십 자 　 천 지 지 정 력 야
然則六十三十者는天地之正曆也요

이 십 구 이 십 오 자 　 일 월 지 정 력 야
二十九二十五者는日月之正曆也며

삼 구 치 윤 자 　 칠 팔 지 정 　 소 유 정 야
三九置閏者는七八之政으로所由定也라

＊이렇게 되는 이유는 하늘[天]은 61도度가 본체이나 1이 하늘(자체)인

까닭에 1을 존귀하게 여기고 60을 작용으로 삼는다. 땅[地]은 32도度가 본체이나 2가 땅(자체)인 까닭에 2를 존귀하게 여기고 30을 작용으로 삼는다. 태양[日]은 36도度가 본체이지만 7을 주기로 날이 회복하기 때문에 그 7을 존귀하게 여기고 29를 작용으로 삼으며, 달[月]은 30도度가 본체이지만 5가 달의 근본인 까닭에 5를 존귀하게 여기고 25를 작용으로 삼은 것이다. 그러므로 60과 30은 천지의 정력正曆이요, 29와 25는 일월의 정역正曆이며, (3×9) 27에 윤달을 두는 것은 7과 8의 정사로 말미암아 정해지는 것이다.

차 이 시 후 운 행　　언 지 즉 해 월 십 팔 일 자 정 일 각 십 일 분
且以時候運行으로言之則亥月十八日子正一刻十一分에

양 복 고　위 지 명 화
陽復故로謂之明化라

자 해 지 묘 용 오 원 고
自亥至卯用五元故로

묘 위 세 수 이 초 삼 일 유 정 일 각 십 일 분　위 원 화
卯爲歲首而初三日酉正一刻十一分은爲元和라

추 류 이 진 기 여 즉 개 가 통 의
推類以盡其餘則皆可通矣리라

＊또한 시후時候의 운행으로 말하면 해월亥月 18일 자정 1각刻 11분分에 양陽이 회복하기 때문에 명화明化라 부르는 것이다. 해亥에서 묘卯에 이르기까지는 5원元을 쓰기 때문에 묘卯가 세수歲首가 되며, 초삼일 유정酉正 1각刻 11분分이 원화元和가 된다. 이것으로 나머지를 유추하면 모두 통할 수 있을 것이다.

세 지 학 도 자　수 왈 종 신 업 업
世之學道者가雖曰終身業業하여도

불 명 호 차 즉 부 지 성 명 지 소 유 생 이
不明乎此則不知性命之所有生而

차 불 각 성 명 지 소 이 성
且不覺性命之所以成이라

차 즉 오 부 자　　소 이 정 기 력 서 이 불 녕
此則吾夫子께서所以正其曆書而不侫으로

소 이 상 설 이 명 지 야
所以詳說而明之也라

당 지 이 지 지　　당 명 이 명 지 자　　기 유 봉 천 시 지 군 자 여
當知而知之하고當明而明之者는其惟奉天時之君子歟인저

＊ 세상의 도를 배우는 자가 비록 "평생토록 공부를 쌓았다"고 말할지라
도 이것에 밝지 못하면 성명性命이 생기는 이유를 알지 못하고 또한 성명
이 이루어지는 까닭을 깨닫지 못하게 된다. 이것이 우리 선생님께서[216] 역
서曆書을 올바르게 만들고도 (세속에) 아첨하지 않는 방식으로 상세하
게 설명하여 밝힌 까닭이다. 당연히 알아야 할 것은 당연히 알아야 하고,
당연히 밝혀야 할 것을 당연히 밝힌 것은 오직 하늘이 주재하는 시간의
섭리[天時]를 받드는 군자이리라.[217]

---

[216] 여기서 말하는 우리 선생님[吾夫子]은 김일부를 가리킨다. 오로지 孔子만을 夫子로 존
칭했던 조선 사대부들의 고루한 관념을 극복하고, 새로운 역학을 창안한 공적을 바탕으로
위대한 인물로 격상시키는 존경의 극칭으로 선생님[夫子]을 사용했던 것이다.
[217] 필사본은 여기까지를 '正易大經 下終'이라 기록했다.

金一夫先生行壯 附略

선생 성 김 관 광주 휘 항 호 일부
先生의 姓은 金이요 貫은 光州요 諱는 恒이요 號는 一夫라

초 휘 재 일 재 도 심   광 주 지 김
(初諱는 在一이요 字는 道心이라) 光州之金은

계 출 신 라 삼 십 칠 왕 지 묘 예
系出新羅三十七王之苗裔로

체 고 려   연 팔 세 위 평 장 사
逮高麗에連八世爲平章事하고

입 아 조   유 휘 국 광
入我朝하여有諱國光이

관 좌 의 정 광 산 부 원 군   식 선 생 지 선 조 야
官左議政光山府院君이寔先生之先祖也라

선생의 성은 김金이요 본관은 광주光州다. 휘諱는 항恒이요 호는 일부一夫
(초휘初諱[218]는 재일在一, 자는 도심道心)이다. 광주 김씨는 신라 37왕의 후
예로서 고려에 들어와 8대 동안 평장사平章事를 지냈고, 우리 조선에 들어
와 휘가 국광國光[219]으로 벼슬이 좌의정이고 광산부원군에 올랐던 이가
바로 선생의 조상이다.

순 조 병 술 년 기 해 월 병 자 일   시 월 이 십 팔 일
純祖丙戌年己亥月丙子日(十月二十八日)

무 술 시 생 어 황 성 향 모 곡 면 담 곡 리
戊戌時生於黃城鄕茅谷面淡谷里이니라

광 무 이 년 무 술 갑 자 월 갑 술 일   십 일 월 이 십 오 일
光武二年戊戌甲子月甲戌日(十一月二十五日)

무 진 시   몰 우 황 성 향 다 현 리   수 칠 십 삼
戊辰時에沒于黃城鄕茶峴里하니壽七十三이라

유 일 자 명 두 현   기 묘 생   호 일 련   거 상 진 례
有一子의名은斗鉉이요己卯生으로號는一蓮이라居喪盡禮어늘

---

218 初名으로 바뀌어야 함.

219 金國光(1415~1480)의 자는 觀卿이고 호는 瑞石이다.

유 월 이 장 우 담 곡 리　　선 영 국 내 해 좌 지 원
踰月而葬于淡谷里하니**先塋局內亥坐之原**이라

순조 병술년 기해월 병자일(10월 28일) 무술시에 황성향 모곡면 담곡리에
서 태어나[220] 광무 2년 무술년 갑자월 갑술일(11월 25일) 무진시에 황성
향 다현리에서 73세에 돌아가셨다.[221] 아들이 하나 있었는데, 기묘생으로
이름이 두현斗鉉이고 호는 일련一連이다. 부친상을 예를 다해 모셨으며, 달
을 넘겨 담곡리에 장사지냈다. (묘소는) 조상들이 잠들어 있는 곳[先塋]
의 해좌亥坐의 으뜸 골에 있다.

선 생　천 성　인 후　　상 모 기 위
先生은**天性**이**仁厚**하시고**狀貌奇偉**하사

덕 기 도 골　　　학 자 봉 성
德器道骨이시며**鶴姿鳳聲**이시다

자 소 호 학　　불 사 문 예　　심 잠 성 리
自少好學하사**不事文藝**하시고**沈潛性理**하사

선생은 타고난 성품이 인후仁厚하고 용모가 기이하고 위엄이 있었으며,
후덕한 기품의 도골道骨로서 학의 자태와 봉황의 목소리를 지녔다. 어려
서부터 학문을 좋아했으나 문예文藝를 일삼지 않고 성리性理에 침잠하였다.

년 삼 십 육　시 종 연 담 이 선 생　　휘　운 규
年三十六에**始從蓮潭李先生**하시니**諱**는**雲圭**라

이 공　초 견 기 애 이 사 서　　서 왈 도 산 지 하 인 계 지 북
李公이**初見奇愛而賜書**하시니**書曰道山之下仁溪之北**에

인 유 일 사 사 지 유　　관 벽　　위 인　박 실
人有一士斯之儒하니**觀碧**이라**爲人**이**朴實**하여[222]

---

220 이정호는 김일부선생의 四柱를 丙戌, 己亥, 丙子, 己亥라 말한다.(이정호,『正易硏究』, 국
제대학출판부, 1983, 189쪽)

221 김일부선생의 亡四柱는 戊戌, 甲子, 甲戌, 戊辰이다.

222 필사본은 '朴實頭'로 기록하였다.

수 원 어 속　　불 원 호 은 미　　낙 락 역 재 기 중 야
雖遠於俗이나 不遠乎隱微하니 樂亦在其中也라

이 선 생 지 귀 감
李先生之龜鑑이

개 지 기 초 세 절 윤 기 상 이 우 심 의 어 문 사 지 간 야
蓋知其超世絶倫氣像而寓深意於文辭之間也라

어 시　　선 생 이 사 문 위 기 임　　　우 정 어 역 학
於是에 先生以斯文爲己任하시고 尤精於易學하사

달 천 인 지 리 도 팔 괘 정 삼 역
達天人之理圖八卦正三易하시고

창 악 가 해 신 인　　조 만 력 명 천 시
創樂歌諧神人하사 造萬曆明天時하시고

합 위 일 경　　왈 정 역
合爲一經하사 曰正易이라

분 작 상 하 편 의　　왈 십 오 일 언　　십 일 일 언
分作上下篇義하사 曰十五一言과 十一一言이라

사 경 야　　득 역 도 지 정　　　위 왕 성 계 절 학
斯經也는 得易道之正하여 爲往聖繼絶學하니

장 사 천 하　　성 대 무 개 태 평
將使天下로 成大務開泰平하니라[223]

오 호　　부 자 지 공 덕　　　실 억 만 세 무 량 지 연 원 지 야 여
嗚呼라 夫子之功德이여 實億萬世無量之淵源之也歟인저

36세에 처음으로 휘諱가 운규雲圭인 연담 이선생을 따랐다. 이공李公이 처음 (선생의) 기이한 생김새를 보고서 좋아하시어 글을 주셨다. 글은 다음과 같다. "도산의 아래 인계의 북쪽에 선비가 한 사람이 있었으니, 그가 바로 유儒라 (호가) 관벽觀碧이다. 사람 됨됨이가 순박하고 실속이 있어 비록 속세를 멀리하였으나 은미한 이치를 멀리하지 않으니, 즐거움이 또한 그 속에 있도다." 이선생의 교훈으로, 그가 세속을 초월하여 인륜을 끊어

---

223 필사본의 '太平'을 하상역본은 '泰平'으로 수정하였다.

버린 기상을 알 수 있으며 그 깊은 뜻이 글과 말 사이에 깃들어 있다. 이에 선생은 유학[斯文]을 자신의 임무로 삼고 특별히 역학에 정통하여 하늘과 인간의 이치[天人之理]에 통달하였고, 팔괘를 그어 삼역三易[224]을 올바르게 하였고, 음악과 노래를 창안하여 신과 사람이 어울리게 하였으며, 만세의 역법을 만들어 천시天時를 밝혀 하나의 경전으로 합하여 '정역正易'이라고 하였다. 상하편의 뜻을 나누었는데, 「십오일언」과 「십일일언」이라 한다. 이 경전은 역도의 정통[易道之正]을 얻어 지난 옛 성인을 위해 끊어진 학문을 계승했으니[爲往聖繼絶學], 장차 천하로 하여금 위대한 책무를 완수하여 태평을 연 것이다. 아아! 선생님의 공덕은 실로 억만세의 무량한 연원이로다.

태 청 태 화 오 화 원 시 무 기 일 월 개 벽 이 십 삼 년 경 술 월 무 인 일
太清太和五化元始戊己日月開闢二十三年庚戌月戊寅日

무 술 문 인 김 황 현   근 서
戊戌 門人 金黃鉉 謹書[225]

태청태화 오화원시 무기일월개벽 23년경술의 무인월 무술일에 문인 김황현이 삼가 쓰다.

正易註義 下 終

---

224 三易은 과거의 伏義易과 文王易과 김일부가 새롭게 정립한 正易을 가리킨다. 정역은 복희역과 문왕역을 극복한 새로운 형태의 후천역을 뜻한다.

225 필사본은 '歲庚戌月戊寅日戊午 門人 金黃鉉 謹書'로 되어 있다. 庚戌年 戊寅月에 해당하는 간지에는 戊戌日이 없다. 하상역본의 일진이 잘못되었다. 戊午日은 1910년 음력 1월 13일(양력 2월 22일)이다.

찾아보기

正易註義 上·下

正易註義의 原文은
金貞鉉이 己酉年(1909년)에 집필한 『正易大經』 필사본
을 저본으로 河相易이 發行한 『正易註義』를 추가하
여 구성하였다.

正易序（정역서）

夫正易은 大道之正體요 造化之成書라 昔我羲皇이 受龍圖劃八卦하시

黃帝가 觀天象作甲子하시고 大禹가 法龜文劃井地하시니 是皆上帝之

明命이시요 聖人之開物成務也라 故極其體以定造化之象이요 著其象

以見造化之理라 干支之六十八卦之六十四는 皆所以順性命

之理 盡變化之道也라 是以로 皇極은 箕聖著之하고 堯夫述之며 太極은

孔子說之하고 程朱闡之하며 無極은 一夫衍之하니 分於理則

爲三極이요 合於道則 一無極也라 大哉無極之爲道也여 以言乎遠

則通乎無形之外하고 以言乎邇則備於一身之中하니 瞬息도 必於是

吉凶必於是하니 此所以生萬變而成大業也라 至哉先生之明斯

道也는 纘羲文之統이라 卦圖之圓이 三變而易이며 衍先王之樂黃鐘

之均이 十二而成하니 律呂陰陽과 天地日月이 莫不成度하고 禮樂法度

典章文物이 由是而正하나니 斯可以感人心而化天下也라 然順道而

變易者는 天時也요 隨時而動靜者는 人情也요 循情而敎化者는 聖人

也若道不合時면則拘礙無變하니非易也요行不涉世면則固滯不通

하니非易也요教人逐庭면則睍視不從하니非易也니故斯經也는得天時

之正하여而成十易萬曆也며通世情之故로而明同善事天也며比衆

人之樂而教歌詠蹈舞也라此所謂易書之得正而合三才以大成

也니라是故로大人者憂天下之私慾이生於心而害其事라知天下之

性命이면同於己而愛其生하니噫라遂使我生으로咸休帝則하니同天下

之安而爲安하고後天下之樂而亨其樂이니易道之正은果何如哉리요

此學者所當知之而自勉也夫라

太清太和五化元始戊己日月開闢二十二年　己酉十二月己亥

태청태화오화원시무기일월개벽이십이년 기유십이월기해

艮城　金貞鉉　元夫序

간성 김정현 원부서

圖 河 馬 龍

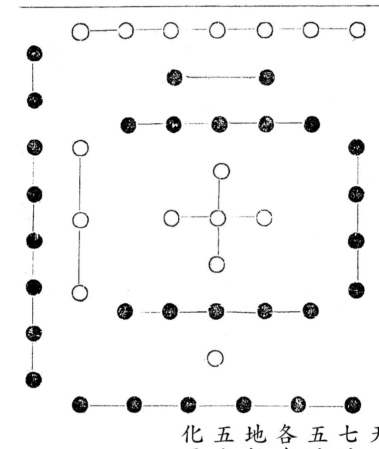

繫辭傳曰 天一地二
天三地四天五地六天
七地八天九地十、天數
五地數五、五位相得而
各有合，天數二十有五
地數三十，凡天地之數
五十有五、此所以成變
化而行鬼神也。

玄龜洛書

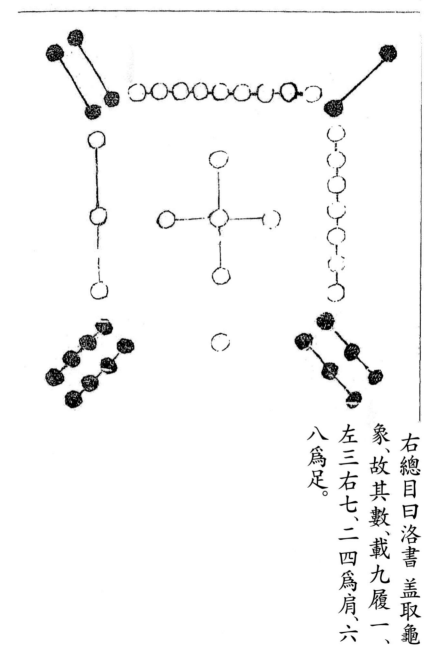

右總目曰洛書 蓋取龜象、故其數、載九履一、左三右七、二四爲肩、六八爲足。

圖元五極三

		无極
隨體方圓	渾淪暗黑	
降此无量	圓方无常	

		太極
一闔一闢	化黑變白	
悅惚其光	反暗開明	

		皇極
精神魂魄	互根其妙	
自然天成	日月其性	

		陰陽
虛實相須	陽變陰合	
八卦九宮	此感彼應	

		五行
五運六氣	各具一極	
互變不窮	異形殊名	

盖天은 晝夜之道而已라 夜而幽靜하여 暗黑不辨이나 然千神이 安定

萬靈이 肅護하여 會同朝元하니 是陰畜陽之道也니라 晝而變動하여

清明遂開하고 神注耳目하며 靈管氣體하고 分位修職하니 是陽用陰之

道也니라 故靜而養夜氣則神與精交하여 不覺其和而萬法豫定하고

動而應事物則神通精明하고 不待其思而百度中節하니 是乃天之

明이요 地之義요 人之則也라 於是仰體天意하고 推廣聖謨하니 以爲一

圖라 盖渾淪晦養者는 道之體也라 粹然至明者는 道之用也며 變化

自成者는 德之性也요 動靜不測者는 陰陽之道也라 各一其性者는

五行之理也요 經一而圍三者는 陽之圓也며 徑二而圍四者는 陰之
方也라 三二之合은 五行也요 二五之交는 十性也라 十五之合은 性命
之體也요 五十之乘은 大衍之用也니 易道之生生이 皆不外乎此矣의
然因是五行而溯其本則 一陰陽之變化也요 由是陰陽而究其
原則皆三極之造化也니라 三極之原이 一無極之道也일새니 人而不
知道則雖百歲而終이라도 猶未免鄉人이니 可不懼哉리요 是以로 敢忘
僭越이니 卽因先哲之說而加之以黑白有象之圈點으로 推明其渾
淪无象之道體하니 覽者는 不必拘礙於象하여 因是而求其故則自

當有助^(당)^(유)^(조)^(어)^(불)^(언)^(지)^(지)^(야)於不言之知也^(라)

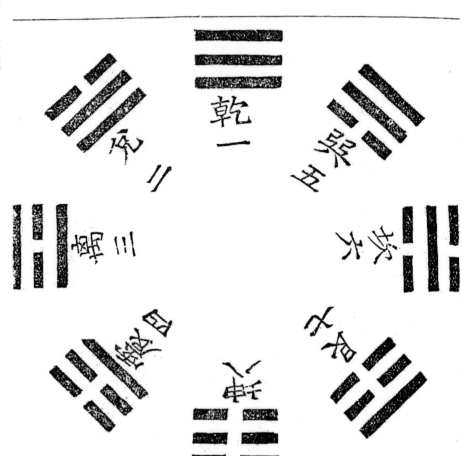

乾一

巽五

坎六

坤

兌

震

艮

離

右說卦傳曰天
地定位、山澤通
氣、雷風相薄、水
火不相射、八卦
相錯、數往者順、
知來者逆。邵子
曰乾南坤北、離
東坎西、震東北
兌東南、巽西南
艮西北。

文王八卦圖

右說卦傳曰帝出乎震、齊乎巽、相見乎離、致役乎坤、八說言乎兌、戰乎乾、勞乎坎、成言乎艮。

離南坎北、震東兌西、巽東南艮東北、坤西南乾西北。

右說卦傳曰水
火相逮、雷風不
相悖、山澤通氣
然後、能變化旣
成萬物也。

乾北坤南、艮東
兌西、坎東北巽
東南、离西南震
西北。

孔子曰太極이生兩儀하고 兩儀生四象하고 四象이生八卦라하니 朱子

曰聖人之劃卦也는 模寫天地自然之易이라 又曰天地之妙가 元如

此하니 但略假聖人手畫出來라 蓋聖人之於易은 必待天命而作하

示人以天地之變化也라 竊取兩夫子之意를 論之하면 伏羲之易

始變也요 文王之易은 再變也요 一夫之易은 三變也니라 三爻皆變

更無餘蘊矣라 然三者는 一之積三也라 太陽은 居一而與少陽

之三으로 相乘而成八卦요 六者는 二之積三也라 太陰은 居四而與

少陰之二로 相乘而重卦라 易之三畫이 旣變하여 卦之六畫이니 必得

其變化矣라 余以蔑學不敢容喙於其門이라 然因聖人之作而述

之者를 古人所以未辭也니 是以로 敢忘固陋 追申正易本義니라

衍此六十四卦附于本卦之左라

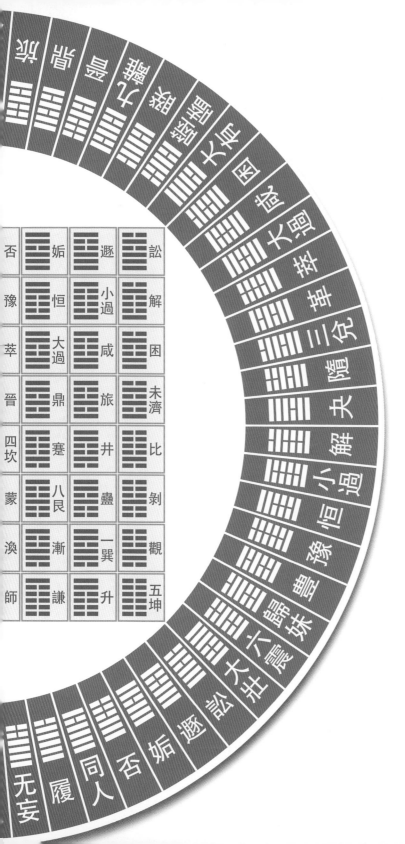

六十四卦方位圖

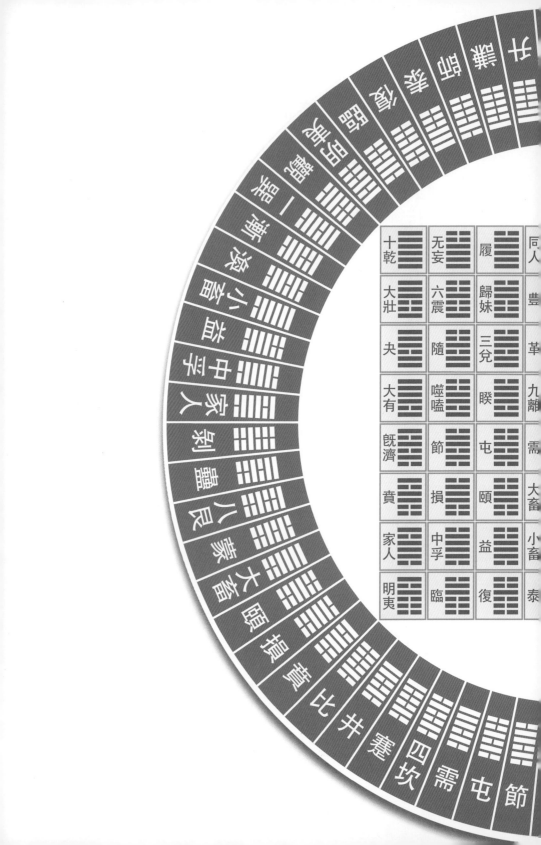

十乾	䷀	无妄	䷘	履	䷉	同人
大壯	䷡	六震	䷲	歸妹	䷵	豐
夬	䷪	隨	䷐	三兌	䷹	革
大有	䷍	噬嗑	䷔	睽	䷥	九離
既濟	䷾	節	䷻	屯	䷂	需
賁	䷕	損	䷨	頤	䷚	大畜
家人	䷤	中孚	䷼	益	䷩	小畜
明夷	䷣	臨	䷒	復	䷗	泰

按此圖位置는 上下內外本末이여 與先天圖相反이라 蓋伏羲之卦

始開兩儀니 一乾二兌三離四震正位東南하고 五巽六坎七艮

八坤守位西北하니 陽居陽儀오 陰居陰儀라 陰陽雖得其正이나 有

險阻不通之象이니 唐虞之化가 不被朔南之外하고 殷周之治가 不

廣吳越之俗이시야 是也라 文王之卦는 總闢四象이니 一坎二坤三震四

巽六乾七兌八艮九離가 失位相雜하고 配偶不正하니라 乾坤退處

坎离襲位라 有道微世裏之象과 象象之辭에 所以警戒惕

厲者가 莫非憂患後世之意也라 一夫之卦는 無極化爲兩儀

四象八卦ㅣ 次第開闢이니 十乾五坤八艮三兌正位四正하고

六震一巽四坎九离分居四維男女ㅣ得正位次有序하며

陽儀包陰하고 陰儀包陽하여 有四海交通萬歲昇平之象하니

正易所以明其理而著其事也라 蓋先天太陽之政은乾盡午中

坤盡子中이니 用子午復姤之理라後天太陽之政은乾盡亥

中이요坤盡巳中이니 用巳亥升无妄之理라先天以形氣爲主하니

故로外體爲上이요后天以性命爲主하니 故로內體爲上이라專以

後天圖論之하면乾本生於亥하니 故로復其性則乾位於北이라坤

本生於巳하니 故로 復其性則坤退於南이라 艮主終始하니 故로 成

其性而位於東이라 兌說利成하니 故로 全其性而居於西北이라 震主

重器하니 故로 盡其性而位於西北이라 巽貴致養하니 故로 極其性

而位於東南이라 坎則眞陽在內하니 故로 反其性而位於東北이라 离

則眞陰居中하니 故로 遂其性而位於西南이라 乾坤反類而爲泰

兌艮交感而爲咸이요 雷風晉順而爲恒이요 水火相逮而爲旣濟

天地之變化가 其盡於此乎 圓者는 天也요 陰陽之象也니

起於坤而終之以未濟하며 起於乾而終之以旣濟라 一向右轉

循環不已(순환불이)하여하니

陰陽之功成矣(음양지공성의)라 方者(방자)는 地也(지야)요 剛柔之質也(강유지질야)라

始於乾而止於离(시어건이지어리)하시며 始於坤而止於坎(시어곤이지어감)이라 晋進而需須(진진이수수)가

一順一逆(일순일역)하여 交中無偏(교중무편)하니 剛柔之德正矣(강유지덕정의)라 天包地而圓環(천포지이원환)은

不舍晝夜之道(불사주야지도)요 地載天而方正(지재천이방정)은 能全生成之功(능전생성지공)이라 乾主乎北(건주호북)

三男之卦(삼남지괘)가 分理庶政(분리서정)하고 坤位於南(곤위어남)하니 三女之卦(삼녀지괘)가 各修其職(각수기직)

西南得朋(서남득붕)과 東北喪朋(동북상붕)은 坤之承乾也(곤지승건야)라 保合大和(보합대화)와 萬國咸寧(만국함녕)은

乾之統御也(건지통어야)니 帝王之法(제왕지법)이 亦盡於是矣(역진어시의)라

道統淵源圖

盤古氏

天皇氏　地皇氏　人皇氏

有巢　燧人　伏羲　神農　黃帝

神堯　帝舜　大禹　殷湯　周文武

箕子　周公　孔子

天皇氏는 一姓으로 兄第十二人이시요 始制干支시니라 盖十母十二子

之名으로 以定歲之所在시니라

地皇氏는 一姓으로 兄第十一人이시요 爰定三辰하시고 是分晝夜하사

以三十日로 爲一月하시니라

人皇氏는 一姓으로 兄第九人이시요 亦號九皇氏라 分居九區 亦曰

居方氏라 政敎君臣이 所自起飮食男女所由始니라

有巢氏는 太古之民이 穴居野處하여 被禽獸爪牙之毒하니 始敎搆木

爲巢하사 以避其害하시고 捕禽獸飮血茹毛하시니라

燧人氏는 觀星辰察五行하사 知空有火麗木則明이시니 於是에 以鳥

桃樹燧火하시며 立傳敎之臺하사 仰遂天意하시고 府察人情故로 亦曰

燧皇氏라

太昊伏羲氏는 生有聖德하사 象日月之明故로 曰太昊라 劃八卦하사

以治下이어늘 下伏而化故로 曰伏羲 作荒樂하사 歌扶徠詠網罟하시고

以鎭天下하시니 命曰立基라 絚桑爲瑟하사 以修身理性而樂音이시니

自是興이라

神農氏는 作耒耟하사 敎民稼穡하시며 日中爲市하사 聚民交易하시며 察

水泉甘苦하사 令人知避하시니 無夭札之患이러시다

黃帝氏는 命大撓하사 占斗綱所建이시니 作甲子하시다 容成으로 作盖

天圖하시고 作筭術과 律度量衡하시며 作咸池樂하시고 作舟車醫藥과

死用棺槨하시며 鑄金爲貨하시고 始制宮室이러시다

帝堯陶唐氏는 狩五岳하사 存鱗寡하시며 濟夭札하시니 一民이 飢어든 曰我飢

하시고 一人寒일인한曰我寒之왈아한지하시며 一民일민이罹辜이고왈아함曰我陷之지라하시다 帝崩제붕이시니

三年不花삼년불화하며 白鶴語悲백학어비하며 靑鸎語哀청앵어애이어늘 作大章樂작대장악하시다 元年甲辰원년갑진

이라

帝舜有虞氏제순유우씨는 姓姚氏성요씨이시요 定六律五聲정육률오성하사 以通八風이통팔풍하시고 立國學입국학하

立考績法입고적법하시다 命禹명우하사 興九韶之樂흥구소지악하시고 擧八元八凱거팔원팔개하사 作玉衡작옥형

齊七政제칠정하시며 作五絃琴작오현금하사 歌南風詩가남풍시하시다 元年丙辰원년병진이라

夏禹氏하우씨는 姓성이 姒氏사씨이시요 治洪水치홍수하실새 得龜文득귀문하사 劃井地획정지하시다 作世室작세실하

揭鐘鼓磬鐸韜하시고 以求諫이러시다 時天이 雨金을 三日이니 作大夏樂

元年丁巳라

成湯은 名이 履이시고 一名은 天乙이시며 姓은 子氏이시다 作盤銘하시고 書에 曰

作大護樂하시니 殷德이 降盛일새 賢聖之君이 六七作이라 書에 曰

七世之廟에 可以觀德이라하니 伊尹과 仲虺가 爲二相이라

周文王은 名이 昌이시요 姓은 姬氏이시다 劃卦하사 以明后天하시다

不大聲以色하시고 於緝熙敬止하시다 作靈臺靈沼하사 掘地得死骨이

以衣冠葬之하시다 褒封五帝后시니 鳳凰이 唧書來遊이어늘 五神이

合謀于房하여 興業이라 元年己卯라

武王은 名이 發이시요 夢에 上帝與九齡과 伐商操이어늘 上告皇天兮이며 可

以行兮인저 屈一人之下로 伸於萬人之上이시니 不泄邇不忘遠하사 作

大武樂이러시다 元年己卯라

箕子는 姓이 子氏시요 名은 胥餘시라 著洪範傳하시다 周武王이 封朝鮮하사

設八條之敎하시니 化民移俗이니라

周公은 名이 旦이시요 文王之子이시며 武王之弟이시니라 元聖으로 思兼三王

하시니라 作豳風七月篇하시고 制禮作樂이시니라

孔子는 名이 丘이시요 字는 仲尼이시며 魯人으로 殷后이시다 一太極으로 上律

天時하시고 下襲水土하사 時中이러시니 萬世土이시니라 禮樂之盛이 莫如

夫子也시니라

正易註義 上

十五一言이라

十은 地數也라 其性은 天也요 其道는 誠也요 其德은 中也니라 五는 天數也

其性曰地요 其道曰信이요 其德曰正이라 一은 陽數也라 語其性則水

語其道則敬이요 語其德則知라 盖十五者는 命性待對之體요 十一

者는 命性流行之用이요 一言者는 亦聖人謙德之辭라

嗚呼라 盤古化하시니 天皇은 無爲시고 地皇은 載德하시니 人皇이 作이로

有巢는 旣巢하시고 燧人乃燧로다 神哉伏羲劃結하시고 聖哉神農

耕市로다 黃帝甲子星斗요 神堯日月甲辰이로다 帝舜七政玉衡

大禹九疇玄龜로다 殷廟에 可以觀德이요 箕聖乃聖이시니 周德

在玆하야 二南七月이로다 麟兮我聖이여 乾坤中立하사 上律下襲하시

襲于今日이로다

嗚呼는 嘆美辭라 盤古는 按史記하니 三才之首 形化之主也니라 天皇

取開子之義요 地皇은 取闢丑之義요 人皇은 取生人之義也니라 蓋

天道는 理氣爲主이나 然必得形化而成物故로 擧此載籍可考之實

事하여 欲使推致正易無窮之道體也라 夫天與人은 一本而已요 道

之謂也라 分而爲二는 形氣之謂也니라 盖梏於形氣則辨然爲二物

이나 合於道則小無其間이라 幽明之際에 互爲體用하여 相爲終始하니

唯聖人이 作而繼是道요 參爲三才하여 立人極焉하니 有巢以後群聖

是也니라 擧其功德之尤著者하여 立爲萬歲標準하니 而垂教來學

也라 按圖면 皆可見矣니라

嗚呼라 今日今日이여 六十三七十二八十一은 一乎一夫로다

此는 指九數而言也라 數始於一而大備於九九矣니 九數之弟九

行하면 其數는 合爲四百單五요 洛書之數를 尊空則恰爲三百六十

當朞之數라 六十三七十二八十一은 應乾之策二百一十有六이요

一九二九三九四九六九는 應坤之策百四十有四라 坤策은 用之

於先天子會니 前日已然之事也이요 乾策은 用之於後天이니 丑會

今日將然之事也라 盖是策을 分而爲黃鐘絲之數하고 合而爲律曆

之數라 特舉其用九之至要하여 起下十數之大體也니라

擧便无極이니 十이니라

擧는統也요 皆也니 無는無形也요 極은極至而更無去處之意니 十者는

數之空이라 蓋道雖無形이나 有是理則必有是象이니 無極이 是也라 天

雖無體나 有是氣則必有是數하니 十空이 是也니라 十雖地數나 其空

則天也라 空則通하고 通則明하니 神明之所有生也며 太空之所由名

也라 釋氏之空中 老氏之虛無도 皆不外乎是理也니라 此는 擧性命

之元으로 包下三極之理라

十便是太極이니 一이니라

太는 大也요 一者는 數之始니 擧之則爲無極이나 而圈之則爲太

極이라 十爲衍父요 一爲衍子니 十生一하고 一化十하여 化化生生하고 互

變不窮하니 擧天下之物에 各 一是性也라

一而无十이면 无體요 十而无一이면 无用이니 合하면 土라 居中이 五니

皇極이니라

中은 不偏也요 五者는 生數之成이요 皇은 美盛也라 自一積十은 體也요

自十分一은 用也라 十一合體하여 爲土니 五土之爲德은 會合沖和하고

居中無偏이며 造成爲能하니 豈非極之美盛乎리요 盖無極而太極而

皇極은 指其造化之實體而明辨之也라 以其至眞言之則其極曰

無以其至大言之則其極曰太요 以其至美言之則其極曰皇이라

盖渾淪之初에 何嘗有二이나 見於用則有是象有是數故로 必因象

數而指其所以然也라 因是而求道者는 不必靠着於象數而超然

默喫也라

地는載天而方正하니 體니라

地는 謂土也니 體는 謂實體也라 得剛柔之實體를 謂之地니 地雖一

塊物이나 其中은 實虛容得天無窮化하고 其德은 方正이라 夫地는 妻道

也며 子道也 臣道也라 其道는 卑而簡能이니 柔進而上行하여 應天而

大終이라 卽地之泰而居先이니라

天은包地而圓環하니 影이니라

天은 謂一大也라 影은 謂光影也라 得陰陽之光影을 謂之天이라 天雖

一空氣이나 其實은 至大하며 包含地許多物하니 其道는 圓環이라 夫天은

夫道也며 父道也며 君道也라 其道는 尊而不亢하고 光明而下濟하고 交

地而大始하니 即天之泰而居後라 此는 擧天地之形體하여 明下神明

之聚焉이니라

大哉라 體影之道여 理氣囿焉하고 神明萃焉이니라

體影之道는 不可以指名故로 讚美曰大哉라 理者는 氣之所以然이요

氣者는 理之所由發이라 囿는 蘊也요 萃는 聚也니라 氣之屈伸曰神이요 理

之光明曰明이라 凡塞乎天地之間者는 一氣流行과 陰陽其功이니 飛

潛動植之物이 各得其理乎인저 盈乎天地之間者는 一神明光으로 日

月이其根이니 虛靈瑩澈之性이 各受其德乎인저

天地之理는 三元이니라

三元은 謂無極太極皇極三極之道也니라 此는 承上三元之理하여 起

下三才之道니라

元降聖人하시고 示之神物하시니 乃圖乃書니라

元降者는 合三元之理而乃降也라 通明을 謂之聖이요 仁을 謂之人이

니 人類之明且仁者를 謂之聖人也라 南軒張先生曰通於天者는 河

也라 有龍馬負圖而出하니 此는 聖人之德이 上通乎天이요 天降其祥

이라 中於地者는 洛也라 有神龜載書而出하니 此는 聖人之德이 下及于

地이니 地呈其瑞라 此所謂元降聖人示之神物이니 此는 擧圖書

之理數하여 示古聖人之淵源이라

圖書之理는 後天先天이요 天地之道는 旣濟未濟니라

圖書는 數之祖요 理之宗이라 先於天而有是理하고 後於天而有是數

數旣大備하여 可以盡物變이라 圖爲體요 書爲用이니 先天子會也라

隨時變易하여 圖變爲用하고 書變爲體하니 後天丑會也니라 劉歆所謂

相爲經緯者가 是也라 由是而作干支하여 定律曆하니 四時之行이 不

忒이라 因是而劃卦位하여 立剛柔하니 八風之動이 不錯也라 蓋天地는

以水火爲政而卦氣之旣濟未濟와 水火之交不交也일새니 天地之

道가 於斯에 相爲終始也니라

龍圖는 未濟之象而倒生逆成하니 先天太極이니라

龍圖는 以陰數爲主故肇二而有未濟之象이라 自上而下를 謂之倒

自下而上을 謂之逆이라 下生之數는 倒成이요 上生之數는 逆成이니 生

成之理與數가 皆然也라 六七八九十은 配一二三四五요 一屈一伸

成十對五하니 此盖數之常也라 實中爲體하여 以順運用은 先天太

極之道니라

龜書는 旣濟之數而逆生倒成하니 後天无極이니라

龜書는 以陽數爲主故로 始一而成旣濟之數라 生成之理는 書與圖

相反하니 順逆之道也라 一二三四가 合九八七六하여 一退一進하며

居五空十은 此盖數之變也라 空位爲尊하여 由逆運行이니 後天無極

之道니라

五居中位하니 皇極이니라

至哉라 五皇極之爲德也와 中位正易之實體여 在河圖之中則一

得五而配六하고 二得五而配七하고 三得五而配八하고 四得五而配

九하고 五得五而配十하니 十用其全하고 五用其半이니 十包五而兼

内外之道하고 五守中而修分内之職하니 於是에 土性冲和之德이 充

諸内而達於外矣라 四九는 得是而主義하고 一六은 得是而止智하고

三八은 得是而施仁하고 二七은 得是而致明하니 皇極之道가 乃著顯矣

니라 在洛書之中則九者는 十分一餘也요 八者는 十分二之餘也요 七

者는 十分三之餘也요 六者는 十分四之餘也요 五者는 十分五之餘

也요 十便空位하고 五獨居中하니 十非眞空也요 尊其位也라 五不自

專이니 承其職也라 其本也는 靜而正이니 陰之德也요 其動也는 光而大

五之性也라 美哉라 皇皇者極이여 和順은 積於中而發諸外하니 四

奇는 得是而守四正之位하고 四偶는 得是而補四方之空하니 正正而

方方이라 居中而應正하여 皇極之道가 大備於是矣니라 大凡天地之

定位와 日月之行度와 鬼神之政令이 皆成其義也라 嗚呼라 世之人

能知此義면 則尊上受職이 如皇極之承無極과 事親事君事長之

道가 立而人倫이 自正하여 天下가 和順矣리라

易은 逆也니 極則反하나니라

易은 无體나 以逆爲體하고 以順爲用이라 順者는 理之常이요 逆者는 理之

變이니 觀其變而知其逆이라 比如剝復之理니 極則必反이라

土極하면 生水하고 水極하면 生火하고 火極하면 生金하고 金極하면 生木하

木極하면 生土하니 土而生火하나니라

數窮則還生故로 反克相生하니 土復生火하고 火反生金하고 水木皆

然이라 此는 擧五行之變通으로 以示萬物之成功이라

金火互宅은 倒逆之理니라

金入火位와 火入金位는 倒逆之至理而書之西南互宅이라 時之夏

秋相交요 世之治亂相因과 人之吉凶相反이 皆其理也라 人能悟此

則自克으로 爲己하고 反亂으로 憂世하고 避凶으로 敎人也니라

嗚呼至矣哉라 无極之无極이여 夫子之不言이시니라

至矣之至字는 當以大字而隨時以母道니 稱美也라 重言无極者

盖无極이 存乎无極之位니 渾淪未判에 無由以化하고 无緣而始

니 但爲无而已라 聖人之不露天機와 與夫罕言性命은 盖先天之時

信夫子之道而衍之者는 金一夫之奉天也니라

夫子가 不言无이시나 而信夫子之道而言之者는 周濂溪之順時也요

不言而信은 夫子之道시니라

以待後人而不言也라

命은 后天之時也일새라 盖夫子之道는 時中而已라 不得先時而開故

於虛空하고 眞實无妄으로 大化普施하니 後聖之直指道體하여 詳言性

也라 化无爲體이니 无極而太極과 太極而无極으로 渾元自分하니 不陷

晩而喜之하사 十而翼之하시고 一而貫之하시니 儘我萬世師신저

夫子之道는 易而已라 蓋夫子之晩年에 洞觀道體하사 逆睹後天하시니

斯道大行이라 深喜而發嘆曰假我數年이면 卒以學易이라하시니라 且翼

之十傳하여 貫以一理하고 大開來學하니 眞我萬世之聖師也니라

天四地六이요 天五면地五요 天六이면地四니라

此는言九六으로 迭爲消長이요 用十之道라 蓋一日之時는 起於亥

止於辰則當天四之數하고 其用은爲地六而終於戌也라 起於亥而

合於巳則當天五之數하고 其用은 爲地五而亦終於戌也니 且起於

酉而合於辰則當天六之數하고 其用은 爲地四而終於申也라 縱橫

錯綜之數로 殊道而同歸於十하니 十便是道體故也라 此는 承夫子

十翼之道하여 以起天地十數之用이라

天地之度는 數止乎十이니라

十爲衍父니 大衍之則統數之百千萬億이요 其用은 无量而不過日

十小衍之則分數之九六七八이요 其用은 不一而亦不過十이라

盖天地之道는 止於十而律呂陰陽日月之度는 皆以十爲紀라

十紀二經이요 五綱七緯니라

十乾은 爲紀요 二天은 爲經이며 五坤은 爲綱이요 七地는 爲緯라 乾坤天地

四象立焉하고 紀綱經緯의 四維備焉하니 十五二七의 四數成焉이라

戊位는 道順而度逆하야 度成道於三十二度하니 后天水金太

陰之母니라

圖書之數가 旣備하니 星紀之數가 始焉이라 在干名의 五曰戊이니 戊得

支之戌하여爲戌戌이라　蓋皇極之數는謂之五요皇極之位는謂之戌

皇極之宮은謂之戌戌이라　道順度逆은卽圖之倒生逆成이라　戌戌

宮은至己巳宮而成度하니　其道順行이나　其度逆成이며　其數는三十二

也라　夫太陰은月之體也여　一水之魂이요　四金之魄이요　戌位之女也라

美哉라　戌位之弘德也여　順道而逆終者는　應天而行簡也니　得己位

之半數者는　陰性用半之理也라　以后天而居先者는　勞於王事而

身先之義也라　柔順利貞之道가　盡矣니　世之爲臣爲子爲婦爲弟로

凡屬下位者가　效以行之하면　決無越常過分之僣亂矣니라

己位는 道逆而度順하야 度成道於六十一度하니 先天火木太

陽之父니라

干支之位가 旣定하니 圖書之數가 成章이라 干名의 十日己니 己得支

之巳하여 爲己巳라 盖無極之數는 謂之十이요 無極之位는 謂之己니

無極之宮은 謂之己巳라 道逆度順은 卽書之逆生倒成이라 己巳宮은

得數全體而成度하니 其道逆而其度順하고 恰得六十一度而如環

无端하니 終爲始之原하고 始爲終之端하니 循環不已矣라 夫太陽은 日

之體也니 七火之氣요 八木之體니 己位之男也라 大矣哉라 己位也여

不可以名焉이라 道逆度順者는 包地而行健也오 兼戊位之度而成

全數者는 陽性用全之道也일새라 以先天而居后者는 同於道而貴

下賤也라 純粹中正之道가 極矣라 世之爲君爲夫爲父爲兄으로 凡

屬上位者가 監以戒之하면 不至自亢自滿之召禍也리라 此는 擧天地

之成度하여 起下陰陽之成度라

太陰은 逆生倒成하니 先天而后天이요 旣濟而未濟니라

道는 以陰陽爲用而陽常基於陰故로 推陰而居先하니 地天泰之義

也라 逆生倒成은 陰之性也라 太陰은 主形故로 必逆成하니 生后於陽

而成先於陽으로 主政於先天子會하니 此爲先天而后天也라 行度는

始於子午하여 終於巳亥하니 此是旣濟而未濟也라

一水之魂이요 四金之魄이니 胞於戊位成度之月初一度하고 胎

於一九度하고 養於十三度하고 生於二十一度하니 度成度於

三十이니라 終于己位成度之年初一度하고 復於戊位成度之

年十一度니라

干之壬은 數之一也요 壬精은 凝魂이라 干之庚은 數之四也요 庚精은 成

魄이라 合魂魄而成太陰之體하니 先水后金은 倒逆之理也라 胞於庚

子하고 胎於戊申하고 養於壬子하고 生於庚申하니 成於己巳라 度爲三十

而終於庚午하고 復於己酉하니 此는 月極體位之成度也라 詳見於下

라

復之之理는 一八七이니라

一八七은 謂成弦望也요 旣望而復全其理라

月一朞니라

五日一候요 十日一氣요 十五日一節이요 三十日一月이요 十二

戊位는 太陰之母이어늘 以五爲紀故로 五日而候라 二五合德故로 十

日而氣하고 三五而盈故로 十五而望하고 三五而變故로 三十而晦라

五合六氣成章故로 十二月而朞니라 盖氣數之分限은 卽是天理之

節文이니 无本不立故로 五爲統紀요 无文不行故로 五變合六而成

文이라 此는 太陰成一歲之制度也라

太陽은 倒生逆成하니 后天而先天이요 未濟而旣濟니라

道는 具於陰而行於陽故로 陽雖尊而后於陰하니 男下女之義也라

倒生逆成은 陽之性也니 太陽主氣故로 久而后成하니 生先於陰而

成后於陰으로 主政於後天丑會하니 此謂后天而先天也라 行度는 始

於巳亥 終於子午하니 此是未濟而旣濟也니라

七火之氣요 八木之體니 胞於己位成度之日一七度하고 胎於

十五度하고 養於十九度하니 生於二十七度하니 度成度於三十

六이니라 終于戊位成度之年十四度하고 復於己位成度之年

初一度니라

干之丙은 數之七也요 火之氣也라 干之甲은 數之八也요 木之體也라

合丙甲之氣하여 成太陽之體하니 先火後木은 倒逆之理也라 胞於丙

午하고 胎於甲寅하고 養於戊午하고 化於丙寅하며 生於壬寅 成於辛

亥하니 度는 爲三十六而終於壬子하고 復於庚午하니 此는 日極體位之

成度也라 詳見於下라

復之之理는 一七四니라

一七四는 謂時也라 自亥至巳하니

時之先天而卽一七也요 自午至

酉하니 時之后天而卽四也라 戌則尊空故로 用十一時而復全其理

라

十五分一刻이요 八刻一時요 十二時一日이니라

己位는 太陽之父라 陰不能兼陽而陽兼陰故로 化己戊之性而成

分하니 分之十五로 爲一刻하여 配卦氣而成刻이라 刻之八은 爲一時니

重交六氣而成時하여 時之十二로爲一日이라 益氣分之節度秩序하

粲然詳備하니 幽則爲鬼神이요 明則爲禮樂이라 此太陽成一日之

文章也니라

天地合德三十二요 地天合道六十一을 日月同宮有无

地月日同度先后天을 三十六宮先天月이 大明后天

三十日을

天地者는 於卦로爲否인데 否則不交故로 雖合其德而分其體

度하니 卽三十二也라 地天者는 於卦爲泰하니 泰則交合故로 統

合其度而全其體度하니 則六十一也라 日月者는 卦之旣濟니

水火相交而同宮하여 坎離无相射之弊하니 潮汐이 无射離之

過하고 水性平而四維土露故로 謂有无地也라 月日者는 卦之

未濟也니 火水相分而修職하고 互相終始而同度하니 后天癸

未癸丑이 反爲先天朔日故로 爲先后天也라 三十六宮者는 自

月窟之辰으로 至復於子之度也라 盖月은 隨日者也라 三十六

宮成度月之先天壬午宮하여 大明於后天月之三十日이니 於

是乎시호라 律呂調율려조而陰陽和이음양화하고 四象사상이 立而六合립이육합이 成성하고 萬物만물이 繁번

殖식하며 人文斯朗인문사랑하니 若非深造道體者약비심조도체자면 孰能知之숙능지지리요

四象分體度사상분체도는 一百五十九일백오십구니라

四象體度사상체도는 謂無極皇極日極月極위무극황극일극월극이니 合度數爲一百五十九합도수위일백오십구라 此차

는合下一元衍數합하일원연수로 以明上太歲成章이명상태세성장이라

一元推衍數일원추연수는 二百一十六이백일십육이니라

一元推衍數일원추연수는 謂六十三七十二八十一위육십삼칠십이팔십일이니 合數爲二百十六也합수위이백십육야라

四象一元合數爲三百六十當朞日이라

后天은 政於先天하니 水火니라

后天은 謂戊戊辰이니 政於先天子會之子午니라

先天은 政於后天하니 火水니라

先天은 謂己巳己亥니 政於後天丑會之巳亥니라

金火一頌

聖人垂道하시니 金火明이로다 將軍運籌하니 水土平이로다 農夫洗鋤

歲功成이로다 畫工却筆하니 雷風生이로다 德附天皇하니 不能名이

喜好一曲瑞鳳鳴이로다 瑞鳳鳴兮律呂聲이로다

洪範에 云金曰從革이요 火曰炎上이라하니 從而能聽하고 革而能變者

金之性也라 就而必燥하고 麗而必明者는 火之性也라 蓋五行이 以

變化爲用而能神五行之功者는 金火也라 金火者는 天地之神功

也요 妙用은 如聖人之垂道而大明이니 此爲實德也라 水土者는 天地

之成度也라 克捷如將軍之運籌而平敵하니 此謂地平也라 太歲者

는 天地之成章也라 了役은 如農夫之洗鋤而致功이니 此謂天成也

雷風者는 天地之消息也라 肖像은 如畵工之却筆而奪化하니 此謂

氣成也라 美哉 於斯時也에 道明化行하여 地平天成하고 五氣順布

萬物生遂하니 莫非金火之神功也라 德合天皇하고 不能名焉은 五

頌所以作也라 頌而歌之하고 淸越且明하니 玆豈非瑞鳳鳴兮 律呂

之調也리요 盖金火有五頌而叶律呂하니 以比鳳鳴有五聲而叶律

呂也라

金火二頌(금화이송)

吾皇大道當天心(오황대도당천심)하니 氣東北而固守(기동북이고수)하고 理西南而交通(리서남이교통)이라 庚(경)

金九而氣孕(금구이기잉)이요 丁火七而數虛(정화칠이수허)로다 理金火之互位(리금화지호위)하야 經天地(경천지)

之化權(지화권)이라 風雲動於數象(풍운동어수상)이요 歌樂章於武文(가락장어무문)이라 喜黃河之一(희황하지일)

淸十淸(청십청)이여 好一夫之壯觀(호일부지장관)이라 風三山而一鶴(풍삼산이일학)이요 化三碧而一(화삼벽이일)

觀(관)이라 觀於此而大壯(관어차이대장)하니 禮三千而義一(예삼천이의일)이라

當天心(당천심)은 謂誠之復也(위성지복야)라 東北(동북)은 陽方(양방)이요 西南(서남)은 陰方(음방)이라 陽主常故(양주상고)로

固守하고 陰主變故로 交通이라 其理則金數盈而火數虛故也라 金火

互位는 天地化權의 大行이요 風雲은 自動於擧天下之象數이니 妙萬

物而合萬用을 可見矣라 一清十清三山一鶴三碧一觀은 皆一夫

夫子之門徒而優游涵泳於此하여 共觀先生之壯觀을 喜而好之하

風而化之하니라 歌樂章於文武之張弛하고 講禮義於三千之一義

周觀於此하여 深樂其大壯也라 蓋禮樂은 由天地生而始發於此

然正易所載의 一言一句는 莫非禮樂之本이니 後之學者는 從容玩

理深體得之하면 乃知夫子禮樂之盛矣라

金火三頌

北窓清風에 暢和淵明無絃琴하고 東山第一三八峰을 次第登臨하니 洞得吾孔夫子小魯意를 脫巾掛石壁하고 南望青松架短壑하니 西塞山前에 白鷺飛를 懶搖白羽扇하고 俯瞰赤壁江하니 赤赤白白互互中에 中有學仙侶하야 吹簫弄明月이로다

淵明은 晉之靖節處士라 姓은 陶요 名은 潛이라 性好高潔하여 不以世事累心이며 藏无絃琴於胷中하여 開北窓而迎清風하니 斯樂也가 無窮

焉이라 先生이 亦取斯人之樂而暢和者也라 東은 東方也요 山은 艮山

也 第一은 謂艮之德으로 能成終而成始也라 三八은 東方木之數也

峰은 亦指艮也라 小魯는 孔夫子所言登東山而小魯하고 登泰山而

小天下也라 特取小魯者는 寓意於東方故也라 盖先生은 生於東洋

艮國之遠하여 后於夫子數千載之下에 登彼艮東三八次第之峰。

洞得夫子小魯小天下之義하니 前聖后聖의 洞觀道體는 活潑潑

這一般氣像而但孔夫子之歎辭는 道方衰微之時也라 先生之取

美者 道將大行之時也라 以无量之道體 取無窮之物態하여 咏

嘆淫佚而超脫世俗이여 如脫巾高掛於石壁하고 特立不倚하고 如青松

滿架於短壑高尚其志하니 如白鷺之高飛於西塞하여 白賁素質하고

如羽扇之懶搖而无飾하고 俯瞰瑩澈이여 如赤壁之水清而无底하니

動兮潛兮로 赤兮白兮 形形色色으로 互雜相間之中에 人有學道

之仙侶에 拔乎其萃하여 樂於天理하고 閑吹清蕭하며 玩弄明月而已이

盖金夫子之學은 學究天人하여 无物不包하니 雜引古詩而无碍者

興之體也요 旣取鷺復取羽者는 貴其禮之質素也며 先取琴后取

蕭者는 樂其樂之本質也라 此章은 亦見夫子禮樂之實矣라

金火四頌 (금화사송)

四九二七金火門은 古人意思不到處라 我爲主人次弟開하니

一六三八左右分列하야 古今天地一大壯觀이요 今古日月弟

一奇觀이라 歌頌七月章一篇하고 景慕周公聖德하니 於好夫子

之不言이 是今日이로다

金火化權門은 古人意思亦不到處라 先生爲開時之主人으로 次第

洞開하니 一巽六震三兌八艮은 左右分列하고 十乾五坤貞觀天地

亘古今一大壯觀이요 四坎九離貞明日月하니 溯今古第一奇觀이

慕古歌誦兮 詩之七月篇은 卽周之受時也요 周公之制禮作樂

因其時損益이니 數千載之下에 莫敢擬議而遵守라 盖非五帝之

不相沿樂이요 三王之不相襲禮일새라 然禮樂은 天子之事也라 故로 雖

夫子라도 從周而已라 且不言禮樂之時라 然이나 以禮樂之德으로 傳至

于今日은 后生이 賴之而誦習이니 是皆周公孔子之盛德也라

金火五頌

嗚呼라 金火互易은 不易正易이니 晦朔弦望進退屈伸律呂度

數造化功用이 立이라 聖人所不言이시니 豈一夫敢言이리요마는 時요

命이시니라

金火互易은 天地不易之正理也라 太陰之退極而變陽하고 太陽之

進極而化陰하니 一屈一伸과 一日之晝夜昏旦不差하고 一月之晦

朔弦望이 不忒하니 律呂度數가 由是以定하고 造化功用이 由是以立하

天地自然之禮樂이 成而日月裴然之文章으로 著矣니라 金火之易

先聖所不言이나 而后學之敢言而興起者는 乃時也요 命也니라 愚

按毛詩之頌인데 得其性情之正하여 讚美先王之德이 配于上帝也

金火之頌은 發乎性情之正하여 讚美上帝之德이 合乎聖人也니 文

辭少異나 其義一也라 大九聖賢歌誦之作은 道德之大를 不能形言

而發於聲氣也니라 善觀歌誦者는 取其情性氣象之正이니 不必以

文害義可也라 五頌은 極讚天地之功用이니 金火爲造化之門이라

嗚呼라 日月之德이여 天地之分이니 分을積十五오 刻을積八

하면 時를積十二하면 日이요 日을積三十하면 月이요 月을積十二하면

朞니라

天地之性은 無心而生化라 似无積累之漸이나 然日月終始之德은

則天地生化之分이라 分積十五而成刻하고 刻積八而成時하며 時積

十二而成日하고 日積三十而成月하며 月積十二而成朞하니 朞者期

也라 日月之於天地는 始分而終合하니 如期而相會故로 謂之期라 盖

分之所以然은 數之所由定이니 雖千萬歲라도 不可改也니 此는 明日

月之德이 由於天地之分이라

朞生月하고 月은 生日하고 日은 生時하고 時는 生刻하고 刻은 生分하고 分生空하니 空은 无位니라

朞爲陰父而生月하고 月爲陽母而生日하며 日爲剛父而生時하고 時爲柔母而生刻하며 刻生分하고 分生空하니 其變이 无窮이요 旣成하면 還生하니 繞分이나 必成이니 空雖无位나 實造化之樞紐也라 前說大故備矣라

愚가 按易繫曰 範圍天地之化而不過하며 曲成萬物而不遺

通乎晝夜之道而知라 故로 神无方易无體라 하니라 蓋天地自然之

易은 无有定體이나 神妙하여 无有方所니 著之於萬物하고 明之於晝夜

이니라 聖人이 仰觀俯察하고 裁成輔相하여 知无不通이요 行无不成하니 與

天地並立爲三이라 三極之道가 旣備니 幽而陰界와 明而陽界로 神

人同道하니 無不和諧矣라

易은 日月也요 曆은 有正有閏이니 三百六十者는 曆之正也며 零六日

帝堯之朞는 三百有六旬有六日이니라

者는 曆之閏也라 以閏으로 定四時之成歲也니 此以下의 說日月之政

詳見虞書라

帝舜之朞는 三百六十五度四分度之一이니라

上六日者는 閏之定體요 此五度四分之一者는 閏之實用也라 五

日二百三十五分은 過於曆正故로 謂之氣盈이요 所謂陽曆也라

每日日法九百四十分은 非其全日法故로 是謂閏日分也라 月法

二十九日四百九十九分은 不及이니 四百四十一分而不得全月

故로是謂朔虛也라 歲法의 三百五十四日 三百四十八分은 不及이니 五日五百九十二分而不成正歲故로 謂之小歲니 此爲陰曆也라

合陰陽曆歲餘日則零하면 十日八百二十七分이니 積此餘日하면 五歲再閏이요 十九歲七閏하면 成一章之曆數也라 詳見虞書其法註

解라

一夫之朞는 三百七十五度니 十五를 尊空하면 正吾夫子之朞

當朞三百六十日이니라

三百七十五度者는土金水木火가皆成度則各成七十五度也

十五尊空者는十與五로爲天地性命之至尊故로空其位而不

用也라然則道는合於易繫所載當朞三百六十日이니此盖律曆

之正也라日法은一千四百四十分이니此所以分列謂閏政矣

九百四十分은分政於太陽之體하고三百四十六分은分政於太陰

之體하니三十六分은分政於律呂之度니라恰用十一時而行晝夜

之政하니一時는爲母而不動이며又化來日之分也요時之戌空이

是也니后天正曆所以成也라

五度而月魂生申하니初三日이요月弦上亥하니初八日이요月魄

成午하니十五日이望이니先天이니라

辰爲月窟이니自辰至申을謂五度也라一水四金이凝而成體하고二

火三木이感而生影하여魂生於申하고弦上於亥하며魄成於午를謂之

望이니先天之政이라

二十八日이요月復于子하니三十日이晦니后天이니라

月分于戌하니十六日이요月弦下巳하니二十三日이요窟于辰하니

窟者는屈也요宅也라自午至戌은亦五度而分焉이니弦下於巳하고窟

宅於辰하여精復於子를謂之晦이요後天之政이라

月合中宮之中位하니一日朔이니라

中宮을謂戌宮中位를謂亥宮이요朔은謂消而復生也라蓋月分于

戌而必合於戌하니當亥而合朔하고日月交感은已屈之氣蘇生이라

至于三日而哉生明하니此以下는承日月之政으로起律呂之政也니라

六水九金은會而潤而律이니라

六水_는謂癸位_요九金_은謂辛位_라造化之初_에辛癸之精_이化於己位

融和而成律_{하니}調於太陽之體_라每日之分用三十六分_{이라}

二火三木_은分而影而呂_{니라}

二火_는謂丁位_요三木_은謂乙位_라乙丁之靈_이亦化於己位_{하여}凝聚

而成呂_{하니}政於太陰之體_라每日之分用三百四十六分_{이라}

一歲周天律呂度數라

分은一萬二千九百六十이니라

刻은八百六十四니라

時는一百八이니라

日은一九니라

律呂는非日月이면 无用이요 日月은非律呂면 无軆라 每日을用三十六

分하니 紀於外而調二十四位者는 二十四分也오 綱於內而和十二

宮者는十二分이니라 律呂之分은立紀綱이요 日月之分은成經緯라 每

日十二時에行政於三十六宮하니 其化有原而無窮하고 其序有條

而不紊也니라

理會本原이原是性이라 乾坤天地雷風中을

雷風은律呂之成象이요 中位之正易이라 推之原本하니 皆自然

之性이라 雖乾坤天地之大라도 不外乎雷風之中이라

歲甲申六月二十六日戊戌에校正書頌하노라

水土之成道는 天地요 天地之合德은 日月이니라

天地者는 其始也오 水 其終也는 土니 始終이 相因하여 乃成其道也라

其滋也는 水오 其息也는 土라 滋息이 相比하여 渾成其體也라 日月者는

其生也地오 其成也天이니 生成이 互根하여 乃成其德也라 其臨也는

天이요 其照也는 地라 臨照가 互位하여 合成其功也라 此는 言水土之道

成天地하고 天地之德이 成日月而下文으로 反覆詳說하여 以明成功

之義라

太陽은 恒常하고 性全理直이니라

太陽은 七火八木 六水九金으로 合而成性하여 主一日之政하고 久照

不變하니 性理必全直故也라

太陰은 消長하고 數盈氣虛니라

太陰은 一水四金과 二火三木이 交而成體하여 主一月之政하고 旣長

而復消하니 氣數有盈虛故也라

盈虛는 氣也니 先天이니라

盈虛의 相須者는 氣也요 主先天三五之政이라

消長은 理也니 后天이니라

消長相因者는 理也라 行后天三五之變이라

后天之道는 屈伸이요 先天之政은 進退니라

屈伸은 以理言이요 進退는 以氣言이라 自有而無를 謂之理요 始虛而盈

謂之氣라

進退之政은 月盈而月虛니라

氣之進而盈者는 爲望이요 退而虛者는 爲晦니 氣盈則數虛하여 能敵

陽體而未成一月也라

屈伸之道는 月消而月長이니라

理之消而無者는 爲晦요 長而有者는 爲望이니 理消則數滿하여 能成

一月而氣는 反虛無也라

抑陰尊陽은 先天心法之學이니라

先天은 太陰之運也라 陰數敵陽하니 陰常迫陽일새 邪能勝正하니 小人

道亨하고 君子道否니라 聖人이 因時制宜하여 抑懘扶淑하고 公私之別

甚嚴하여 戒姦畏縮하고 使賢圖進하니 敎人降心服之故로 謂之心法

之學이라

調陽律陰은 后天性理之道니라

後天은 泰陽之會也라 陽數兼陰하니 陽唱陰隨上和下順일새 君子道

泰하고 小人道消니라 聖人隨時設敎하여 調精律神하니 善惡之分이 自

明이라 引愚跂及하고 使過俯就하여 令人窮理盡性故로 謂之性理之

道라 愚가 按易繫曰 一陰一陽之謂道라 朱子釋之曰道不外乎陰

陽而未嘗倚於陰陽이라 盖道雖不雜乎陰陽而常行乎陰陽故로

聖學所以不離乎此요 以示後人也라 欲學者는 於此求得則道器

之別과 與理氣之不相離를 煥然昭釋矣라 於先天之主心法과 后天

之主性理를貫通无疑矣라 舉此章通上下致意可也라

天地非日月이면 空殼이요 日月이 非至人이면 虛影이니라

天地者는 一空範圍나 日月之德이 實其中이라 日月者는 一虛神光이니

至人之知로 明其政이라

潮汐之理는 一六壬癸水位北하고 二七丙丁火宮南하야 火氣

炎上하고 水性은 就下하야 互相衝激하며 互相進退而隨時候氣

節은 日月之政이니라

地之有潮汐하니 如之有日月에 上下弦之燥坎과 望晦之射離이니 隨

日月之政而添減而已라

嗚呼라 日月之政이여 至神至明하니 書不盡言이로다

此는又讚日月之政이니 神明不測이라 退潮汐之氾濫하고 平地球之全

幅无土不露하니 无遠不照를 晝不可盡言其妙也라

嗚呼라 天何言哉시며 地何言哉시리요마는 一夫能言하노라

天地不言이나 因人以宣이니 人雖晦養이나 時至則言이라

一夫能言兮여 水潮南天하고 水汐北地로다

北爲天之陰이요 南爲地之陰이라 必有肅氣之凝決而潮解汐散하여

出地之北極은 平하고 入地之南極은 露하니라

水汐北地兮 早暮는 難辨이로다

水道之平은 非一朝一夕之故로 何朝暮之辨이리요

水火旣濟兮 火水未濟로다

旣濟而未濟는 水火之功旣成이니 成則治道正矣라

大道從天兮 天不言가

大道從天而成性兮 天豈不言이리요

大德從地兮 地從言이로다

大德從地而成功兮 地必言이라 此聖人之謙德而无我를可見이라

天一壬水兮 萬折必東이로다

壬水退而丁火入兮 東海雖左나 萬折必朝라

地一子水兮 萬折于歸로다

子水退而丑土起兮 萬折歸于鬼門이라

歲甲申流火月七日에 大聖七元君書하노라

此歲有閏六月故言流火六月

嗚呼라 天地无言이시면 一夫何言이리요 天地有言하시니 一夫敢言하노라

天地非面命之요 以心應之하니 其言辭之間에 酬酢不倚하니라 此盖

聖人之獨知而非泛然氣像으로 所可擬議也라

天地言一夫言天地言하노라

天地言一夫言하시니

承上文反覆詳說하여 以明快非私言이라 盖天地之言을 一夫能言하니

然則一夫之言이 實天地之言이라

大哉라 金火門이여 天地出入하고 一夫出入하니 三才門이로다

門은 謂開闔無窮也요 出入은 謂變通無方也요 金火는 則天地一開

一闔之門也니 由此變而通之하니 無有方所也라 一夫之知는 洞開

其門而扶世敎하여 使天下之人으로 共爲出入하니 乃是三才之門也
라

日月星辰이 氣影하고 一夫氣影하니 五元門이로다

氣影은 爲光明也요 日月星辰은 以光明之性으로 普照下土하니 一夫가

亦以光明之德으로 垂敎世人하니 豈非五元之門也리요

八風風하고 一夫風하니 十无門이로다

八風은 謂卦氣之風也요 十无門은 謂化无造化之門也라 盖乾坤健

順之道와 水火相逮之德과 雷風不悖之義와 山澤通氣之功으로 風

以化之하여 旣成萬物이니 一夫通此神明之德으로 風敎四方하여 无不

感化하니 如物之因風而動하여 共樂至善之地하고 物我無間으로 果於

天下하니 大開十无門矣라 愚가 按此章하니 文義恍惚하고 其辭簡奧로

一〇二

有志之士라도 或疑高虛難象이라 然聖人之心은 與天地无間하여 寂

然之中에 自然有此應하니 一言一動이 莫非天命을 可見矣니라

上月이 正明金火日生宮가

日月은 大明乾坤宅이요 天地는 壯觀雷風宮을 誰識先天復

此詩는 詠讚日月이니 得乾坤之性而貞明하고 雷風이 得天地之

情而順動하니 明此金火之理로 彼先天復上之月이 反爲日生

之宮而陽政於陰이라 非造道者면 誰能識之리요 愚按造化之

功이 旣如此至正이면 坤爲乾宅이요 月爲日宮이니 后天은 乃爲

太陽世界라 陽下而交陰하고 陰順而承陽하니 天人이 同其道하고

神人이 共其和하니 幽明之間에 交通無碍하고 動止之際에 一從

天心이니 禮樂之復盛을 於斯에 可見矣니라

化无上帝言이시니라

化者는 變之漸이요 易之體이며 无者는 有之對요 道之本이며 上者는 極至

之謂이며 帝者는 主宰之謂이니 化无上帝者는 普化上帝之眞主宰也

然則尊莫如帝而何以對乎오 幽莫如帝而何以言乎리오 曰憶

人皆知吾之有身而不知父母之遺體하고 知吾之有命而不知上

帝之降衷이라 惟明哲 大覺만이 潛心以居하여 對越上帝하고 樂天安

土하여 言黙竢命而已라 彼衆人은 愚昧하여 私其身而不顧父母之養

父母惡而遠之 役其心而不知性命之養하니 上帝厭而遠之

是則帝欲遠之乎아 人自遠之乎아 蓋上帝之爲道也는 與物同體

而善者는 順之하고 惡者는 背之일새니 若非眞无惡實而有善者라야 豈

能聽命乎잇가 考諸聖言 庸學之自誠明止至善이라하니 足以發明

其德이라 而書與我가 猶有彼此之別故로 以見聞之學은 終身勞苦

不可察也니라 必反之於身하고 驗之於心하여 久久積習하면 自得

豁然貫通이요 不知手舞足蹈然後에야 復我天性하고 自然合德於上

帝之實體니라 心知虛靈으로 耳目聰明하여 視於無形은 莫非上帝之

明命故로 能知命하고 聽於無聲은 莫非上帝之至言故로 能耳順하니

此는 體道之極功으로 聖人之能事也라 經曰上帝命汝와 曰簡在帝

心曰克配上帝 曰帝謂文王이라하니라 盖前聖后聖이 無二其德이

道一其揆也라 愚按天人하니 本無二理라 況聖人이 術不達天하고

動不失時하며 代天用功者乎아 然而上下文辭之間에 從容酬應者

는 不無學者之疑惑이나 然聖凡迥異者가 此類也니라 以聖人至聖至

德으로 合上帝至聖之道하고 聖人之心으로 直上帝之心이니 不知不覺

之中에 有此實然之事而不敢而歸諸己하고 直指上帝之言을 不顧

時俗之忌疑하면 聖人之至共無私를 可見矣리라

復上에 起月하면 當天心이요 皇中에 起月하면 當皇心이라 敢將多辭

古人月하여 幾度復上當天心고

月은陰之基이요陽之宅이라正其基然後安其宅故로化翁이造成天

地에必以月政排布하시니干支之六十數是也라復上者는八七之氣

影月也요皇中者는三十之體成月也라氣復然後에正當天心하고體

成然後에正當皇心하니帝謂一夫曰將此古人多辭之月이幾度復

上當天心乎아

月起復上하면天心月이요月起皇中하면皇心月이로소이다普化

一天化翁心이丁寧分付皇中月이로소이다

戊辰宮은 月窟也라 月魂生於申하고 上於亥하고 成於午而分於

戌下於巳하고 窟於辰하니 復於子는 天心月也라 戊戌宮은 月

之母也라 胞於庚子하고 胎於戊申하고 養於壬子하고 生於庚申

成於己巳하니 皇心月也라 普化一天化翁之心이 丁寧以皇

中體成月을 分付也시니라

化无上帝重言이시니라

推衍에 无或違正倫하라 倒喪天理父母危시니라

月政은 克治라 天倫은 必正 故로 帝重謂一夫曰하니 推衍度數를 無或

違越正倫하라 若倒喪天理하면 父母之心이 危殆也니라

不肖敢焉推理數리요마는 只願安泰父母心하노이다

肖는 賢也요 不肖는 謙辭也라 理數甚蘊奧하여 推衍이 果難重하니

不肖何敢能於此乎리요 然只願至誠着意로 安泰父母之心

也니라 愚按禮인데 文王世子篇에 文王謂武王曰하사대 女何夢

矣요 武王이 對曰夢에 帝與九齡하더시이다 文王曰女以爲何也요

武王曰하사대 西方에 有九國焉하니 君王이 其終撫諸 文王曰

非也라 古者에 謂年曰齡하더니 齒亦齡也니 我는 百이요 爾는 九十이니

吾與爾三焉하시더니 文王은 九十七에 乃終하시고 武王은 九十三而

終하시다 余嘗讀此에 未嘗不掩券致疑矣인데 擧此有諄諄然命

之者에 聖人之於天帝는 親之如父子하니 可知而後學之惑을

乃可破也라 然若非至聖无妄之聖이면 胡能至此리요 學者가 不

可造詣無序하여 妄求是理也니라

歲甲申七月十七日己未에不肖子金恒은感泣奉書하노라

化翁親視監化事라

化翁은造化之祖이시며 載道之神이시라 天之始地之生物之成이著此

造化之實也라 后天變革은 盖化翁親視監化之事也니라

嗚呼라金火正易하니否往泰來로다

金火가革易得正하니 先天否運은往하고 后天泰運이來하니라

嗚呼라 己位親政하니 戊位尊空이로다

己位는 謂己巳宮이요 戊位는 謂戊戌宮이라 先天戊辰宮이 代戊戌宮

政令하여 御天而己位反正하니 戊位尊其位而空이라 空者는 虛其位

也라

嗚呼라 丑宮이 得旺하니 子宮이 退位로다

丑宮은 謂乙丑이요 子宮은 謂甲子라 盖丑土가 得旺하면 子水는 退次니라

嗚呼라 卯宮이 用事하니 寅宮이 謝位로다

后天은用亥子丑寅卯五元故로謂卯宮用事하고先天은用子丑寅

三元故로謂寅宮이謝位니라

嗚呼라五運이運하고六氣氣하여十一歸體하니功德无量이로다

五運이運而進六하고六氣退而含五하니五六이互相配合하여十一成

性하고歸於一體하니造化功德이眞無量矣라

无極體位度數라

无極化而成體라

己巳 戊辰 己亥 戊戌이니라

己巳年 戊辰月 己亥日 戊戌時라

度는 逆하고 道는 順하니라

序次則逆이나 而法度則順이라

而數는 六十一이니라

天道無端始하니 自己巳反己巳가 爲六十一度라

皇極體位度數_{황극체위도수}라

皇極形而成體_{황극형이성체}라

戊戌_{무술} 己亥_{기해} 戊辰_{무진} 己巳_{기사}니라

戊戌年_{무술년} 己亥月_{기해월} 戊辰日_{무진일} 己巳時_{기사시}라

度_도는順_순하고 道_도는逆_역하니라

序次則順而法度則逆_{서차즉순이법도즉역}이라

而數_{이수}는三十二_{삼십이}니라

自戊戌至己巳는爲三十二度라

月極體位度數라

謂月極生成度라

庚子戊申　壬子　庚申　己巳니라

庚子胞하여　戊申胎하고　壬子養하여　庚申生하고　己巳成이라

初初一度는　有而无니라

初初一度는　自庚子至戊申이　合爲一度일새　謂初之又初度也라　有

而無는 蓋月復於己酉故로 己酉以前謂有若無也니 月之數盈氣

虛「是也니라 陰之性은 主分主無主虛故로 用不能盡性이라 然非分이

无以散合이요 非虛 无以受盈이요 非无 无以化有이니 太陰承陽

之簡能也라

五日而候니라

六十時爲一候라

而數는 三十이니라

體成於三十度이라

日極體位度數라
謂日極生成度라

丙午甲寅 戊午 丙寅 壬寅 辛亥

丙午胞하여 甲寅胎하고 戊午養하여 丙寅化하고 壬寅生하여 辛亥成이라

初初一度는 无而有니라

初初一度는 自己亥至乙巳 合爲一度일새니 謂初之又初度也라 无

而有는蓋日胞於丙午故로丙午以前은無而實有也니 日之性全理

直是也라陽之性은主一主實主有故로用必盡性而一以合殊하니

實以充虛하여 以著无는 太陽兼陰之要道也라

七日而復이니라

過六氣而乃復이라

而數는三十六이니라

體成於三十六度라

化翁은 无位시고 原天火시니 生地十己土니라

化翁이 以萬物爲位하시니 不可以一位로 指名故로 曰无位라 原天은 謂本

也라 化之實理를 謂之天이요 化之神妙를 謂之火라 盖原天은 非謂形

氣之天也요 指其本然之實體也라 火者는 非謂五行之火也니 指其

妙用之至神也라 以化化翁至妙之實理하여 生一无量大塊하니 是

謂地十己土라 大抵其範圍는 如大囊이 藏天地萬物而總括하여 無

一物之遺而不見其跡하고 造天地萬物而條暢하여 著万物之殊而

不見其妙하니 大矣哉라 是土之眞兮여 誰知天下之性命이리요 由是

眞體而化化也라

己巳宮은 先天而后天이니라

己配於巳爲成位를 謂之己巳宮이니

干支成度之首宮이요 亦謂之

无極宮이라 蓋先天化无上帝宮而久而后에

成度故로 政於后天이

此章은 發明天干造化之始而特擧己巳宮而載此者는 明天干이

必配地支之意요 且便取覽者也라

地十己土는 生天九辛金하고

天九辛金은生地六癸水하고

地六癸水는生天三乙木하고

天三乙木은生地二丁火하고

地二丁火는生天五戊土니라

此는精化初에淡淡渾渾하고至靜至微하여不知其自化焉이라天九辛

金地六癸水가會而潤而爲律하고天三乙木地二丁火가分而影

而爲呂는見上文이라

戊戌宮은 后天而先天이니라

戊配於戌而成位를 謂之戊戌宮이니 干支成度之次宮이요 亦謂之
皇極宮이라 盖后天五皇后帝宮而陰之成度하여 必易於陽故로 主
政於先天이라 然戊戌宮은 承奉於己巳宮故로 不敢自專而代以戊
辰宮이어 御天行政하니 是謂太陰之會而甲子起頭하여 用之陰曆이시
也라 此는 擧戊戌宮하여 亦對己巳宮也라

天五戊土는 生地四庚金하고

地四庚金은 生天一壬水하고

天一壬水는 生地八甲木하고

地八甲木은 生天七丙火하고

天七丙火는 生地十己土니라

此는 氣化之始로요 宵宵湋湋하니 若存若無하여 不覺其自生焉이라 地四

庚金과 天一壬水는 凝而成太陰之魂魄하고 地八甲木과 天七丙火는

合而成太陽之氣體하니 見上文이라

地十己土는生天九庚金하고

天九庚金은生地六癸水하고

地六癸水는生天三甲木하고

天三甲木은生地二丙火하고

地二丙火는生天五戊土니라

天五戊土는生地四辛金하고

地四辛金은生天一壬水하고

天一壬水는生地八乙木하고

地八乙木은生天七丁火하고

天七丁火는生地十己土니라

此는神化之漸이섬섬홀홀하여無端無始하고不測其所以變이라一水

五土十土六水는凝重不變하나金木火는互相變體하여洞淪交通하

니以實精氣之微妙라

地十己土는成天一壬水하고

天一壬水_{천일임수}는 成地二丁火_{성지이정화}하고

地二丁火_{지이정화}는 成天九辛金_{성천구신금}하고

天九辛金_{천구신금}은 成地八乙木_{성지팔을목}하고

地八乙木_{지팔을목}은 成天五戊土_{성천오무토}하고

天五戊土_{천오무토}는 成地六癸水_{성지육계수}하고

地六癸水_{지육계수}는 成天七丙火_{성천칠병화}하고

天七丙火_{천칠병화}는 成地四庚金_{성지사경금}하고

地四庚金은成天三甲木하고

天三甲木은成地十己土니라

此는精氣神之三元이渾淪合體하여玄妙互用하고有無相資하여首尾

相因으로生極則變하고變極則反하여以成虛靈一顆子하니此所謂心

體也라愚가按自古論心者이어늘徒言其理而已요不及成之之由者

性命之大本이不成故也라是以理氣之說이都无歸宿處라論

之者는飜成是非而不能辨白하고或知之深者는不言其至變而語

其常이니 先聖之不露天機가 是也라 然則先天之學이 不知是心之

中的하여 欲射其中而何可得乎리오 聖門所以不得中行之士而發

嘆也라 孔夫子曰寂然不動感而遂通天下之故라하시고 朱夫子曰

具衆理而應萬事하며 又曰萬化之原이요 萬事之幹이라하니라 盖心之

爲物이 化翁造始이어늘 以无形之土로 包精氣神三美而无去无來

亦无住하고 至虛至靈之根底로 不偏不倚惟執中하며 克敬克誠之

工程으로 安於理則明하고 化於物則暗하니라 心字之解는 讀曰磨暗心

이니 必使人心으로 欲磨暗而向明也라 誘於欲而役其心하면 煩惱之

一三〇

主使我入漆室이요　理於義而約其情하면　靜虛之靈이　護我趨福地

欲得嘉禾者는　必從其根而培之灌之하고　欲復眞性者는　直收其

心而磨之治之하니　根株枝幹과　萌葉花實은　物理之盡性也요　格致

誠正修齊治平은　人道之盡性也라　精會神聚하면　寂然之體가　自立

心安理熟하면　粹然之德이　自明이라　敬畏於不睹不聞之地하고　洞

燭於无聲无臭之中에　舍之則藏於內하여　无一物之累하고　用之則

行於外하여　无一事之欠하고　誠立乎萬物之表하여　敬行乎萬物之內

頃刻不忘者는　思無邪一言이요　終身利行者는　毋不敬三字道

不遠은 在心이요 心不遠은 在我니 能知能行者는 存乎其人이라 或曰先

儒云心者는 太極也라 太極之中에 有何一物而此以五行變化로 論

之하고 且以精氣神으로 分言하여 无乃舛錯之過也라하니 言之詳而惑

之甚矣 曰不然이라 心何嘗有物乎리요 然此乃天干造化而天干

者는 謂天之干이니 比如物之有幹이라 凡物之種子時에 何嘗有干乎

然結一種子에는 必具是氣故로 種之하면 必生其幹이라 盖心雖无

形之物이나 不異於物之種子也니 奚不以有形之物로 反覺无形之

物耶오 心之爲物은 猶有造化之跡이니 況性命之蘊於其中而无

跡者乎아 故聖人之於理氣는 恍惚難狀일새 立象以盡意云然이니

象數亦何盡其妙也리요 但學道者는 因其象數로 求其本然而必超

乎象數之外然後에 至矣리라

丙甲庚三宮은 先天之天地니라

此는 去戊壬而只擧丙甲庚者라 重在變易故로 擧此三宮而不及

水土라 盖水土는 體之不變而火木金은 皆其用也일새라

丁乙辛三宮은 后天之地天이니라

此는兩節이니 因上文變化而言이라 丙甲庚爲先天之天地則丁乙辛

自爲后天之地天이라

先天은三天兩地니라

三天兩地는謂天數三이요 地數二라 盖指甲丙戊庚壬五宮이라

后天은三地兩天이니라

三地兩天은謂地數三이요 天數二라 亦指乙丁己辛癸五宮이라 此兩

節은亦因上文而五宮之變易이요 實无定體則三天兩地三地兩

一三四

天이 互相體用이니 不必着看이라

子寅午申은 先天之先后天이니라

先天之政은 子寅午申으로 分先后天爲用이요 辰戌은 卽其體也라

丑卯未酉는 后天之先后天이니라

后天之政은 丑卯未酉로 分先后天하니 不言巳亥는 體也일새라 此兩節

始擧地支之分梗槪이니 上承天干而起下十二支之用이라

九九吟이라

凡百滔滔儒雅士아 聽我一曲放浪吟하라 讀書學易先天事라

窮理脩身后人誰요 三絶韋編吾夫子는 不言无極有意存

六十平生狂一夫는 自笑人笑恒多笑를 笑中有笑笑何笑요

能笑其笑笑而歌를

凡百은衆多貌이요 滔滔는流而忘反이며 放浪은謂浩蕩이라 盖歎多士

流於欲而不反故로 爲之浩然而吟이라 讀書는謂徒能讀其書이며 學

易은 謂取其末而學習이니 尤歎先天已往之事也라 窮理謂格物致

知이요 修身은 謂誠意正心이니 深嘆後人이 有誰能好學而溯其本乎

아 蓋三絶韋編吾夫子는 雖不言無極이나 有意於此而存을 誠可見

矣라 故六十老夫가 不勝喜狂하여 發此十笑歌하니 此는 發用九之理

咏嘆造化之實하여 起下无位之推用이라

三百六十當朞日을 大一元三百數는 九九中에 排列하고 无无

位六十數는 一六宮에 分張하야 單五를 歸空하면 五十五點昭昭

十五를 歸空하면 四十五點斑斑하다 我摩道正理玄玄眞經

只在此宮中이니 誠意正心하야 終始无怠하면 丁寧我化化翁이

必親施敎하시리니 是非是好吾好아

當朞는 一歲之成度也요 大一元은 謂大成數也요 九九中排列은 謂

九十八七十六을 合數하면 三百也라 无无位는 謂本无之无位

以單六으로 承十하면 而成六十也라 其於六十에 單五를 尊空하면 河

圖數가 在玆요 十五를 尊空하면 洛書數가 在玆矣라 我摩道는 卽歌曲之

始條理也요 摩는 謂漸摩也라 道必在我니 漸摩而進이요 不能一蹴可

到也라 玄玄현현은 謂深遠也오 眞經진경은 謂眞簡天之經也며 宮궁은 謂一六

宮也라 蓋一六之乘十而无无位六十數를 分張於此하여 十五歸空

圖書之數가 亦昭昭斑斑矣라 然則天理之深遠眞經이 不外乎

此宮而極讚美之也라 无怠謂无息也오 化翁은 不是泛謂也니 即在

我之化神이오 化化者는 接續不已也라 丁寧은 謂決然之辭이오 必親

施教는 謂自道自成으로 亦自天佑之之意이며 是非是好吾好는 亦歌

曲終條理之辭니 是非是는 謂是豈非是理也라 好吾好는 謂好吾之

好而人莫之察也라 蓋人能格致此理而誠其意正其心하여 乾乾

不息하면 決然我化而又化之神翁이 必若親施敎化하시리니 无所用

力而自道自成矣라 是豈非是理而亦非吾之好莫好也리요우가 愚按

易繫曰言不盡意니 立象以盡意이어늘 朱夫子釋之曰言之所傳者

淺이나 而象之所示者深이라 聖賢豈欺哉리요 盖象之本莫如圖

書니 干支與卦位는 皆其用也라 圖書之本은 莫如十五이니 性命之原

在此而九八七六一二三四는 皆其用也라 先后天之理가 亦由此

矣라 然上天之載는 无聲无臭然後에 至矣리니 必欲窮其原하고 推而

盡數之始하여 至於无象數之可名然後에야 乃覺道之无形而至妙

處也라 故於此에 指其象數用九用六之造化而吟詠之間에 特讚

处야라고어차지기상수용구용육지조화이음영지간에특찬

无无位之實理无窮也라

무무위지실리무궁야라

十五歌라

십오가라

水火旣濟兮여 火水未濟로다

수화기제혜여 화수미제로다

旣濟未濟兮여 天地三元이로다

기제미제혜여 천지삼원이로다

未濟旣濟兮여 地天五元이로다

미제기제혜여 지천오원이로다

天地地天兮여 三元五元이로다

천지지천혜여 삼원오원이로다

正易註義 上

一四一

三元五元兮 上元元元이로다

上元元元兮 十五一言이로다

十五一言兮 金火而易이로다

金火而易兮 萬曆而圖로다

萬曆而圖兮 咸兮恒兮로다

咸兮恒兮兮 十兮五兮로다

水火交易爲旣濟이요 天地交而爲泰니 卯宮用事而爲五元이라

十五一이化而成上元元元이며 金火易位而成萬歲之曆이라 澤山이

感而四海通하고 雷風이順而萬物이 遂하고 天地正位하고 人物成性하

遂開萬歲太平하니 十兮五兮之功用이 著矣니라 愚가 按十五者는 開

卷第一義也니 故終之以十五歌라 其歌也에 包含道體無窮之意와

且承之而九九吟者인데 九則洛書 十則河圖 九與十은 互爲體

用하여 成先后天이라 五者는 居圖書之中央하여 不易其所而地之德과

坤之性이 實爲萬物之母焉이라 或疑之曰易經에 但言卦之用九用

六而不言干支之用인데 此經之先言干支而次及卦說하니 何也오

曰干支與卦位皆本圖書而干支者는 陰陽之本이요 八卦者는 剛柔

之本이라 盖易經은 以剛柔立本而九六之用으로 迭爲消長하니 教人

觀象取用焉이요 今之易은 以陰陽爲原而十一로 成性命하고 五六으로

成運氣하여 以示性命氣數之成度하나니 實天命之易이요 非一夫夫

子之私智也니라

正易註義 上 終

正易註義 下

上元丑會干支圖라

上은首也요元은始也니上元은謂首始也라丑은地也요會는合也

丑會者는蓋謂地闢之會也라干은幹也요支는枝也라天之干은

如木之幹이요地之支는如木之枝而謂千幹萬枝가由是而達

也라十又天之性故로干字는一十也라支字는十又也라先聖造

字之義에取其本然之理를可見矣라

己丑宮은庚寅辛卯壬辰癸巳甲午乙未丙申丁酉戊戌이니라

己亥宮은庚子辛丑壬寅癸卯甲辰乙巳丙午丁未戊申이니라

己酉宮은庚戌辛亥壬子癸丑甲寅乙卯丙辰丁巳戊午니라

己未宮은庚申辛酉壬戌癸亥甲子乙丑丙寅丁卯戊辰이니라

己巳宮은庚午辛未壬申癸酉甲戌乙亥丙子丁丑戊寅이니라

己卯宮은庚辰辛巳壬午癸未甲申乙酉丙戌丁亥戊子니라

后天은實乙丑會而以己丑起頭者는己十丑十으로以十成性故也

在先天則實壬子會而以甲子起頭相似也라 盖壬一子一은 爲

太極數而先天用九之道이니 不用太極故로 以甲子起元이라

二十八宿運氣圖라

天은 無形體나 以二十八宿로 爲形體也라 在先天은 起於角亢하

逆天而運行하고 后天則起於軫翼하여 順天而運行也하니라

癸未 軫 癸丑

甲申 翼 甲寅

乙酉（을유） 張（장） 乙卯（을묘）

丙戌（병술） 星（성） 丙辰（병진）

丁亥（정해） 柳（류） 丁巳（정사）

戊子（무자） 鬼（귀） 戊午（무오）

己丑（기축） 井（정） 己未（기미）

庚寅（경인） 參（삼） 庚申（경신）

辛卯（신묘） 觜（자） 辛酉（신유）

壬辰(임진) 畢(필) 壬戌(임술)

癸巳(계사) 昴(묘) 癸亥(계해)

甲午(갑오) 胃(위) 甲子(갑자)

乙未(을미) 婁(루) 乙丑(을축)

丙申(병신) 奎(규) 丙寅(병인)

丁酉(정유) 壁(벽) 丁卯(정묘)

戊戌(무술) 室(실) 戊辰(무진)

己亥기해 危위 己기 巳사

庚子경자 虛허 庚경 午오

辛丑신축 女녀 辛신 未미

壬寅임인 牛우 壬임 申신

癸卯계묘 斗두 癸계 酉유

甲辰갑진 箕기 甲갑 戌술

乙巳을사 尾미 乙을 亥해

丙午（병오） 心（심） 丙子（병자）

丁未（정미） 房（방） 丁丑（정축）

戊申（무신） 氐（저） 戊寅（무인）

己酉（기유） 己卯（기묘）

庚戌（경술） 庚辰（경진）

辛亥（신해） 亢（항） 辛巳（신사）

壬子（임자） 角（각） 壬午（임오）

亢角二宿尊空詩라

尊空은 謂尊其位而空也라 己酉庚戌은 土旺十八數也요 己卯

庚辰은 天地二終數也일새 特尊其數而空其位也라

何物이 能聽角고 神明氏不亢을 室張三十六은 莫莫莫无量을

龍은 陽物也니 陽之德은 稱龍焉이라 陽之失은 在亢而角又龍之威柄

故로 觸處는 无巖石之剛이라 在先天은 起於角亢則盖陽亢之象이니

而先天氣質之性의 多亢이 是也니라 氏는 卽底也라 龍之神明이 在角

故能聽其角而氐於戊申戊寅_{일새} 空於己酉庚戌_과己卯庚辰_{이니} 此宮之空_은 非特數尊也_요 亦爲日月出入門故_로 尊其位也_라 且角_이

藏於月終_{이니} 是爲無角之象故_로 日神明氐不亢也_라 盖乾之用九_는 見群龍_{하되} 无首_{하면} 吉_이 果然矣_{로다} 室_은即妻也_요 如家君之有室人_은

也_라 戊戌宮_은己巳宮之室也_요 戊辰宮_은己亥宮之室也_니 此兩宮

的當於一月之十六日_{하여} 順承先天盈虛之政而癸亥癸巳_는 爲日時之起頭則自此至彼爲三十六度故_로 謂室張三十六也_라 莫

莫莫_은 謂廣漠無際也_라 盖龍之德_이 正中_{으로} 自卑而謙退_{하니라} 太陰

之德은 柔順으로 居后而當位故로 極讚其功德之廣漠無際而不可

量也라

陽을

武功은 平胃散이요 文德은 養心湯을 正明金火理하니 律呂調陰

胃者는 穀腑也라 天與人이 無二理也니 胃字之義는 田與月로 合軆也

田者는 土也요 月者는 辰也니 以類相合者也라 盖胃之受穀養精은

如土之受物成形也라 武功은 謂胃平也라 胃虛則氣欠하고 胃實則

氣養하니 胃之性은 必受穀充實然後에 全體之氣를 可保也라 蓋甲者

木之氣오 午者는 火之神也오 子者는 水之精也니 凡木之實은 統謂

之穀也라 胃受甲木之精然後에 能養子午之精神故로 胃星은 正當

於甲午甲子則眞可謂平胃而神武之功이 成矣라 卽孟子所謂天

之高也와 星辰之遠也이나 苟求其故면 皆坐而可推也니라 亦猶謂善

言天者는 以人驗者也라 心者는 形之主요 神之君이며 火之藏也니 天

與人이 則一理也라 盖心之爲字는 全體圓環而象天하고 四劃은 方正

而象地하며 其中은 至虛而有具衆理之象焉이라 文德은 謂理得於心

也라　心虛則神明하고　心蔽則精暗하니　心之理는　消蔽虛中然後에　專

一之性을　可復也라　盖丙者는　陽火也요　午者는　剛火也라　太陽은　得丙

而午胞焉하니라　子午는　元不相離之物也니　藏丙火之氣然後能交

子午復姤故로　心星은　正當於丙午丙子則是乃復初之道也라　特

假以用藥方文讚頌者는　心胃俱屬臟腑故也라　於五行으로　胃又屬

金하고　心則屬火하니　正明此金火之理이요　陰陽得律呂之調而平胃

養心也라　此所以詠歎武功文德之兼備也니라

十干十二支圖

己　庚　辛　壬　癸　甲
十　四　九　一　六　八

乙　丙　丁　戊
三　七　二　五

丑　寅　卯　辰　巳　午
十　三　八　五　二　七

未　申　酉　戌　亥　子
八　九　四　五　六　一

金火正易圖

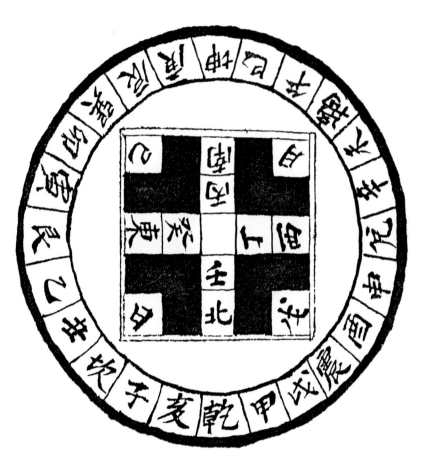

己天戊地、坎日
離月、壬癸丙丁
交中成質、位成
十二、黑白分列、
乾北中南、兌西
艮東、巳亥寅申、
正位以應、內外
圓三十六宮。

布圖詩라

萬古文章日月明하니 一張圖畵雷風生이라 靜觀宇宙无中碧

誰識天工代人成가

天地는日月로成文章하고 以雷風으로行政令也라 天無軆故로謂之无

中碧也라 此言天工을人其代之하여 能成一張圖畵而洞觀宇宙無

窮之化와 日月恒久之道와 雷風不悖之義也니라

先后天正閏度數라

先天은 體方用圓하니 二十七朔而閏이니라

耦數爲體 奇數爲用이니 謂之體方用圓이라 奇行無定故로 三歲而

置閏이라

后天은 體圓用方하니 三百六旬而正이니라

奇數는 爲體 耦數爲用이니 謂之體圓用方이라 耦行必立故로 一朞

而得正이라

原天은 无量이니라

造化를 謂之原天이요 化神을 謂之无量이라

先后天周回度數라

先天은 二百一十六萬里니라

后天은 三百二十四萬里니라

先后天合計數는 五百四十萬里니라

天有出地三十六度하니 度를 以六乘之하면 爲二百一十六萬里이요

天有入地三十六度하니 度를 以九乘之하면 爲三百二十四萬里라 蓋

水土旣平하면 六合得成度故로 先后天合計數는 爲六九五十四라

盤古五化元年壬寅으로 至大淸光緖十年甲申十一萬八千

六百四十三年이니라

盤古는 謂戊戌宮이요 五化는 謂五度而化化者로 指形化也라 壬은 王

也寅은 人也니 寅得壬而旺하니 人由寅而生焉이라 盖戊戌은 形化之

主而五度而至壬寅하면 氣旺而化人故로 以壬寅으로 立紀元也라 是

其年條所以然이건만 恨未聞於師說而無理可據故로 姑闕之하니 以

俟後知라 愚가 按干支爲書契之祖요 天下는 無理外之物이니 因其書

而推其理則干之丙者는 人居內하고 支之寅字는 人由下하니 盖太陽

之化於丙寅하여 生於壬寅하니 是皆自然之理也라 且天字之理는 天

一地一의 二劃과 合爲人而成字이니 天必不二於人也라 由形化下

陽界則降衷之人也며 捨形身歸陰界則本然之天也니 人亦不二

於天也라 人知此理則豈可自私而二於天乎리요 其或循人欲而

不復於天者는 不可爲之人矣리니 哀哉라

余年三十六_{여년삼십육}에_에始從蓮潭李先生_{시종연담이선생}　貫全州_{관전주}하니
諱雲圭_{휘운규}하니　先生_{선생이}이_{사호이}賜號二

字曰觀碧_{자왈관벽}이라하시고_{하시고}　賜詩一絶曰_{사시일절왈}

觀_관淡_담은莫如水_{막여수}요好德_{호덕}은宣行仁_{선행인}을　影動天心月_{영동천심월}하니　勸君尋此眞_{권군심차진}

淡_담은爲潔精也_{위결정야}라　天下之物_{천하지물}은莫非道之著而水爲之精_{막비도지저이수위지정}이니非水之_{비수지}

精_정이면_{이면}物無所始故_{물무소시고}로易繫曰精氣爲物_{역계왈정기위물}이라　盖水之源_{개수지원}은靜深無窮_{정심무궁}하니

即道之體也_{즉도지체야}요_요接續不已_{접속불이}는即道之用也_{즉도지용야}요周流無滯_{주류무체}는即知之事也_{즉지지사야}

故孟子曰觀瀾은 必有術이라 德者는 道之得於心也라 蓋道本固有

而得於心則至道凝焉하고 不得於心則道非在我之物故로 夫子

曰知德者는 鮮矣라 仁者는 天地生物之心이니 覆載萬物而渾然無

害者也라 言人能體天生物之心而爲心則謂之好德行仁也오 不

能體天生意而流於人欲則反害於物而德非其有也라 故로 孟子

曰君子之異於人者는 以其存心也라 以仁存心則愛이오 以禮存心

則敬이니 存心者를 謂好德也오 愛敬者를 謂行仁也라 影動은 謂玄機

之動也요 天心月은 即誠之復也라 天以子爲心故로 復之象曰復에

其見天地之心인저라 하니라 蓋月復於子하여 當天之心故로 謂天心月

也라 蓋李先生이 分明見此玄機之動이나 不敢先時而開하니라 但樂

其將然之事하고 懇懇勸戒門弟子하여 使之尋此天心月之眞理也

一夫夫子之淵源이 蓋有傳授之本歟인저

立道詩라

靜觀萬變一蒼空하니 六九之年始見工을 妙妙玄玄玄玄妙理는

无无有有有无中을

天은一道氣之積而玄遠虛空故로謂之蒼空이라　玄遠者는悠久无

强之實이요　虛空者는高明廣大之本으로其是實德故로大道立하고道

旣立故로萬變이　生焉하니라　六九見工은謂夫子年五十四而見豁然

處也요　妙妙는謂怳惚으로顔子所謂瞻之在前이나　忽然在後요　玄玄은

謂窈冥이니子思所謂視之不見하고聽之不聞이라　言道體之微는至神

至妙하고　怳惚難狀하여　窈冥不測也라　无无는謂无思无爲이요　有有는

謂有物有則이라　言寂然不動之體로立於至无之中而及其感也

遂通天下至有之故也라　愚謂此詩에夫子之德이　合乎蒼空而萬

變이 出焉하고 誠立乎无物之中而道行乎有物之則하여 聖人之能

事를畢矣라

无位詩라

道乃分三理自然이니 斯儒斯佛斯仙을 誰識一夫眞蹈此无

人則守有人傳을

道雖一本이나 其跡은 或異 學欲皆善이나 其門은 各殊라 盖道本無位

故로隨其人之托跡而有異하고 因其人之所見而或殊하니 曰儒曰

佛曰仙이라 儒者는 需人也요 謂道는 由於人而行仁也라 佛者는 弗人

也요 謂道는 不在人而在空也라 仙者는 山人也요 謂道는 遯於人而遊

無也라 儒는 主精而貫通이요 佛은 主神而頓悟요 仙은 主氣而修練이니

此精氣神三者가 皆根於心性故로 儒曰存心養性이요 釋曰明心見

性이요 仙曰修心鍊性이니 比如共入一室而或戶或牖者也라 然或

有托名於儒而不見儒之眞하고 欲悟佛性而未聞佛之眞하며 將化

神仙而未得仙之眞하니 所謂道者를 分三而不見其一也니라 古者에

儒之學은 精義立神하여 利用安身故로 惟精惟一하여 允執厥中이니 此

則需人之眞而所謂需者는 如雲之需雨而普施이니 欲使天下로莫

不蒙其澤而滋長也니라 佛之學은 至神하여 无神故로 寂而滅이요 至明

無色故로 收斂聽視하여 寧勞形身하고 必化法身이나 反化法身하여

遊於虛空으로 還虛合眞하며 舍利交光하여 光流億千하니 物无逃命이

此則弗人之眞而所謂弗者는 弗貳門弗動場으로 通億萬古今普

照弗己之弗이니 切爲衆生慈悲하여 就彼淨土眞境而願共樂也라

仙之學은 眞氣가 不滅故로 命欲常固하고 至命은 无息故로 抱神黙坐

氣不放於身而反住於神하면 神必潛於心而還倚於性하니 性久

鍊而還虛하여 虛至無而合道하면 命基永固하나니라 此則山人之眞而

所謂山者는 天山의 有嘉遯이니 不必隨形而死하고 山高於地하니 不欲

下地而遊이라 導引蒼生 躋之壽域으로 登彼三淸別界而共遊也니

昔에 尹眞人曰禪宗之敎는 幻性命以招大覺하여 其義高하며 仙家

之敎는 逆性命而還造化하니 其旨切하며 儒家之敎는 順性命而參造

化하니 其道公이라 其論三敎之說이 善矣라 釋曰空中歸一이요 仙曰守

中抱一이요 儒曰執中一貫이라 盖中者는 一之藏也요 一者는 中之用

也새 此所謂無極而太極也요 實爲性命之互體也니 道无二致而

時則各異故로 分而爲三者는 先天之時也라 蓋異生於同也나 合而

爲一者는 后天之時也니 蓋殊歸於一也라 然則佛非弗人也요 卽高

明之人也며 仙非山人也요 則高尙之人也라 高明은 隨時而不亢이요

高尙은 因時而降志니 同歸於道而需人之眞이 是乃合萬化合萬

明合萬心之人天世界也라 然則舍利非別光也요 卽吾之性靈也

淨土三淸은 非別世界也요 卽今之世界也라 易繫曰天下之動은

貞夫一也라 眞蹈此는 謂眞實躬行이니 言能眞知實踐於斯文而有

誰知之乎리요 若无人知則獨善固守하고 有人能之則傳知而兼善

天下也라 或曰儒佛仙이 各立門戶數千載하야 迭爲消長之道而若

能合之則善莫善矣리니 驅仙佛而化儒乎아 援儒入於仙佛也아

曰道는 一眞而已라 分之者는 一時之自然也니 合之者는 天時之自

然也니 誰能以力으로 驅之援之乎리요 禮運에 曰大道之運行也에 不

獨老吾老而以及人之老하며 不獨幼吾幼而以及人之幼하여 講信

修睦하고 外戶不閉라하니 夫天下如是則道之一致耶아 未耶아 於

此於彼에 不必徒學自恃而已라 學而至於眞則共入一室而會同

一座하여 初無彼此之別而眞是无極至樂之地也니 詩云樂土樂

土ᄂᆞᆫ 爰得其所라하니라

正易詩라

天地之數는 數日月이니 日月이 不正이면 易匪易이라 易爲正易이라사

易爲易이니 原易이 何常用閏易가

天地之初에 何嘗有數리요 以日月로 始起하니 其體則易이요 其用則

陰陽이요 陰陽은 乃日月之本也라 數以日月을 至於天地之始則謂

之正易이니 當天心當皇心이 是也니라 數之日月은 較計日月之政則

謂之閏易이라 陰曆之朔虛와 陽曆之氣盈이 是也니라 然則日月貞明

之原易이니 豈用閏易哉리요

歲甲申月丙子日戊辰二十八에 書正하노라

十一一言이라

此는指性命에合其數而言也라命无體故로强名曰十이요性无

位故로强言曰一이라盖十一合體한면即居中之土而元不可

分이니命所以立也라十一分體하면其始也는一点水요其終也는

一丸土라即流行之命而無不各正焉이니性所以成也라一言

亦謙辭也라

十土六水는不易之地니라

此는 指氣數常變而言이라 天行有五而不易者有二니 曰水土요 變

易者有三이니 曰金木火라 在氣數에 重在不易之常故로 特擧二而

不言三이나 然變易은 在其中矣라

一水五土는 不易之天이니라

在性命則不拘於數故로 十爲天也라 數皆其有而不能違하고 在氣

數則有不易之常故로 偶皆爲地요 奇皆爲天이니 詳考於上下篇則

可知也라 按上篇은 詳明陰陽造化故로 天干爲主요 下篇은 詳言剛

柔成度故로 地支爲主也라

天政은 開子하고 地政은 闢丑이니라

此는 指剛柔而言이라 子爲一水而天政始開하니 甲子起頭가 是也요

丑爲十土而地政이 大闢하니 己丑起頭가 是也니라

丑運은 五六이요 子運은 一八이니라

天地之政은 以一月로 定盈虛消息而丑運은 五六而成三十이요 子運一八而成十五也라

一八은復上月影生數요五六은皇中月體成數니라

一者는日也니一爲影數故로不用也요八者는十五之中이니卽復之

上而弦之中也라月滿則反虧故로特言一八之政이當於天心也라

五者는皇也니五爲本體之數而不動也라六者는十一之中이니卽皇

之中而體之成也라月生則歸體故로詳言五六之政이當於皇心

也라盖復上月은陰畜陽也니主盈虛之氣하여行有色之政이요八爲

復之中而八得七則復之成也라有旣成則必損故로小畜之上六

日月旣望이니君子征凶이라皇中月은陽畜陰也니主消長之理하여

行无色之政이요 五爲皇之體而五乘六則皇之成也라 无旣極則

必復故로 大畜之上九에 曰何天之衢라 盖晦字之義는 爲每日에 可

見矣라

九七五三一은 奇니라

奇者는 陽之圓也요 其數有五라 太陽之數曰九는 其字義가 數合九라

少陽之數曰七은 其字義가 一倍七이라 立天之數曰五는 其字義가 多

四五라 少陽之位曰三은 木之性曰曲直故로 其字義가 直三이라 太陽

之位曰一은其字義가單一也라數必倒置者는以見運行順逆之意

也라

二四六八十은偶니라

偶者는陰之方也요其數는亦有五라少陰之位曰二는其字義가偶二

太陰之位曰四니金之性曰從革故로其字義가革四라太陰之數

曰六은其字義가餘四六이라少陰數曰八은其字義餘偶八이라立地

之數曰十은其字義가衍數十이라此奇偶는由體用而分位數也라解

字之義는 嘗聞於李斯文十淸而其理甚明故로 取而記之니라

奇偶之數는 二五니 先五는 天道요 后五는 地德이니라

奇偶之數는 相間而成焉이라 一二三四五는 卽先五而天道也요 六

七八九十은 卽后五而地德也니라 此는 奇偶合體用而運用也라

一三五次는 度天이요 第七九次는 數地니 三天兩地니라

五奇數를 分言則 一三五는 在天之度요 七九는 在地之數이니 卽三天

兩地也라 剛柔之道는 奇數爲主故로 特言用奇而偶數之三地兩

天ᄋᆞ 亦在其中矣라

天地地天하니 后天先天이니라

氣不交則天地요 氣相交則地天이니 用於后則后天이요 用於先則

先天이라 然天地地天과 后天先天이 互爲體用也라

先天之易은 交易之易이니라

陰陽相交를 謂之交易之易이라

后天之易은 變易之易이니라

陰變而爲陽과 陽化而爲陰을 謂之變易之易이라

易易九宮하고 易易八卦니라

易易九宮은 謂文王之易이니 易主九宮也요 易易八卦는 謂一夫之

易이니 易主河圖而成八卦也라

卦之離乾은 數之三一이니 東北正位니라

卦之坎坤은 數之六八이니 北東維位니라

卦之兌艮은 數之二七이니 西南互位니라

卦之震巽은數之十五니五行之宗이요六宗之長이니中位正易

이니라

干之庚申은數之九四니南西交位니라

此는卦氣之不逃數意也라河圖爲數之全故로通先后卦皆本於

此盖三一은東北正位之數而離乾이得之요六八은北東維位之

數而坎坤이得之요二七은西南互位之數而兌艮得之요十五는中

位正易之數而震巽이得之故로十五爲五行之宗이요震巽은爲

六宗之長이니 居卦方圓之中而起天地之意也라 然不曰十震而

謂之四震者는 在先天에 十未性故로 震退四位而其實은 十震也라

四九는 西南交位之數而干之庚辛用之者는 卦位不過一八故로

空數하여 歸於天干이니 盖卦氣與干支之德을 互相配合故也라

洛書九宮生成數라

羲易은 成兩儀之卦이나 周易은 成四象之卦하여 配於九數故로

稱以九宮이라

天一生壬水하고　地一成子水니라

天三生甲木하고　地三成寅木이니라

天七生丙火하고　地七成午火니라

天五生戊土하고　地五成辰土하니　戌五는　空이니라

天九生庚金하고　地九成申金이니라

此는　指天地合德하여　剛柔得奇數而成度也라　壬子成而爲五子之

元이요　甲寅成而爲五寅之元이요　丙午成而爲五午之元이요　戊辰成

而爲五辰之元이요 庚申成而爲五申之元이나 惟戊宮은爲陽之母

故로尊以空之於本數之外하여 諸陽受畜焉이니 蓋書之主九가良以

此也요奇之三天兩地가因以定也요 卦之乾生三男이 所由起也라

三五錯綜三元數라

甲己夜半에生甲子하니 丙寅頭니라

乙庚夜半에生丙子하니 戊寅頭니라

丙辛夜半에生戊子하니 庚寅頭니라

丁壬夜半에 生庚子하니 壬寅頭니라

戊癸夜半에 生壬子하니 甲寅頭니라

三五以變하여 錯綜其數하니 以生年月日時之頭而甲與己가 合爲

五元이요 子丑寅은 爲三元이라 然其實은 三八이 爲三五요 其次의 一六

爲三五요 又其次의 九四爲三五요 又其次의 七二가 爲三五요 其終의

十五도 爲三五而五與十을 尊而空之니 其用逆而主八七者는 太陰

之用也라

河圖八卦生成數라

八卦者는 八數而其本出於河圖之十하니 卦氣必合於此然

後에 成度故로 於此稱八卦니라

地十生己土하고 天十成丑土니라

地四生辛金하고 天四成酉金이니라

地六生癸水하고 天六成亥水니라

地八生乙木하고 天八成未木하니 卯八은 空이니라

地二生丁火하고 天二成巳火니라

此는 指地天合道하여 柔剛得偶數而成體也라 己丑이 成而爲五니 丑

之元이요 辛酉成而爲五酉之元이요 癸亥成而爲五亥之元이요 乙未

成而爲五未之元이요 丁巳成而爲五巳之元이나 惟卯宮爲陰之父

故로 尊而空之於本數之外하여 諸陰受制焉이라 蓋道之主十은 形著

於此而偶之三地兩天을 以是而成하니 卦之坤孕三女가 由茲而生

也라 愚按天地之數는 在於人之十指이니 六氣之運과 十二宮與九

宮이 皆在手掌之間이라 推之하면 可見天地無窮之變化하니 孔夫子

指其掌이果然矣라

九二錯綜五元數라

己甲夜半에 生癸亥하니 丁卯頭니라

庚乙夜半에 生乙亥하니 己卯頭니라

辛丙夜半에 生丁亥하니 辛卯頭니라

壬丁夜半에 生己亥하니 癸卯頭니라

癸戊夜半에 生辛亥하니 乙卯頭니라

九二錯綜은 合三五之變이니 己甲易位하여 以生五元之起頭而其

數는 起於九하여 錯綜則九生一三五하고 十生二四하여 書之體立圖

之數始가 三天兩地之所由生也라 起於六하여 錯綜則六生八十하고

五生七九하여 書之數成而圖之體가 終하니 三地兩天이 所由定也라

於是에 十五定位하고 九六이 用事하니 乾坤坎離之德과 天地日月之

道가 九消而六長하고 六消而九長하여 互用十五하니 變化不窮矣니라

十一歸體詩라

火入金鄉金入火요 金入火鄉火入金을 火金金火原天道라

誰遣龍華歲月今고

十一九二는 互爲變化而九二錯綜之數는 七變爲九하고 九化爲七

則是가 火入金金入火也라 十一歸體之數는 己庚居二하고 戊丁은

居九則是가 金入火火入金也라 其他辛丁丁癸庚丁丁戊는 其變

不一而皆金火之變化也라 蓋原天化翁은 火神金性故로 其道流

行하고 其用无量也라 誰는 設問之辭라 龍은陽物也요 華는光華也니 謂

龍華者는 陽德이 積中하여 光華發外也라 盖言伊誰之功이 降此至陽

光華之神聖이니 如今歲月이 反其否而回其泰耶인저 聖人之憂患

斯世가其至矣로다

政令은己庚壬甲丙이요 呂律은戊丁乙癸辛을 地十爲天天五

地卯兮歸丑戌依申을

己戊者는天地之主宰而己爲庚壬甲丙之父로 居陽位而行政焉

戊爲乙丁癸辛之母니 襲陰位而調呂律焉이라 己本地數而居

天位하여 統御先后天하고 戊實天數而居地位하여 能行養成之道하

盖十爲天五爲地者는 天地之變化也요 呂爲陽律爲陰者는 陰陽

之變化也요 卯歸丑戌依申者는 尊而不亢也라 丑亥酉未巳卯는 后

天之六氣而巳亥爲二五之中故로 道必貴中而用巳亥 卯反歸

丑은 此終始相資之道也니라 子寅辰午申戌은 先天之六氣而寅申

亦爲二五之中故로 亦貴用中而戌反依申이라 此는 子母相依之

理也니 六氣配五運而无過差는 天地合卦德而用中正이니 上忘勢

而下於賤하고 下得義而尊長上하니라 大哉라 后天之時也여 人當知

其義而行其道也니라

十은 十九之中이니라

九는 十七之中이니라

八은 十五之中이니라

七은 十三之中이니라

六은 十一之中이니라

五는 一九之中이니라
육 일 구 지 중

四는 一七之中이니라
사 일 칠 지 중

三은 一五之中이니라
삼 일 오 지 중

二는 一三之中이니라
이 일 삼 지 중

一은 一一之中이니라
일 일 일 지 중

中은 十十一一之空이니라
중 십 십 일 일 지 중

堯舜之厥中之中이니라
요 순 지 궐 중 지 중

孔子之時中之中이니라

一夫所謂包五含六 十退一進之位니라

小子아明聽吾一言하라 小子아

道者는中而已라 超然空中에 無所依着於物者는道之體也요 無時

不然하여 無物不有하고 隨時而合義하여 因物而得當者는道之用也니

故로中無定體이나 窮天地亘古今하니 無不可爲之時요 無不可用之

物이니 所謂中者는果何如哉아 盖數者는氣之分限而自此至彼로 各

有自然之中에 造物之終始이니 莫逃乎數理而無所往而不中也라

至若大中이면 何依於數乎리요 數不可以指名故로 所謂十十之空과

一一之中이 眞箇是中이니 非謂空空無用之物也라 實至虛至靈之

中的은 卽乾之上元也요 人之性命也나 具於心而渾然在中에 爲一

身之主며 統萬事之綱하여 不加毫末萬善足焉이라 天以是降衷하니

堯舜以是傳授하여 爲道統之原하여 以啓商周之盛德이라 天以時行

焉하니 孔子亦以時中焉하여 發明中庸之德하고 天以數示之하니 一夫

亦以數教之하니라 十退者는 中之藏也요 一進者는 中之行也니 是所

謂用行舍藏也라 包五者는 五居五奇之中하야 包其上下也요 含六

者는 六居五偶之中하여 含其終始也니 因數觀理之教에 無以加矣라

盖先天之學은 氣數未成故로 傳之心法하여 略言象數하며 后天之學

은 氣數成而示人故로 詳明氣數之分限節度하여 以見性命之體用

本末하니 於是에 天地之化가 著顯而無餘蘊하고 聖人之教는 簡易而

無餘事也라 章末에 又戒之曰小子아 明聽吾一言하라하니 此는 聖人之

憂勤天下를 深爲提警也라 按上篇은 直舉性命之原하여 以立造化

之大體而詳言天與人이 稟受三元三極之道니라 下篇은 卽因造化

之成功으로 體察性命之由而以示人與天이 互用大中至正之德하

니 程子所謂天未始不爲人이요 人未始不爲天이 是也니라

雷風正位用政數라

雷風者는 天地之終始이니 始於律呂하여 中於陰陽하고 終於剛

柔하니라 雷風正位者는 卽剛柔正位也라 分而言之則干爲陰

陽이요 支爲剛柔이며 合而言之則干爲氣요 支爲質이라 質不變

而氣能變故로 於此에 擧干之變化而總結之라 按干支圖하면

己位는 四金一水八木七火之中이니 无極이니라

无極而太極이니 十一이니라

十一은 地德而天道니라

天道라 圓하니 庚壬甲丙이니라

地德이라 方하니 二四六八이니라

以其體而言則己爲无極而以其位而言則己居太極이니 是爲數

之十一也라 十者는 地德也요 一者는 天道也니 以其法度而言則庚

壬甲丙은 爲天四象이나 而其道는 圓이요 以其位置而言하면則二四六

八은 爲地四數이나 而其德은 方하니 盖謂己位居中而庚壬甲丙이用

政也라

戊位는 二火三木六水九金之中이니 皇極이니라

皇極而无極이니 五十이니라

五十은 天度而地數니라

地數라 方하니 丁乙癸辛이니라

天度라 圓하니 九七五三이니라

戊本皇極之位而襲无極之位故로 曰皇極而無極이요 其數則

五十也라 五者는 天度也요 十者는 地數也니 其法度則丁乙癸辛은 爲

地四象이나 而其德은 方이요 其位置則九七五三은 爲天四數而其度

圓하니 盖言戊位居中而丁乙癸辛이 用政也라

四正七宿用中數라

四正은謂天之四方이라 東方蒼龍七宿와 南方朱雀七宿와 西

方白虎七宿와 北方玄武七宿가 環列四方行政하니 用中之道

는有二端也라

先天은五九니 逆而用八하니 錯이라閏中이니라

先天은謂太陰之政이니 五九는謂洛書也니 逆而用八은謂二十八也라

盖太陰之政은 五九爲本故로 一九爲始하여 十九爲中하고 二十九로

爲終而其用을 逆八者는 合二十八宿也라 其數常錯而置閏然後에

得中也니라

后天은 十五니 順而用六하니 合이라 正中이니라

后天은 謂太陽之政이니 十五는 謂河圖也요 順而用六은 謂一六과 十

六이니라 盖一月之政은 三十爲正而先天爲十五요 后天亦

十五也라 戊戌戊辰正位於十六은 陰德之順也라 且氐星이 位當於

二十六하여 政之不亢而角星이 與子午로 合於三十數하여 不露圭角

하니 其度相合하고 得正而無過不及이라 按二十八宿圖하면 可見矣니라

五九는 太陰之政이니 一八七이니라

十五는 太陽之政이니 一七四니라

此는 復擧太陰太陽之政하여 總結上下經文之義하니 詳見上篇矣라

易은 三이니 乾坤이요 卦는 八이니 否泰損益咸恒旣濟未濟니라

易三은 謂易成於三變이요 爻本三劃故也라 卦八者는 謂六十四卦

之中에 所重者가 有八也라 蓋義易은 始變也요 周易은 再變也요 正易

三變也^{삼변야}니 此^은는 三易之成也^{삼역지성야}라 卦位^{괘위}極^극於^어八八^{팔팔}而^이實^실天地水火山^{천지수화산}

澤之反易而成故^{택지반역이성고}로 特此反類之卦八而爲重卦之大體也^{특차반류지괘팔이위중괘지대체야}니라

嗚呼旣順旣逆^{오호기순기역}하여 克終克始^{극종극시}하니 十易萬曆^{십역만력}이로다

旣成也^{기성야}요 旣順旣逆^{기순기역}은 謂彼行^{위피행}이 順數則此行^{순수즉차행}은 逆數而成^{역수이성}하고 右行^{우행}이

逆數則左行^{역수즉좌행}은 順數而成^{순수이성}하니 一順一逆^{일순일역}이 互爲運用^{호위운용}하여 交通无碍也^{교통무애야}라

克은能也^{극은능야}라 克終克始^{극종극시}는 謂原始要終^{위원시요종}이요 終而不見其歸始而不見^{종이불견기귀시이불견}

其端^{기단}하니 大矣哉^{대의재}라 十之成曆^{십지성력}이 爲萬萬歲无量也^{위만만세무량야}라

正易註義 上

二〇九

十一吟이라

十一歸體兮오 五八尊空이로다

五八尊空兮오 九二錯綜이로다

九二錯綜兮오 火明金淸이로다

火明金淸兮오 天地淸明이로다

天地淸明兮오 日月光華로다

日月光華兮오 琉璃世界로다

世界世界兮여 上帝照臨이로다
_(유리세계혜 상제조림)

上帝照臨兮여 于于而而로다
_(상제조림 우우이이)

于于而而兮여 正正方方이로다
_(우우이이 정정방방)

正正方方兮여 好好无量이로다
_(정정방방혜 호호무량)

十一歸體而成性命하고 五八尊空而養日時하며 金火易位而益淸
_(십일귀체이성성명 오팔존공이양일시 금화역위이익청)

明하니 天地由是淸明而生人物이라 日月亦以光華以照世界하니 果
_(명 천지유시청명이생인물 일월역이광화이조세계 과)

乎太陽世界而乃是貞明也요 亦如琉璃世界而無不普照矣라 惟
_(호태양세계이내시정명야 역여유리세계이무불보조의 유)

我化无上帝아화무상제가 照臨下界하계하사 各正性命각정성명하시니 乃遂生成내수생성이로다 普天之보천지

下好善之人하호선지인은 自明思想자명사상하여 自新知覺자신지각하고 鼓舞振起고무진기하여 于于而歌우우이가를

而而咏이이영하고 正正而相勸정정이상권하여 方方而相規방방이상규하니 好好无量我上帝之호호무량아상제지

道德歟도덕여인저 按上篇안상편은 擧十五一言거십오일언하여 繼之以五頌者계지이오송자는 先立道之大선립도지대

體체하고 後讚道之大用也후찬도지대용야요 下篇하편은 興之以三詩흥지이삼시하여 繼擧十一一言者계거십일일언자

先起感發之心而後實性情之用也선기감발지심이후실성정지용야라 上篇상편은 言陰陽之功언음양지공이具於구어

干支之位而不外乎圖書之本也간지지위이불외호도서지본야요 下篇하편은 言剛柔之體언강유지체가立於卦입어괘

位而不離於干支之數也위이불리어간지지수야라 上篇상편은 結之以造化결지이조화하여 成一心性之體성일심성지체

하고 下篇은 結之以性情하여 無往不中之理라 上篇은 終之以十五歌하

咏歎大道元元之造始하고 下篇은 終之以十一吟하여 讚美上帝昭

昭乎照臨이라 其餘度數之節文과 位置之等級이 隨其本體之大小

各有自然之次序而上下相因하여 顧應照徹하고 體用을 都具하니 文

理接續하니 學者가 黙識而體察則自當得之하리니 擧而措諸天下에

無難矣리라

乙酉歲癸未月乙未日二十八에 不肖子金恒은 謹奉書하노라

或曰此經精神之的으로는 果安在乎아 曰十之一字而已니 五與一은

此之然則其要義를 可得聞歟잇가 曰十字를 以象言之則 數之

其四方中央에 備矣라 以理言之則 數之空이나 一合九而成位故

十居无位而獨尊无對이니라 盖洛書之虛其數는 示是理之至无

也 河圖之實其數는 著是象之大備也니 故五居書中而對乎无

象之體하고 十居圖中而包乎有象之位하니 是以極其理則爲无極

之大道而無所不統이요 極其數則爲大衍之祖宗而無所不包일새

經所謂擧便无極이 是也니라 曰然則斯道也에 其所以爲性命은 何

也요 曰以命性對待而言則無極而皇極也니 故十五는 爲天地之

性命而居圖之中은 卽寂然不動之體也요 以命性流行而言則无

極而太極也니 故十一合天地之命性而居書之原始는 卽感而遂

通之妙也라 此盖在物精神之的也라 精爲命藏而主靜하고 神爲性

根而主動하니 精神妙合을 謂之心이요 心之本然을 謂之性命故로 統

之在心하고 主宰一身이라 及其感動也에 卽神之伸而應事中節者

性之盡也요 至其安靜也에 卽神之屈而交精潛藏者는 命之反也

故心之理를 謂之性命이요 心之氣를 謂之精神이라하니 合是理氣

至虛至靈을 謂之心이니 是以로 天下之心은 皆同而好善之情이 一也니라

日然則先聖性善之說은 果然而學之道로 當乃何요 曰性命은 則

上帝之臨我也라 役其精神則心勞而遠其道하고 會其精神하면 則

心靜而合其德하니라 蓋聖訓之收放心과 無貳心과 知其止와 安汝止

之類는 莫非眷眷於後學而群經之眞的이 皆本於此라 但學者가 泛

忽하여 不知察而不能入也라 曰然則學何以能變化氣質하여 而得

次序功效耶잇가 曰人之形貌는 已有定分故로 不能變醜爲美이나 易

短爲長이니 然心之虛靈은 元無拘碍故로 可以變愚爲智하고 變不肖

爲賢이라 溯古之學은 不徒愽涉記誦略取聖人成法이니 反之於身하

存之於心하고 克其氣質之性하여 復於本然之性이라 修其形體之

命하여 安於分定之命하고 安分則身無奔忙之辱하며 知本則心無係

戀之物이니 近而耳目鼻口之嗜欲과 四肢百體之怠慢이 不能奪大

體而動靜云爲 皆由順正하니라 是는 道心이 爲主요 人心은 聽命也라

外而錢穀甲兵之利와 爵祿侯王之欲을 常後於在內之五性일새 仁

之於父子와 義之於君臣과 禮之於賓主와 知之於夫婦이니라 聖人之

於天道에 覺其性分之所固有하여 日新其德하고 知其職分之所當

爲하여 以盡其力하니 此治己治人之次第요 成己成物之功效라 以時

措之하면 必得其宜焉하니 故로曰 是經之的은 在於十字하니 所謂十字

卽中字之義也라 是以上篇은 擧之以體十之道요 下篇結之以用

中之理也라

十二月二十四節氣候度數라

卯月初三日乙酉正一刻十一分元和니라

十八日庚子子正一刻十一分中化니라

辰月初三日乙卯卯正一刻十一分大和니라

十八日庚午午正一刻十一分布化니라

巳月初三日乙酉酉正一刻十一分雷和니라

十八日庚子子正一刻十一分風化니라

午月初三日乙卯卯正一刻十一分立和니라

十八日庚午午正一刻十一分行化니라

未月初三日乙酉酉正一刻十一分建和니라

十八日庚子子正一刻十一分이普化니라

申月初三日乙卯卯正一刻十一分이淸和니라

十八日庚午午正一刻十一分이平化니라

酉月初三日乙酉酉正一刻十一分이成和니라

十八日庚子子正一刻十一分이入化니라

戌月初三日乙卯卯正一刻十一分이咸和니라

十八日庚午午正一刻十一分이亨化니라

亥月초삼일乙酉正一刻十一分이正和니라

十八日庚子正一刻十一分이明化니라

子月초삼일乙卯正一刻十一分이至和니라

十八日庚午正一刻十一分이貞化니라

丑月초삼일乙酉正一刻十一分이太和니라

十八日庚子正一刻十一分이體化니라

寅月초삼일乙卯正一刻十一分이仁和니라

十八日庚午午正一刻十一分이 性化니라

化者命之流行이요 和者性之致和라 蓋性之德이 具於心而炳明하여

如日月을 謂之致和요 命之道偏於身而充塞乎天地를 謂之流行이

仰觀天道하며 俯察地理하고 近取諸身 遠取諸物이 莫非是命之

大化요 無不是性之至和라 正曆所以明時而教人也라 蓋天地

之間에 一氣流行而其用이 有二者이어늘 陽奇而圓으로 不能獨立故로

必遇陰而安하고 陰偶而方으로 不能獨行故로 必待陽而隨하니라 一命

之化는 有律而必有呂하고 有陽而必有陰하고 有剛而必有柔가 是也

然律呂는至虛而不得成氣故로必待其和而化陰陽하고 陰陽은至

精而不能成質故로必待其化而變剛柔하니 此所以三變成易而

性化氣化形化之道也라 所謂正曆者는非閏曆之紀日月也요 律

呂陰陽剛柔之立本也라 曰陽曆曰陰曆云者는始正其體而用各

不紊也라 及夫禮樂名物度數 皆不外乎此而秩序有常矣니 是

以憂世之仁이 所當先務而其節侯之名하니 化和云者가 抑亦是

理歟인저 以一朞言之하면 月有十二者는 六律六呂之成度也요 日有

三百六十者는 六六宮之成度也요 節侯二十四者는 三八政之成

度也라 以一月言之하면 日之三十者는 五六之成度也요 節之十五

者는 三五之成度也요 晦朔弦望者는 盈虛消息之品節也니 盖月之

三十者는 皇中之體成月也라 丑未辰戌은 主原始而行政하고 子午

卯酉居要終而成績 以十一爲體하고 五六爲用而無過差矣라 節

氣之十五者는 天心之氣影月也라 月魂이 生於初三日故로 過一五

而初八日이 爲一侯요 又過五而十三日이 爲氣요 又過五而十八

日이 爲一節이라 卯酉子午主政而寅申巳亥爲終이니 以二三爲體

七八爲用而相終始也라 其所以然者는 天以六十一度로 爲體而

一爲天故로尊其一而六十이爲用이요

地以三十二度로爲體而二

爲地故로尊其二而三十이爲用이라

日以三十六度가爲體而七爲

日復故로尊其七而二十九로爲用이요

月爲三十度로爲體而五爲

月本故로尊其五而二十五爲用이라然則六十三十者는天地之正

曆也요二十九二十五者는日月之正曆也며三九置閏者는七八之

政으로所由定也라且以時侯運行으로言之則亥月十八日子正一

刻十一分에陽復故로謂之明化라自亥至卯用五元故로卯爲歲首

而初三日酉正一刻十一分은爲元和라推類以盡其餘則皆可通

矣리라 世之學道者가 雖曰終身業業하여도 不明乎此則不知性命之

所有生而且不覺性命之所以成이라 此則吾夫子께서 所以正其曆

書而不侫으로 所以詳說而明之也라 當知而知之하고 當明而明之

者는 其惟奉天時之君子歟인저

金一夫先生行狀 附略

先生의姓은金이요貫은光州요諱는恒이요號는一夫라 字道心 初諱在一 光州之金

系出新羅三十七王之苗裔 逮高麗 連八世爲平章事하고

入我朝하여 有諱國光 官左議政光山府院君 定先生之先

祖也라 純祖丙戌年己亥月丙子日(十月二十八日) 戊戌時生於

黃城鄕茅谷面淡谷里이니라 光武二年戊戌甲子月甲戌日

(十一月二十五日) 戊辰時에 沒于黃城鄕茶峴里하니 壽七十三이라 有

一子의名은斗鉉이요 己卯生으로號는 一蓮이라 居喪盡禮어늘 踰月而葬

于淡谷里하니 先塋局內亥坐之原이라 先生은天性이仁厚하시고 狀貌

奇偉하사德器道骨이시며 鶴姿鳳聲이시다 自少好學하사不事文藝하시

沈潛性理하사 年三十六에始從蓮潭李先生하시니 諱는雲圭라 李公

初見奇愛而賜書하시니 書曰道山之下仁溪之北에人有一士

斯之儒하니 觀碧이라 爲人이朴實頭하여 雖遠於俗이나 不遠乎隱微

樂亦在其中也라 李先生之龜鑑이 盖知其超世絶倫氣像而

寓深意於文辭之間也라 於是에先生이以斯文爲己任하시고 尤精

於易學하사 達天人之理圖八卦正三易하시고 創樂歌諧神人하사

造萬曆明天時하시고 合爲一經하사 曰正易이라 分作上下篇義하사

曰十五一言과 十一一言이라 斯經也는 得易道之正하여 爲往聖繼

絕學하니 將使天下로 成大務開泰平하니라 嗚呼라 夫子之功德이여 實

億萬世無量之淵源之歎인저

太清太和五化元始戊己日月開闢二十三年庚戌月戊寅日戊午

門人 金黃鉉 謹書

正易註義　下 終